应用技术型高校汽车类专业规划教材

Qiche Baoxian yu Lipei
汽车保险与理赔

谭金会　主　编
张　宏　何太碧　副主编

人民交通出版社股份有限公司
China Communications Press Co.,Ltd.

内 容 提 要

本书是应用技术型高校汽车类专业规划教材。本书依据最新的《中华人民共和国保险法》《机动车交通事故责任强制保险条例》《道路交通安全法》等法律法规,介绍了从事汽车保险相关工作所需要的基本知识,包括汽车保险概述、汽车保险产品与费率、汽车保险条款分析,汽车保险承保实务、汽车保险理赔实务、汽车保险欺诈预防以及汽车保险相关法律法规知识等内容。

本书立足实际,配备了大量的案例,既可供高职高专院校、本科院校汽车保险理赔专业(课程)作为教学用书,也适合作为财产保险公司、保险公估公司、汽车保险岗位的员工以及物价系统汽车定损人员的培训用书。

图书在版编目(CIP)数据

汽车保险与理赔 / 谭金会主编. —北京:人民交通出版社股份有限公司, 2015.1

应用技术型高校汽车类专业规划教材

ISBN 978-7-114-11897-5

Ⅰ.①汽… Ⅱ.①谭… Ⅲ.①汽车保险—理赔—中国—高等学校—教材 Ⅳ.①F842.63

中国版本图书馆 CIP 数据核字(2014)第 288347 号

应用技术型高校汽车类专业规划教材

书　　名:汽车保险与理赔
著　作　者:谭金会
责任编辑:夏　犇
出版发行:人民交通出版社股份有限公司
地　　址:(100011)北京市朝阳区安定门外外馆斜街 3 号
网　　址:http://www.ccpress.com.cn
销售电话:(010)59757973
总 经 销:人民交通出版社股份有限公司发行部
经　　销:各地新华书店
印　　刷:北京交通印务有限公司
开　　本:787×1092　1/16
印　　张:12
字　　数:267 千
版　　次:2015 年 1 月　第 1 版
印　　次:2021 年 7 月　第 2 次印刷
书　　号:ISBN 978-7-114-11897-5
定　　价:29.00 元
(有印刷、装订质量问题的图书由本公司负责调换)

应用技术型高校汽车类专业规划教材编委会

前言 FOREWORD

当前随着汽车行业的快速发展,汽车人才需求激增,无论是汽车制造企业对于汽车研发、汽车制造人才的大量需求还是汽车后市场对于汽车服务型人才的大量需求,这些都需要高校不断地输送相关人才。而目前,我国高等教育所培养的大部分人才还是以理论知识学习为主,缺乏实践动手能力,在进入企业一线工作时,往往高不成低不就,一方面企业会抱怨招不到合适的人才,另一方面毕业生们又抱怨没有合适的工作可找,主要问题就在于人才培养模式没有跟上社会发展实际需求。

《国家中长期教育改革和发展规划纲要(2010—2020 年)》中明确指出,要提高人才培养质量,重点扩大应用型、复合型、技能型人才培养规模。培养理论和实操兼具的人才,使之去企业到岗直接上手或稍加培养即可适应岗位。2014 年2 月 26 日,李克强总理在谈到教育问题时指出要建立学分积累和转换制度,打通从中职、专科、本科到研究生的上升通道,引导一批普通本科高校向应用技术型高校转型。可见国家对于应用型技术人才的培养力度将持续加大。

教材建设是高校教学和人才培养的重要组成部分,作为知识载体的教材则体现了教学内容和教学要求,不仅是教学的基本工具,更是提高教学质量的重要保证。但目前国内多家高校在应用型人才培养过程中普遍缺乏适用的教材,现有的本科教材远不能满足要求。因此,如何编写应用型本科教材是培养紧缺人才急需解决的问题。正是基于上述原因,人民交通出版社经过充分调研,结合自身汽车类专业教材、图书的出版优势,于 2012 年 12 月在北京组织召开了"高等教育汽车类专业应用型本科规划教材编写会",并成立教材编写委员会。会议审议并通过了教材编写方案。

本系列教材定位如下:

(1)使用对象确定为拥有车辆工程、汽车服务工程或交通运输等专业的二三本院校;

（2）设计合理的理论与实践内容的比例，主要解决"怎么做"的问题，涉及最基本的、较简单的"为什么"的问题，既满足本科教学设计的需要，又满足应用型教育的需要；

（3）与现行汽车类普通本科规划教材是互为补充的关系，与高职高专教材有明显区别，深度上介于两者之间，满足教学大纲的需求，有比较详细的理论体系，具备系统性和理论性。

《汽车保险与理赔》是根据"高等教育汽车类专业应用型本科规划教材编写会"会议精神而编写。本书立足实际，内容丰富，语言通俗易懂，系统地介绍了从事汽车保险相关工作所需要的基础知识，包括汽车保险概述、汽车保险产品与费率、汽车保险条款分析，汽车保险承保实务、汽车保险理赔实务、汽车保险欺诈预防以及汽车保险相关法律法规知识等内容。其中，对汽车保险条款、汽车保险查勘、汽车保险定损、汽车碰撞定损、汽车保险理赔与核赔等，介绍得更为详细、实用。在内容编排上有学习要点、本章小结、复习思考题、案例等，便于组织教学。

本书由西华大学汽车与交通工程学院谭金会担任主编，武汉理工大学张宏和西华大学教务处何太碧任副主编，全书由谭金会统稿，第一章由西华大学汽车与交通工程学院谭金会编写，第二章由四川交通职业技术学院高丽英编写，第三章由西华大学汽车与交通工程学院王意东编写，第四章由西华大学教务处何太碧编写，第五章由武汉理工大学张宏编写，第六章由武汉理工大学张宏和西华大学汽车与交通工程学院谭金会编写。

在本书编写过程中，中国平安保险公司四川分公司唐昭给我们提供了许多宝贵意见和建议，在此表示感谢。另外，在本书编写过程中，除了所列参考文献外，我们还参考了许多发表在报刊、网站上的相关内容，以及部分保险公司的培训内容，在此对原作者、编译者表示由衷的感谢。

由于作者水平有限，书中错误、疏漏及不足之处恳请广大读者、行业从业人员批评指正，我们不胜感激。

应用技术型高校汽车类专业规划教材编委会

2014 年 6 月

目录

CONTENTS

第一章 风险与保险概述

教学目标

· 了解风险的概念、特征、构成要素、分类;

· 理解风险管理与保险的关系;

· 理解可保风险的条件;

· 了解保险的概念、术语、要素、分类;

· 掌握保险合同的特征、内容与形式、主体与客体、订立与生效、履行与变更、中止与终止、解释原则与争议处理;

· 掌握最大诚信原则的内容、保险利益的构成、近因的判定、损失补偿的限度、代位原则的规定、分摊原则的计算。

教学要点

知识要点	掌握程度	相关知识
风险与保险概述	了解风险的概念及构成要素; 了解风险管理的基本程序; 理解风险管理与保险的关系; 理解保险的含义和要素	风险的含义、构成要素、分类; 风险管理的基本程序; 风险管理与保险的关系、可保风险的条件; 保险的含义和要素
保险合同	掌握保险合同的主体与客体; 掌握保险合同的形式; 理解保险合同的成立与生效; 掌握保险合同的解释原则	保险合同的主体与客体; 保险合同的形式; 保险合同的成立与生效; 保险合同的解释原则
保险的基本原则	掌握最大诚信原则内容; 掌握保险利益的构成要素; 掌握近因的判定原则; 掌握代位追偿和物上代位的区别; 掌握重复保险的条件; 掌握分摊原则的计算	最大诚信原则的内容; 保险利益的构成要素; 近因的判定原则; 代位追偿和物上代位的概念; 重复保险的条件; 分摊原则的分摊方式及计算

第一节　风险与保险概述

一、风险

1. 风险的含义

风险是指人们在生产、生活或对某一事项做出决策的过程中,未来结果的不确定性(是人们对未来难测的一种主观上担忧、忧虑的心境,不是担心某件事情发生而是担心后果),包括正面效应和负面效应的不确定性。从经济角度而言,前者为收益,后者为损失。风险一经发生,可能性就变成了事实,也就不称其为风险了,而称为风险事故或风险事件。

风险是一种客观存在,是不以人的意志为转移的,它的存在与客观环境及一定的时空条件有关,并伴随着人类活动的开展而存在,没有人类的活动,也就不存在风险。

国内的大多数学者认为风险主要包括三层含义:

(1)风险是肯定能发生的客观存在。

(2)风险必然会造成物质损失或人身伤害,包括财产损失、收入损失、责任损失和额外损失。若未引起经济方面的损失,只是单纯引起精神方面的损害,则不能称其为保险学中的风险。

(3)风险是一种随机现象,其发生的时间、伤害与损失的大小具有不确定性。

2. 风险的构成要素

风险是由多重要素构成的,这些要素相互作用,共同决定了风险的存在、发展和变化。一般认为:风险的构成要素包括风险因素、风险事故和损失。

1)风险因素

风险因素是指引起或增加风险事故的机会或扩大损失幅度的原因和条件,是风险事故发生的潜在原因,是造成损失的内在的或间接的原因。如酒后驾车、疲劳驾驶、车辆制动系统有故障等是导致车祸的原因。根据风险的性质,风险因素分为实质风险因素、道德风险因素和心理风险因素三种。

(1)实质风险因素:实质风险因素是指有形的,并能直接影响事物物理功能的因素,即某一标的本身所具有的足以引起或增加损失机会和损失幅度的客观原因和条件。如汽车的超速行驶、地壳的异常变化、恶劣的气候、疾病传染、环境污染等。

(2)道德风险因素:道德风险因素是与人的品德修养有关的无形的因素,即是指由于个人不诚实、不正直或不轨企图促使风险事故发生,以致引起社会财富损毁或人身伤亡的原因和条件。如欺诈、纵火、贪污、盗窃等。

(3)心理风险因素:心理风险因素是与人的心理状态有关的无形的因素,即是指由于人的不注意、不关心、侥幸或存在依赖保险的心理,以致增加风险事故发生的概率和损失幅度的因素。例如,酒后驾车、驾驶有故障车辆、企业或个人投保财产保险后放松对财物的保护措施、投保人身保险后忽视自己的身体健康等。

实质风险因素与人无关,道德风险因素和心理风险因素都和人的行为密切有关,道德风险因素侧重于人的故意行为,心理风险因素侧重于人的过失行为。

2)风险事故

风险事故也称风险事件,是指造成人身伤亡或财产损失的偶发事件,是造成风险损失的外在的和直接的原因,损失都是由风险事故造成的。风险事故使风险的可能性转化为现实,即风险的发生。如制动系统失灵酿成车祸而导致人员伤亡,其中,制动系统失灵是风险因素,车祸是风险事故,人员伤亡是损失。如果仅有制动系统失灵,而未导致车祸,则不会导致人员伤亡。

对于某一事件,在一定条件下,可能是造成损失的直接原因,则它成为风险事故,而在其他条件下又可能是造成损失的间接原因,则它又成为风险因素。如冰雹导致路滑而造成车祸,造成人员伤亡,这时冰雹是风险因素,车祸是风险事故;若冰雹直接击伤行人,则它是风险事故。

3)风险损失

在风险管理中,损失是指非故意的、非预期的和非计划的经济价值的减少,这一定义是狭义损失的定义。显然,风险管理中的损失包括两个方面的条件:一为非故意的、非预期的和非计划的观念;二为经济价值的观念,即经济损失必须以货币来衡量,二者缺一不可。如有人因病使其智力下降,虽然符合第一个条件,但不符合第二个条件,不能把智力下降定为损失。

广义的损失既包括精神上的耗损,又包括物质上的损失。例如记忆力减退、时间的耗费、车辆的折旧和报废等属于广义的损失,不能作为风险管理中所涉及的损失,因为它们是必然发生的或是计划安排的。

在保险实务中,损失分为直接损失和间接损失,前者是直接的、实质的损失;后者包括额外费用损失、收入损失和责任损失。

4)风险因素、风险事故和风险损失三者之间的关系

风险是由风险因素、风险事故和风险损失三者构成的,相互关系可以概括为:风险因素引起风险事故,风险事故导致风险损失。风险因素是发生事故的隐患,它在一定的内外部条件下转变为现实结果;风险事故是从风险因素到风险损失的一个中间环节,是导致风险损失的直接因素;风险损失则是风险事故的直接结果。通常情况下,通过对风险因素的控制和防范,可有效避免事故的发生;通过对风险事故的控制和施救,可有效降低风险损失。

应用案例1-1

> 某人在一个大雪天,在下班的车流高峰期,骑着他没闸没铃的自行车从家里出发去购物中心买皮鞋,不幸半道出了交通事故。

【分析】发生风险事故不是偶然的,而是有一定条件的。

风险因素——大雪天、车流高峰期、没闸没铃的自行车。

风险事故——交通事故。

风险损失——当事人的死亡或残疾。

3.风险的分类

风险的分类方法有很多,这里介绍几种与风险管理密切相关的分类方法。

1)按风险的性质分类

按风险的性质可将风险分为纯粹风险与投机风险。

纯粹风险:是指只有损失可能而无获利机会的风险,即造成损害可能性的风险。其所致结果有两种,即损失和无损失。例如交通事故只有可能给人民的生命财产带来危害,而决不会有利益可得。在现实生活中,纯粹风险是普遍存在的,如水灾、火灾、疾病、意外事故等。但是,这种灾害事故何时发生,损害后果多大,往往无法事先确定,于是,它就成为保险的主要对象。人们通常所称的"危险",也就是指这种纯粹风险。

投机风险:是指既可能造成损害,也可能产生收益的风险,其所致结果有三种:损失、无损失和盈利。例如,有价证券,证券价格的下跌可使投资者蒙受损失,证券价格不变无损失,但是证券价格的上涨却可使投资者获得利益。还如赌博、市场风险等,这种风险都带有一定的诱惑性,可以促使某些人为了获利而甘冒这种损失的风险。在保险业务中,投机风险一般是不能列入可保风险之列的。

思考:

(1)交通事故、有价证券、赌博、疾病各属于什么风险?

(2)是否纯粹风险和投机风险都可以承保?这两种都是保险的对象吗?

2)按风险对象分类

按风险对象可将风险分为财产风险、人身风险、责任风险和信用风险。

财产风险:是导致财产发生毁损、灭失和贬值的风险。如火灾、地震、爆炸、雷击、洪水等事故,可能引起财产的直接损失及相关的利益损失,因而都是财产风险。财产风险既包括财产的直接损失风险,又包括财产的间接损失风险。

人身风险:是指因生、老、病、死、残等原因而导致经济损失的风险。例如因为年老而丧失劳动能力或由于疾病、伤残、死亡、失业等导致个人、家庭经济收入减少,造成经济困难。生、老、病、死虽然是人生的必然现象,但在何时发生并不确定,一旦发生,将给其本人或家属在精神和经济生活上造成困难。

责任风险:是指因侵权或违约,依法对他人遭受的人身伤亡或财产损失应负的赔偿责任的风险。例如,汽车撞伤了行人,如果属于驾驶员的过失,那么按照法律责任规定,就须对受害人或家属给付赔偿金。又如,根据合同、法律规定,雇主对其雇员在从事工作范围内的活动中,造成身体伤害所承担的经济给付责任。

信用风险:是指在经济交往中,权利人与义务人之间,由于一方违约或违法而造成对方经济损失的风险。例如,借款人不按期还款,就可能影响到贷款人资金的正常周转,从而使贷款人因借款人的不守信用而遭受损失。

二、风险管理

1.风险管理的定义

由于风险存在的普遍性及风险带来损失程度的不确定性,出于人类与生俱来的对安全的需求,以及降低风险经济损失的愿望,研究风险管理具有必要性,渐渐形成了一门新兴的管理学科——风险管理。

风险管理是指经济单位通过风险识别、风险估测、风险评价,对风险实施有效的控制和妥善处理风险所致损失,期望达到以最小的成本获得最大安全保障的管理活动。

风险管理是研究风险发生规律和风险控制技术的一门新兴管理科学,它是一个组织或个人用以降低风险的负面影响的决策过程。

2.风险管理基本程序

由风险管理的定义可知,风险管理的基本程序包括风险识别、风险估测、风险管理方法和风险管理效果评价等环节。

1)风险识别

风险识别:是经济单位和个人对所面临的以及潜在的风险加以判断、归类整理,并对风险的性质进行鉴定的过程。识别风险主要包括感知风险和分析风险两方面内容。

感知风险是指了解客观存在的各种风险,如机动车有碰撞、丢失、火灾等许多种风险;

分析风险是分析引起风险事故的各种因素,如具体分析发生机动车辆火灾的因素,线路短路、碰撞致使油箱漏油、被人纵火等都会引起机动车辆火灾。

感知火灾是风险识别的基础,分析风险是风险识别的关键。

2)风险估测

风险估测是指在风险识别的基础上,通过对所收集的大量详细损失资料加以分析,运用概率论和数理统计,估计和预测风险发生的概率和损失程度。风险估测的内容主要包括损失频率和损失程度两个方面。

损失频率的高低取决于风险单位数目、损失形态和风险事故;损失程度是指某一特定风险发生的严重程度。

3)风险管理方法

风险管理方法分为控制法和财务法两大类。

风险控制是用来避免、消除或减少意外事故发生的机会,限制已经发生的损失继续扩大的一切措施,着重点在于改变引发意外事故和扩大损失的各种条件。

财务法是通过提留风险准备金,事先做好吸纳风险成本的财务安排来降低风险成本的一种风险管理方法。即对无法控制的风险事前所做的财务安排。它包括自留或承担和转移两种。

4)风险管理效果评价

风险管理效果评价是分析、比较已实施的风险管理方法的结果与预期目标的契合程度,以此来评判管理方案的科学性、适应性和收益性。

三、保险

1.保险的含义

根据《中华人民共和国保险法》第二条规定:"保险是指投保人根据合同约定,向保险人支付保险费,保险人对于合同约定的可能发生的事故因其发生所造成的财产损失承担赔偿保险金责任,或者当被保险人死亡、伤残、疾病或者达到合同约定的年龄、期限时承担给付保险金责任的商业保险行为。"

从法律角度看:保险首先是一种法律关系,保险双方当事人以合同约定各自享有的权利和承担的义务,受法律的支配和保护。保险是一方支付保险费,另一方承担风险损失的法律关系。保险是建立在当事人双方法律地位平等基础上的自愿行为(法定的强制保险除外)。投保人参加保险,实质上是将他的不确定的大额损失变成确定的小额支出,即保险费。而保险人集中了大量同类风险(互助共济,其关系就是我为人人、人人为我),能借助大数法则来正确预见损失的发生额,并根据保险标的的损失概率制定保险费率。通过向所有被保险人收取保险费建立保险基金,用于补偿少数被保险人遭受的意外事故损失。因此,保险是一种有效的财务安排,并体现了一定的经济关系。

从经济角度看:保险是风险管理的一种方法,以风险损失分摊机制为基础的一种处理风险的经济机制,它是以面临同质风险的经济单位或个人为对象,通过风险损失分摊机制来实现风险成本最低化的经济方法。

综上所述,保险定义包括四方面内容:一是商业保险行为;二是合同行为;三是权利义务行为;四是经济补偿或保险金给付以合同约定的保险事故发生为条件。

2. 可保风险

保险公司并非无险不保。可保风险是指可以被保险公司所接受承保的风险。一般来讲,可保风险应具备的条件包括:

(1)风险应当是纯粹风险。即风险一旦发生成为现实的风险事故,只有损失的机会,而无获利的可能。

(2)风险应当使大量标的均有遭受损失的可能性。

(3)风险应当有导致重大损失的可能。重大损失是被保险人不愿承担的。如果损失很轻微,则无参加保险的必要。

(4)风险不能使大多数的保险标的同时遭受损失。

要求损失的发生具有分散性。因为保险的目的,是以大多数人支付的小额保费,赔付少数人遭遇的大额损失。如果大多数的保险标的同时遭受损失,保险人通过向被保险人收取保险费所建立起的保险资金根本无法抵消损失,从而影响保险公司的经营稳定性。

(5)风险必须具有现实的可测性。

在保险经营中,保险人必须制定出准确的保险费率,而保险费率的计算依据是风险发生的概率及其所致保险标的的损失的概率。这就要求风险具有可测性。

3. 保险的要素

保险的要素是指进行保险经济活动所应具备的基本条件,一般来讲包括五大要素。

1)必须存在可保风险

风险虽多,但有些风险保险人是不能接受的,只有符合保险人承保条件的风险,保险人才可以接受。

2)大量同质风险的集合与分散

保险风险的集合与分散应具备两个前提条件。

(1)风险的大量性。风险的大量性一方面是基于风险分散的技术要求;另一方面也是概率论和大数法则的原理在保险经营中得以运用的条件。根据概率论和大数法则的数理原理,集合的风险标的越多,风险就越分散,损失发生的概率也就越有规律性和相对稳定性,依此厘定的保险费率也才更为准确合理,收取保险费的金额也就越接近于实际损失额和赔付额。如果只有少量保险标的,就无所谓集合和分散,损失发生的概率也难以测定,大数法则更不能有效地发挥作用。

（2）风险的同质性。所谓的同质风险是指风险单位在种类、品质、性能、价值等方面大体相近。如果风险为不同质风险，则发生损失的概率不相同，风险也就无法进行统一的集合与分散，此外不同质风险，损失发生的频率和幅度有差异，若进行统一的集合与分散，则会导致保险财务的不稳定性。

3）保险费率的厘定

保险在实质上是一种特殊商品的交换行为。制定保险商品的价格，即厘定保险费率，便构成了保险的基本要素。保险商品的交换行为是一种经济行为，为保证保险双方当事人的利益，保险费率的厘定要遵循一些基本原则。

4）保险准备金的建立

保险准备金是指保险人为保证其如约履行保险赔偿或给付义务，根据政府有关法律规定或业务特定需要，从保费收入或盈余中提取的与其所承担的保险责任相对应的一定数量的基金。《保险法》第九十四条规定："保险公司应当根据保障被保险人利益、保证偿付能力的原则，提取各项责任准备金。保险公司提取和结转责任准备金的具体办法由保险监督管理机构制定。"

5）保险合同的订立

（1）保险合同是体现保险关系存在的形式。保险作为一种民事法律关系，是投保人与保险人之间的合同关系，这种关系需要有法律关系对其进行保护和约束，即通过一定的法律形式固定下来，这种法律形式就是保险合同。

（2）保险合同是保险双方当事人履行各自权利和义务的依据。保险双方当事人的权利和义务是相互对应的。

4. 与汽车保险相关的基本术语

1）保险标的

保险标的，或称"保险对象"，是指保险合同中所载明的投保对象。汽车保险的保险标的是汽车及其相关经济责任。

2）保险人

保险人又称承保人，是经营保险业务收取保险费和在保险事故发生后负责给付保险金的人。汽车保险的保险人是指经营汽车保险业务的保险公司。

3）投保人

投保人是指对可保标的具有可保利益，向保险人申请订立保险合同，并负有交付保险费义务的人。投保人可以是自然人也可以是法人。汽车投保人是指与保险人订立汽车保险合同并按照汽车保险合同负有支付保险费义务的人。

4）被保险人

被保险人是因保险事故发生而遭受损失的人。在汽车保险合同中，被保险人是保险车辆的所有人或具有相关利益的人。被保险人与投保人是否为同一人要视保险的具体情况而定。被保险人可以与投保人为同一人，也可以不是同一人。

5）保险利益

保险利益是指投保人对保险标的具有的法律上承认的利益。

6）保险费

保险费简称"保费"，是投保人为转嫁风险支付给保险人的与保险责任相应的费用。一般情况下，保险费按保险金额与保险费率的乘积来计收，也可按固定金额收取。汽车保险费是根据汽车保险的保险金额和保险费率计算出来的。

7）保险金额

保险金额是指一个保险合同项下保险公司承担赔偿或给付保险金责任的最高限额，即投保人对保险标的的实际投保金额；同时又是保险公司收取保险费的计算基础。在汽车保险中，保险金额要根据汽车保险标的价值确定。保险标的的估价标准不同，保险标的价值的确定也不同。

8）责任保险

责任保险是指以被保险人对第三者依法应负的赔偿责任为保险标的的保险。

9）保险中介人

保险中介人是指活动于保险人（保险公司）和投保人之间，通过保险服务，把保险人和投保人联系起来并建立保险合同关系的人，包括保险代理人（如保险公司）、保险经纪人、保险公证人。

保险经纪人是指基于投保人的利益，为投保人与保险人订立保险合同提供中介服务，并依法收取佣金（一种是由保险人支付的，主要来自其所收保险费的提成；另一种是当投保人有必要委托经纪人向保险人请求赔付时，由投保人向经纪人支付相关报酬）的单位（必须是依法成立的单位而非个人，并承担其活动所产生的法律后果。投保人对保险经纪人的经纪活动并不承担责任，经纪人因其过错造成的损失由自身承担）。

保险代理人：根据保险人的委托，向保险人收取代理手续费，并在保险人授权的范围内代为办理保险业务的单位和个人。显而易见，保险代理人应该是基于保险人的利益办理保险业务，提供中介服务的。

保险公证人：受保险当事人，向委托人收取佣金，办理受损标的的查勘、检验、签订、估损与赔款理算并予以证明的保险中介机构。

第二节　保　险　合　同

一、保险合同的概念

保险合同是投保人与保险人之间约定保险权利义务关系的协议，该协议是由保险人与投保人双方在自愿基础上经过要约和承诺程序订立的，在法律上具有一定的约束力。即根据双方当事人约定，由投保人向保险人缴纳保险费，保险人在保险标的遭受约定的事故时，承担经济补偿或给付保险金的一种经济行为。

二、保险合同的特征

1. 保险合同是有偿合同

保险合同的有偿性主要体现在投保人要取得保险的风险保障，必须支付相应的代价，即保险费;保险人要收取保险费,必须承诺承担保险保障责任。

2.保险合同是保障合同

保险合同的保障主要表现在:保险合同双方当事人一经达成协议,保险合同从约定生效时起到终止的整个期间,投保人的经济利益受到保险人的保障。

3.保险合同是有条件的双务合同

保险合同的双务性与一般双务合同并不完全相同,即保险人的赔付义务只有在约定的事故发生时才履行,因而是附有条件的双务合同。

4.保险合同是附和合同

附和合同是指合同内容一般不是由当事人双方共同协商拟定,而是由一方当事人事先拟定,印好格式条款供另一方当事人选择,另一方当事人只能作取与舍的决定,无权拟定合同的条文。

5.保险合同是射幸合同

射幸是指偶然或不确定的意思。射幸合同是合同的效果在订约时不能确定的合同,即合同当事人一方并不必然履行给付义务,而只有当合同中约定的条件具备或合同约定的事件发生时才履行。

6.保险合同是最大诚信合同

任何合同的订立,都应以合同当事人的诚信为基础。

三、保险合同的主体与客体

1.保险合同的主体

保险合同的主体是保险合同的参加者,是在保险合同中享有权利并承担相应义务的人。

保险合同的主体包括:保险合同的当事人、关系人。

1)保险合同的当事人

保险合同的当事人包括:保险人、投保人。

2)保险合同的关系人

保险合同的关系人包括:被保险人、受益人。

(1)被保险人受保险合同保障,且有权按照保险合同规定向保险人请求赔偿或给付保险金的人。

(2)受益人一般属于人身保险范畴的特定关系人,即人身保险合同中由被保险人或投保人指定,当保险合同规定的条件实现时有权领取保险金的人。

未确定受益人有两种情况:一是被保险人或投保人未指定受益人;二是受益人先于被保险人死亡、受益人依法丧失受益权、受益人放弃受益权,而且没有其他受益人。

2.保险合同的客体

(1)保险利益是保险合同的客体。客体是指在民事法律关系中主体享受权利和履行义务时共同指向的对象。

(2)保险标的是保险利益的载体。保险标的是投保人申请投保的财产及其有关利益或者人的寿命和身体,是确定保险合同关系和保险责任的依据。

四、保险合同的形式

保险合同主要有投保单、保险单、批单及保险凭证等几种单证。

1. 投保单

投保单是投保人向保险人申请订立保险合同的书面要约。

2. 保险单

保险单也叫保险单正本,是保险公司与投保人之间订立保险合同的正式书面凭证。

3. 保险凭证

保险凭证又称保险卡,由保险公司签发给投保人以证明保险合同已经订立或者保险单已经签发的一种凭证。

保险凭证与保险单具有同等的法律效力,保险凭证上未列明的事项则以保险单为准。

4. 批单

批单是保险双方当事人协商修改和变更保险单内容的一种单证,也是保险合同变更时最常用的书面单证。

五、保险合同的成立与生效

1. 保险合同的成立

保险合同的成立即是投保人与保险人就合同的条款达成协议。

投保人提出保险要求,经保险人同意承保,保险合同成立。保险单或者其他保险凭证应当载明当事人双方约定的合同内容。当事人也可以约定采用其他书面形式载明合同内容。

2. 保险合同的生效

保险合同的生效即依法成立的保险合同条款对合同当事人产生约束力。

依法成立的保险合同,自成立时生效。投保人和保险人可以对合同的效力约定附加条件或者附加期限。

我国保险实践中普遍推行的"零时起保制",就是指:保险合同的生效时间是在合同成立的次日零时或约定的未来某一日的零时。

3. 保险合同的有效与无效

1) 保险合同的有效

保险合同具有法律效力并受国家法律保护。

按照保险合同订立的一般原则,保险合同的有效条件包括:

(1) 合同主体必须具有保险合同的主体资格。

在保险合同中,保险人、投保人、被保险人、受益人都必须具备法律所规定的主体资格,否则会引起保险合同全部无效或部分无效。

(2) 主体合意:签订保险合同的当事人双方要合意,而且合意是当事人双方必须具有主体资格基础上的合意,是建立在最大诚信基础上的合意。

(3) 客体合法:投保人对于投保标的所具有的保险利益必须符合法律规定,符合社会公共利益要求,能够在法律上有所主张,为法律所保护,否则,保险合同无效。

（4）合同内容合法。

2）保险合同的无效

保险合同不具有法律效力，不被国家保护。

导致保险合同无效的主要原因有：

（1）保险合同主体资格不符合法律规定。

（2）保险合同的内容不合法。

（3）保险合同当事人意思表示不真实，即保险合同不能反映当事人的真实意志。

（4）保险合同违反国家利益和社会公共利益。

保险合同无效可分为：全部无效、部分无效。

六、保险合同的履行

1. 投保人义务的履行

1）如实告知义务

订立保险合同，保险人就保险标的或者被保险人的有关情况提出询问的，投保人应当如实告知。

这说明我国对投保人告知义务的履行实行"询问告知"原则，即投保人只需对保险人所询问的问题作如实回答，而对询问以外的问题投保人无须告知，不能视为违反告知义务。

2）交纳保险费义务

交纳保险费是投保人的最基本的义务。

3）防灾防损义务

投保人、被保险人未按约定维护保险标的安全的，保险人有权要求增加保险费或解除保险合同。

4）保险事故发生后及时通知义务

保险的基本职能是对保险事故发生造成的被保险人保险标的的损失承担赔付责任。

5）损失施救义务

保险事故发生时，被保险人有责任尽力采取必要的合理的措施，进行损失的施救，防止或减少损失。

6）提供单证义务

7）协助追偿义务

在财产保险中由于第三人行为造成保险事故发生时，被保险人应当保留对保险事故责任方请求赔偿的权利，并协助保险人行使代位求偿权；被保险人应向保险人提供代位求偿所需的文件及其所知道的有关情况。

2. 保险人义务的履行

1）承担赔偿或给付保险金义务

承担赔偿或给付保险金是保险人最基本的义务。

2）说明合同内容

3）及时签单义务

4）为投保人或被保险人保密义务

七、保险合同的变更

保险合同的变更:保险合同没有履行或没有完全履行之前,当事人根据情况变化,按照法律规定的条件和程序,对保险合同的某些条款或事项进行修改或补充。

保险合同的变更,主要包括保险合同主体的变更和内容的变更。

1. 保险合同主体的变更

保险合同主体的变更:保险人以及投保人、被保险人、受益人的变更。

2. 保险合同内容的变更

保险合同内容的变更主要是由投保方原因引起的。具体包括:

(1)保险标的的数量、价值增减而引起的保险金额的增减。

(2)保险标的的种类、存放地点、占用性质、航程和航期等的变更引起风险程度的变化,从而导致保险费率的调整。

(3)保险期限的变更。

(4)人寿保险合同中被保险人职业、居住地点的变化等。

3. 保险合同变更的程序与形式

(1)保险合同变更必须经过一定的程序才可以完成。在原保险合同的基础上,投保人及时提出变更保险合同事项的要求,保险人审核,并按规定增减保险费,最后签发书面单证,变更完成。

(2)保险合同变更必须采用书面形式,对原保单进行批注。

八、保险合同的中止与终止

1. 保险合同的中止

保险合同的中止:在保险合同存续期间,由于某种原因的发生而使保险合同的效力暂时失效。

如果投保人在约定的保险费交付时间内没有按时交纳,且在宽限期内(一般为 60 天)仍未交纳,则保险合同中止。

被中止的保险合同可以在合同中止后的 2 年内申请复效。

2. 保险合同的终止

保险合同的终止:保险合同成立后,因法定的或约定的事由发生,使合同确定的当事人之间的权利、义务关系不再继续,法律效力完全消灭的事实。终止是保险合同发展的最终结果。

保险合同的终止是指合同双方当事人确定权利义务关系的消灭。合同终止主要包括保险合同的期满终止、保险合同的履约终止和保险标的发生损失而终止等情况:

(1)自然终止:因保险合同期限届满而终止。这是保险合同终止的最普遍、最基本的原因。

(2)因保险人完全履行赔偿或给付义务而终止。

(3)因合同主体行使合同终止权而终止。当财产保险中的保险标的发生部分损失后,由于保险标的本身的状态及面临的风险已经有所变化,因而允许双方当事人在法定期间内行使保险合同终止权。

(4)因保险标的全部灭失而终止。如人身意外伤害保险中,被保险人因疾病而死亡。

(5)因解除而终止。保险合同的解除可分为:预定解除、协商解除、法定解除、裁决解除。

九、保险合同的解释与争议处理

1. 保险合同条款的解释原则

(1)文义解释原则,即按照保险合同条款通常的文字含义并结合上下文解释的原则。

(2)意图解释原则,即必须尊重双方当事人在订约时的真实意图进行解释的原则。

(3)有利于被保险人和受益人的原则。

(4)批注优于先批的解释原则。

(5)补充解释原则。

2. 保险合同条款的解释效力

保险合同条款的解释,可分为:有权解释、无权解释。

1)有权解释

有权解释即具有法律约束力的解释,其解释可以作为处理保险合同条款争议的依据。

有权解释可分为:立法解释、司法解释、行政解释、仲裁解释。

(1)立法解释:国家最高权力机关的常设机关——全国人大常委会对《中华人民共和国保险法》的解释。

(2)司法解释:国家最高司法机关在适用法律的过程中,对于具体应用法律问题所做的解释。

(3)行政解释。

(4)仲裁解释:保险合同争议的双方当事人达成协议把争议提交仲裁机构仲裁后,仲裁机构对保险合同条款的解释。

2)无权解释

无权解释即不具有法律约束力的解释。

3. 保险合同争议的处理方式

保险合同争议的处理方式有:协商、仲裁、诉讼。我国现行保险合同纠纷诉讼案件与其他诉讼案一样实行的是两审终审制。

第三节 保险基本原则

保险的基本原则是指人们在保险活动中必须遵循的根本准则,它是制定、解释、执行和研究保险的出发点和根据。保险主要有最大诚信原则、保险利益原则、近因原则、损失补偿原则以及损失补偿原则派生出来的代位原则和分摊原则。

一、最大诚信原则

1. 最大诚信原则的概念及其存在的原因

所谓诚信是指诚实可靠、坚守信誉,这是制定各种合同的基础。在民事活动中,各方面当事人都应当遵循诚实信用原则。

所谓最大诚信原则就是指保险合同当事人双方在签订和履行保险合同时,必须以最大的诚意,履行自己应尽的义务,互不欺骗和隐瞒,恪守合同的承诺和义务,否则保险合同无效。

《保险法》第十七条规定:"订立保险合同,采用保险人提供的格式条款的,保险人向投保人提供的投保单应当附格式条款,保险人应当向投保人说明合同的内容。对保险合同中免除保险人责任的条款,保险人在订立合同时应当在投保单、保险单或者其他保险凭证上做出足以引起投保人注意的提示,并对该条款的内容以书面或者口头形式向投保人做出明确说明;未作提示或者明确说明的,该条款不产生效力。"

2. 最大诚信原则的内容

最大诚信原则的主要内容包括告知、保证、弃权与禁止反言。最大诚信原则既是对投保人或被保险人的要求,也是对保险人的要求。

1)告知

告知分为狭义的告知和广义的告知。狭义的告知是指合同当事人在订立合同前和订立合同时,互相据实申报和陈述。广义的告知是指合同订立前、订立时和合同有效期内,投保人或被保险人应对已知或应知的和保险标的有关的重要事实向保险人做出口头或书面申报,保险人也应将与投保人、被保险人利害直接相关的重要事实据实通告给投保人或被保险人。最大诚信原则所指的告知是广义的告知,对于投保人或被保险人而言,通常称为如实告知义务,对于保险人而言,通常称为据实说明义务。

告知的形式有询问告知和无限告知,我国采取询问告知的形式。询问告知要求投保人只需如实回答保险人对保险标的的风险状况提出的询问即可,对保险人没有询问的事项,投保人无须主动告知。在实践中,保险人的询问方式通常采用书面形式,通过要求投保人如实填写投保单的方式完成询问与告知的义务。

告知的内容包括:

(1)保险合同订立时,根据保险人的询问,投保人或被保险人对于已知的与保险标的及其危险有关的重要事实作如实回答。

(2)合同订立时,保险人应当主动向投保人说明保险合同条款内容,以及费率和其他可能会影响投保人做出投保决定的事实。

(3)保险合同履行过程中,被保险人要将保险标的危险增加、标的转移或与保险合同有关的事项变动等情况告知保险人。

(4)保险事故发生后,被保险人应及时通知保险人。

(5)保险合同约定的条件满足后或保险事故发生后,保险人应按合同约定如实履行给付或赔偿义务。

(6)被保险人索赔时要将保险标的的受损情况、重复保险情况等告知保险人。

2)保证

保证是最大诚信原则的另一项重要内容。所谓保证是指投保人或被保险人在保险期内,担保对某一投保事项的作为和不作为,或担保某一事项的真实性。保证是保险人签发保险单或承担保险责任时要求投保人或被保险人履行某种义务的条件,其目的在于控制风险,确保保险标的及其周围环境处于良好的状态中。

保证分为明示保证和默示保证。明示保证是以语言、文字和其他书面的形式在保险合同内说明的保证。保险人为慎重起见,在保险合同中安排一个固定格式,让投保人承认保单上的保证条款,这是保险单的一部分,投保人必须遵守。如我国机动车辆保险条款规定,被保险人必须对保险车辆妥善保管、使用及维护,使之处于正常的技术状态。我国汽车保险合同中对被保险人义务的要求条款就属于明示保证。默示保证是指在保险单中,虽没有文字明确列明,但在习惯上已经被社会公众认为是投保人或被保险人应当遵守的事项,如要求被保险的车辆必须有正常的行驶能力等。

默示保证与明示保证具有同等的法律效力,投保人或被保险人必须严格遵守。

3)弃权与禁止反言

弃权是指保险人放弃其在保险合同中可以主张的某种权利。禁止反言是指保险人已放弃某种权利,日后不得再向被保险人主张这种权利。在实践中,弃权与禁止反言一般用于约束保险人。弃权与禁止反言在约束保险人的同时也维护了被保险人的利益,有利于保险双方权利、义务关系的平衡。

应用案例 1-2

> 2012 年 2 月 11 日,王某驾驶货车与张某所骑电动自行车发生事故,致张某死亡。交警部门认定王某、张某负该起事故的同等责任。王某货车在某保险公司投保了交强险及商业险。在商业险理赔时,保险公司主张根据商业险合同约定,事故责任比例不超过 50%。因保险公司没有证据证明免责条款已向王某明确说明,法院判决保险公司在商业险部分按 70% 的比例承担事故责任。请问法院的判决合理吗?

【分析】本案所涉保险合同格式条款规定:"保险车辆方负同等事故责任的,事故责任比例不超过 50%。"依照《江苏省道路交通安全条例》第五十二条规定,非机动车驾驶人、行人负事故同等责任的,减轻机动车一方承担赔偿责任的 30%～40%。两者相比较,该保险条款规定属部分免责条款。《中华人民共和国保险法》第十七条规定,保险合同中关于保险人责任免除条款,保险人在订立保险合同时应当向投保人明确说明。未明确说明的,该条款不产生效力。因此,保险人在订立保险合同时必须向投保人就责任免除条款作明确说明,该义务是法定义务,否则该免责条款不产生效力。本案中某保险公司未证明已经就该条款的具体内容向投保人王某做出明确的解释,故该保险格式条款不能发生法律效力。法院判决保险公司对超过交强险限额部分的损失承担 70% 的赔偿责任正确。

二、保险利益原则

1. 保险利益及其确立条件

1)保险利益

保险利益原则是保险行业中的一个基本原则,又称"可保利益"或"可保权益"原则。我国《保险法》第十二条规定:"保险利益是指投保人或者被保险人对保险标的具有的法律上承认的利益。"它体现了投保人或被保险人与所保标的之间存在具有法律所承认的权益或利害关系。即在保险事故发生时,被保险人可能会遭受损失或失去利益。正是由于保险标的与被保险人的经济利益息息相关,投保人才会为保险标的投保以转嫁各种可能发生的风险,而保险公司通过风险分摊来保障被保险人的经济利益。《保险法》第十二条规定:"财产保险的被保险人在保险事故发生时,对保险标的应当具有保险利益。"其他国家的保险法对此也都有明确的规定。

2)保险利益的确立条件

保险利益是保险合同得以成立的前提,保险利益必须满足以下条件。

(1)必须是合法的利益。保险利益必须是法律上所认可的利益,即得到法律认可和保护的利益受到损害才能构成保险利益。不法利益,无论当事人是何种意图,均不能构成保险利益,所签订的保险合同均无效。如投保人为购买的赃车或盗窃的汽车投保,该保险合同无效。此外,法律上不予承认或不予保护的利益也不构成保险利益。

(2)必须是经济上的利益。保险利益必须是可以用货币、金钱计算和估价的利益,如果被保险人遭受的损失不是经济上的,就不能构成保险利益。如精神创伤、政治利益的损失、刑事处罚等,可能与当事人有利害关系,但这种利害关系不是经济上的,就不构成可保利益。

(3)必须是确定的利益。投保人或被保险人对保险标的所具有利害关系,必须是已经确定或者可以确定的,才能构成保险利益。它包括两层含义:其一是该利益能够用货币估价,如属于无价之宝而不能确定价格,则保险人难以承保;其二是该利益不是当事人主观估价的,而是事实上或客观上的利益,这种事实上的利益包括现有利益和期待利益。

2. 保险利益原则存在的意义

保险利益原则规定,投保人对保险标的要具有法律上承认的利益,否则保险合同无效。各国法律把保险利益作为保险合同生效的重要条件,主要有两层含义:一是对保险标的有保险利益的人才具有保险人的资格;二是保险利益是保险合同生效的依据。

坚持保险利益原则的意义主要在于:

(1)防止道德风险;

(2)使危险因素相对稳定;

(3)限制赔偿程度;

(4)消除赌博的可能性。

3. 保险利益的转移与消灭

1)保险利益的转移

保险利益的转移是指在保险合同的有效期内,投保人将保险利益转移给受让人,而保险合同依然有效。一般保险利益转移有继承、让与和破产三种原因。

对于财产保险的被保险人死亡,其继承人可以自动获得保险利益,也即继承人的保险利益在保险合同中继续存在。

财产保险中保险利益是否因保险标的的让与而转移,各国立法规定不一。在我国,对于保险标的的让与后保险利益是否转移,没有法律做出明确规定。但在保险业务实践中,如海上货物运输保险,承认保险标的的让与后,保险合同继续生效。

在财产保险中,被保险人破产,保险利益转移给破产债权人和管理人,但通常规定一个有效的期限,在期限内,保险合同继续有效,发生保险事故后破产债权人和管理人享有请求权。

2）保险利益的消失

保险利益的消失，是指投保人或被保险人失去保险利益，即在保险合同成立后，因为发生某种法律事实而引起投保人或被保险人丧失对保险标的所具有的利害关系。

保险利益的消失对于财产保险有相当的影响，一旦保险标的灭失，保险利益就将消失。

4. 保险利益的时效

在财产保险中，一般要求从保险合同订立到合同终止，始终都存在保险利益，如果投保时具有保险利益，发生损失时已丧失保险利益，则保险合同无效，被保险人无权获得赔偿。

应用案例1-3

> 2013年1月1日，王某将其所有的丰田轿车向保险公司投保车辆损失保险和第三者责任保险，保险期限一年，保险金额30万元。2013年4月9日，被保险人将该车出卖给张某并转移占有。买卖合同约定：张某当日向王某支付20万元，待过户手续办理完毕时再补足余款。张某迟迟未办理过户手续，2013年4月23日保险车辆与他车相撞，损失15万元。张某向保险公司提出索赔，保险公司以张某不是被保险人为由拒赔。王某遂以被保险人名义向法院起诉，要求保险公司承担补偿责任。请问法院会支持王某的索赔请求吗？

【分析】该案例属于保险利益的转移问题。案例中车辆所有权未发生转移，王某对车辆具有保险利益，王某向保险公司索赔是合理的，保险公司也应该向王某承担补偿责任。

应用案例1-4

> 甲运输公司向银行贷款100万元，银行要求其以公司所有的房屋提供抵押。为防不测，银行对所抵押之房屋投保财产保险一年。六个月后，运输公司将贷款悉数偿还。保险期第十个月，该房屋发生火灾，银行依合同向保险公司提出索赔，保险公司能否拒赔？如果拒赔，其理由是什么？（保险利益的转移问题）

【分析】该案例属于保险利益的消失问题。案例中银行对其贷款抵押的楼房进行投保，保险标的物是楼房，但银行要求保障的是该楼房所可能遭受的风险，而并非构成楼房的一砖一瓦，如银行收回放贷，即便楼房在保险期内损毁，银行也无权主张保险人对其进行补偿，因为银行在贷款收回之际已对保险标的物丧失保险利益，银行当然无权请求保险公司赔偿。

三、近因原则

1. 近因原则的含义

保险的基本职能就是对被保险人的经济损失进行充分而及时的补偿，近因原则是确定保险损失赔偿责任的一项基本原则。

保险关系上的近因，并不是指在时间或空间上与损失结果最为接近的原因，而是指造成损失的最直接、最有效、起主导或决定性作用的原因。在风险与保险标的损失关系中，如果近因属于被保风险，保险人应负赔偿责任；近因属于除外风险或未保风险，则保险人不负赔偿责任。

由于保险事故发生的原因有时很复杂,如果有多个原因同时起作用,近因就是导致损失结果的决定性原因。近因原则是判断保险事故与保险标的损失之间的因果关系,从而确定保险赔偿责任的一项基本原则。

2. 保险事故中近因的判定

根据保险实践,产生事故损失原因的判定可分为以下几种类型。

1)单一原因致损近因的判定

造成损失的原因只有一个,这个原因就是近因。如果该近因属于承保风险,保险人承担赔偿责任;如果该近因属于未保风险或除外责任,则保险人不承担赔偿责任。如某汽车投保了盗抢险,汽车丢失的近因是被盗窃,因此保险人应负赔偿责任。

2)多种原因同时致损近因的判定

多种原因同时致损,则原则上它们都是损失的近因。如果多种原因都属于承保风险,保险人须承担赔偿责任;如果都属于除外责任,保险人不承担赔偿责任。多种原因中既有承保风险,又有除外责任,如果它们所致的损失能够分清,保险人对承保风险造成的损失承担赔偿责任;如果它们所致的损失无法分清,此种情形的处理有四种意见:有的学者主张损失由保险人和被保险人平均分担,有的学者主张保险人可以完全不承担赔偿责任,有的学者主张保险人与被保险人协商赔偿,还有的学者主张应按致损的承保风险在所有致损风险中所占的比例承担赔偿责任。

3)多种原因连续发生致损近因的判定

多种原因连续导致损失,并且前因和后因之间存在未中断的因果关系,则最先发生并造成一连串事故的原因为近因。如果该近因属于承保风险,保险人承担赔偿责任;反之,保险人不承担赔偿责任。例如,某汽车投保第三者责任险,汽车在正常行驶中,轮胎压飞石子,石子击中行人眼睛造成失明,则轮胎压飞石子为近因。该近因属于承保风险,保险人应负赔偿责任。

4)多种原因间断发生致损近因的判定

当发生并导致损失的原因有多个,且在一连串发生的原因中有间断情形,即有新的独立的原因介入,使原有的因果关系断裂,并导致损失,则新介入的独立原因为近因。如果该近因属于承保风险,保险人承担赔偿责任;反之,保险人不承担赔偿责任。

应用案例1-5

某人投保了一份家庭财产保险,保险合同中明确规定因火灾、雷击、爆炸而导致保险标的的损失,保险公司负责赔偿,但对因战争、罢工、暴动造成的损失属除外责任。一日,该地区遭遇敌军飞机轰炸,扔下的炸弹引发地面燃烧,然后波及了周围的房屋,引发火灾,该被保险人的房屋也未能幸免。请问该房屋损失是否属于保险公司赔付范围?

【分析】该案例中虽然表面上房屋是由于大火而被烧毁,属于保险责任范围,但是发生大火的原因却是战争行为中的敌军投弹引起的,从本质上看,这次事故的因果关系是:战争→火灾→房屋损失;因此在这次损失中最直接、最有效、起决定作用的原因(即近因)是战争。由于战争属于除外责任,在这种情况下,保险公司无须赔偿。

四、损失补偿原则

1.损失补偿原则的含义

损失补偿原则是指保险标的发生保险责任范围内的损失时,保险人按照合同规定,以货币形式赔偿被保险人所受的损失,或以实物赔偿,或修复原标的,但无论采用哪种赔偿形式,都只能使被保险人在经济上恢复到受损前的状态,而不允许被保险人获得额外利益。它包括两层含义:第一,投保人与保险人订立保险合同后,在保险期间内如发生保险责任范围内的损失,被保险人才能得到赔偿;第二,保险人对被保险人的赔偿,只能使保险标的的恢复到保险标的的发生损失以前的状态,保险赔偿不能高于实际损失。

损失补偿原则只适用于财产保险,人身保险合同不适用这一原则。

2.损失补偿的范围

损失补偿的范围是指保险人应对被保险人的哪些损失予以补偿。一般而言,主要包括以下几方面。

1)保险标的的实际损失

在财产保险中,保险事故发生时保险标的的实际损失计算,通常以损失发生时受损财产的实际价值为准,但最高赔偿金额以保险标的的保险金额为限。

2)施救费用

施救费用应是直接的、必要的,并符合国家有关政策规定的。它不仅包括对保险车辆本身进行抢救和保护所发生的费用,还包括向第三者进行追偿所发生的协商与诉讼费用。

3)其他费用

其他费用主要是指为了确定保险责任范围内的损失所支付的受损标的的检验、估价、出售等费用。

3.赔偿的责任限额

(1)以实际损失为限;

(2)以保险金额为限;

(3)以保险利益为限。

财产保险合同中约定的风险事故发生时,保险人对被保险人的赔偿金额要受实际损失、保险金额和保险利益三个量的限制,而且当三者金额不一致时,保险人的赔偿金额以三者中最小者为限。

五、代位原则

1.代位原则的含义

代位原则是损失补偿原则的派生原则,也是损失补偿原则应用的必然要求和结果。保险的代位,是指保险人取代被保险人的求偿权和对标的的所有权。代位原则是指保险人依照法律或保险合同的约定,对被保险人遭受的损失进行赔偿后,依法取得向对损失负有责任的第三者进行追偿的权利,或取得被保险人对保险标的的所有权。

代位原则只在财产保险中适用,不适用于寿险合同。

2.代位原则的类型

代位原则包括权利代位和物上代位两种类型。

1）权利代位

（1）权利代位概念。权利代位又称代位追偿，是指在财产保险中，由于第三者的过错致使保险标的发生保险责任范围内的损失，保险人按照保险合同的约定给付保险金后，有权将自己置于被保险人的地位，获得被保险人有关该项损失的一切权利和补偿。

我国《保险法》第六十条规定："因第三者对保险标的的损害而造成保险事故的，保险人自向被保险人赔偿保险金之日起，在赔偿金额范围内代位行使被保险人对第三者请求赔偿的权利。"

保险合同中的代位追偿，实际上是保险补偿原则的延伸和派生。财产保险合同是经济补偿合同，具有经济补偿性，保险人只能对被保险人的实际损失进行补偿。在财产保险中，因第三者对保险标的的损害而造成保险事故的，受害人（被保险人）与致害人、被保险人与保险人之间存在两种不同的法律关系。一方面，根据被保险人与保险人因保险标的的有关利益签订的保险合同而产生的民事合同法律关系，当发生合同约定的保险事故时，保险公司依约承担赔偿责任。另一方面，受害人（被保险人）与致害人之间是一种因侵权行为而产生的一种民事侵权法律关系，致害人按照有关法律规定承担民事赔偿责任。由于第三者原因导致的保险事故发生后，被保险人既可以根据保险合同向保险人索赔，也可以根据有关法律向致害人请求予以赔偿。另外，由于财产保险合同是补偿性合同，被保险人不能因为发生保险事故既向保险人索赔又向致害人索赔，从而获得超出其损失金额的赔偿。因此，被保险人如果向保险人提出赔偿要求，根据保险合同的约定，保险人支付被保险人的保险赔偿金后就取得向第三者追偿的权利，被保险人将与第三者之间的债权转让给保险人，从而在保险人与第三者之间形成一种特殊的债权债务关系。实质上，保险人代位追偿权的取得是一种债权的转让，只要保险人支付了赔偿金，被保险人就自动地将向第三者追偿的权利转让给保险人。这符合保险合同的补偿原则和公平原则。

（2）代位追偿权产生的条件。代位追偿权是保险人取得被保险人作为受害人的地位，行使向致害人进行民事侵权索赔的权利。根据《保险法》的有关规定及保险原则，代位追偿权的产生应具备以下条件：

①保险标的的损失必须是由第三者造成的，依法应由第三者承担赔偿责任。所谓第三者是指保险人与被保险人以外的人。造成损失的原因主要包括如下几方面。一是由于第三者的侵权行为造成保险标的的损失，第三者依法应该承担民事赔偿责任。例如因第三者的碰撞造成保险车辆的损失。二是第三者违反合同约定依法应承担违约责任。由于第三者的故意或者过失使保险标的遭受损失，或无论第三方有无过错造成保险标的的损失，根据合同约定都应承担的民事赔偿责任。三是第三者的不当得利。如保险标的丢失后，第三方非法占有保险标的。

②保险标的的损失是保险责任范围内的损失，根据保险合同的约定，保险公司理应承担赔偿责任。如汽车保险中的车辆损失险，保险车辆因碰撞发生保险事故造成损失，根据保险合同的约定，保险公司应负责赔偿。如果不属于保险责任范围内的损失，则不适用代位追偿。

③代位追偿权的产生必须在保险人给付保险金之后，保险人才能取代被保险人的地位与第三者产生债权债务关系。

（3）代位追偿权的行使。代位追偿的对象是负民事赔偿责任的第三者，既可以是法人、自然人,也可以是其他经济组织。被保险人的近亲属过失行为造成的被保险财产损失,不适用代位追偿的规定。

一般情况下,被保险人在取得赔偿后,应当出具权益转让书作为权利转移的证明,由保险人持该证明向第三人追偿。

行使代位追偿权时要注意以下事项:

①赔偿时,被保险人有两种选择,或者请求第三人承担赔偿责任,或者请求保险人承担赔偿责任。

②保险人不得向被保险人的家庭成员或其组成人员行使代位追偿权,除非是这些成员故意造成的。

③保险人对第三者行使代位求偿权时,不影响被保险人就未取得的赔偿部分向第三者请求赔偿的权利,即代位追偿的权限仅限制在其赔偿的金额内。

④保险事故发生后,保险人未赔偿保险金之前,被保险人放弃对第三者赔偿请求权的,保险人不承担赔偿责任。

⑤保险人向被保险人赔偿后,被保险人未经保险人同意放弃对第三者请求赔偿权利的,该行为无效。

⑥被保险人故意或者因重大过失致使保险人不能行使代位请求赔偿权利的,保险人可以扣减或者要求返还相应的保险金。

应用案例1-6

2013年3月5日,A公司为所属的奥迪轿车在中联财险北分公司投保,险种包括车辆损失险、车上人员责任险、第三者责任险等。保险期间内,王某驾驶投保车辆时,投保车辆被贾某驾驶的中型货车从后部碰撞,投保车辆失控撞坏旁边的公路护栏,并导致王某受伤。经交通支队交通事故认定书认定:贾某负相关事故的全部责任,王某无责任。A公司支付了医疗费、拖车费、投保车辆修理费并赔付了公路护栏损失费后,向保险公司索赔。中联财险北分公司认为,A公司应先向保险事故责任方请求赔偿,在请求不能的情况下才由保险公司承担责任。A公司在车辆维修结算后就立即主张保险金,应视为放弃向致害方请求赔偿,故拒绝向A公司赔付保险金。A公司提起诉讼,请求判令中联财险北分公司支付A公司保险金15万元。请问中联财险北分公司会支付A公司的保险金索赔请求吗?

【分析】A公司与中联财险北分公司签订的保险合同合法有效,在保险期间内发生保险事故的,中联财险北分公司应当依照保险合同的规定承担相应的赔偿责任。其中,针对车损险,A公司作为索赔权利人,有权选择便捷的救济途径,其既有权选择要求致害人赔偿车辆所受的损失,亦有权选择依据其购买的车辆损失险要求保险人履行保险赔偿义务。在被保险人提出索赔申请后,保险公司理应按照保险合同的约定承担保险责任,并可以在赔偿金额范围内取得代位求偿的权利。现中联财险北分公司在没有任何证据证明A公司放弃向致害方索赔的情况下,拒绝对A公司进行赔付,依据不足。

2)物上代位

物上代位是指所有权的代位。保险人对被保险人赔偿保险金后,即可取得对受损标的的权利。物上代位也是损失补偿原则的必然要求和结果。我国《保险法》第五十九条规定："保险事故发生后,保险人已支付了全部保险金额,并且保险金额等于保险价值的,受损保险标的的全部权利归于保险人;保险金额低于保险价值的,保险人按照保险金额与保险价值的比例取得受损保险标的的部分权利。"

物上代位权是一种所有权的代位。与代位求偿权不同,保险人一旦取得物上代位权,就拥有了该受损标的的所有权。处理该受损标的所得的一切收益归保险人所有,保险人只能按照保险金额与保险价值的比例取得受损标的的部分权利。

六、分摊原则

1. 重复保险分摊原则的含义

这是损失补偿原则的又一个派生原则,它的特点是被保险人所能得到的赔偿金,由各保险人采用适当的办法进行损失分摊,因此它适用于重复保险。

分摊原则的基本含义是指在重复保险存在的情况下,各保险人按法律规定或合同约定共同承担赔偿责任。但各保险人承担的赔偿金额总和不得超过保险标的的实际损失金额,以防止被保险人获得额外利益。

我国《保险法》第五十六条规定:"重复保险是指投保人对同一保险标的、同一保险利益、同一保险事故分别与两个以上保险人订立保险合同,且保险金额总和超过保险价值的保险。"重复保险的存在是分摊的前提,因为只有存在重复保险的情况下,才涉及各保险人分别对被保险人进行赔偿的问题。我国《保险法》将重复保险视为合法行为,但为了防止因重复保险的存在而产生不良后果,对各保险人如何承担赔偿责任作了规定,对各保险人的赔偿金额总和作了限制。

2. 重复保险的分摊方法

为了防止被保险人在重复保险情况下获得额外利益,各保险人要按照一定的方法分摊损失。分摊方法有以下三种。

1)比例责任制

比例责任制指当损失发生时,如果保险合同均属有效,按照各保险合同中承保的保险金额占总保险金额的比例分摊损失,但其赔偿总额不能超过保险标的的实际价值。汽车保险的综合责任险一般采用这一方式分摊。

我国《保险法》第五十六条规定:"重复保险的各保险人赔偿保险金的总和不得超过保险价值。除合同另有约定外,各保险人按照其保险金额与保险金额总和的比例承担赔偿保险金的责任。"显然,我国保险法规定重复保险分摊一般是采用比例责任制。

2)限额责任制

限额责任制也称为独立责任制,是指在假定无其他保险合同的情形下,就单个保险合同计算其补偿责任,再按照各保险合同的独立责任的比例分摊损失金额。

3)顺序责任制

顺序责任制是按各保险合同订立的先后顺序由各保险人分摊损失金额。即由先出单的保险人首先负赔偿责任,第二个保险人只有在承保的财产损失金额超出第一家保险公司的保险金额时,才依次承担超出的部分,以此类推。

应用案例 1-7

> 某投保人先后与甲、乙、丙三家保险公司各签订了一份火灾保险合同。甲、乙、丙承保的金额分别为 100000 元、150000 元、250000 元,因发生火灾,损失 200000 元。请分别用比例责任制、限额责任制和顺序责任制计算各保险公司应如何分摊该保险标的的损失?

【分析】(1)按比例责任制分摊:

甲保险人应赔付的金额为:100000/(100000 + 150000 + 250000)× 200000 = 40000 元;

乙保险人应赔付的金额为:150000/(100000 + 150000 + 250000)× 200000 = 60000 元;

丙保险人应赔付的金额为:250000/(100000 + 150000 + 250000)× 200000 = 100000 元。

(2)按限额责任制分摊:

甲保险人应赔付的金额为:100000/(100000 + 150000 + 200000)× 200000 ≈ 44444 元;

乙保险人应赔付的金额为:150000/(100000 + 150000 + 200000)× 200000 ≈ 66667 元;

丙保险人应赔付的金额为:200000/(100000 + 150000 + 200000)× 200000 ≈ 88889 元。

(3)按顺序责任制分摊:

甲保险人应赔付的金额为:100000 元;

乙保险人应赔付的金额为:100000 元;

丙保险人应赔付的金额为:0 元。

本 章 小 结

1. 风险是指人们在生产、生活或对某一事项做出决策的过程中,未来结果的不确定性(是人们对未来难测的一种主观上担忧、忧虑的心境,不是担心某件事情发生而是担心后果),包括正面效应和负面效应的不确定性。

2. 风险的构成要素包括风险因素、风险事故和损失。

3. 风险是由风险因素、风险事故和风险损失三者构成的,相互关系可以概括为:风险因素引起风险事故,风险事故导致风险损失。

4. 风险的分类方法有很多,按风险的性质可将风险分为纯粹风险与投机风险;按风险对象可将风险分为财产风险、人身风险、责任风险和信用风险。

5. 风险管理是指经济单位通过风险识别、风险估测、风险评价,对风险实施有效的控制和妥善处理风险所致损失,期望达到以最小的成本获得最大安全保障的管理活动。风险管理的基本程序包括风险识别、风险估测、风险管理方法和风险管理效果评价等环节。

6. 保险是指投保人根据合同约定,向保险人支付保险费,保险人对于合同约定的可能发生的事故因其发生所造成的财产损失承担赔偿保险金责任,或者当被保险人死亡、伤残、疾病或者达到合同约定的年龄、期限时承担给付保险金责任的商业保险行为。保险定义包括四方面内容:一是商业保险行为;二是合同行为;三是权利义务行为;四是经济补偿或保险金给付以合同约定的保险事故发生为条件。

7. 可保风险应具备的条件:风险应当是纯粹风险;风险应当使大量标的均有遭受损失的可能性;风险应当有导致重大损失的可能;重大损失是被保险人不愿承担的。如果损失很轻微,则无参加保险的必要;风险不能使大多数的保险标的同时遭受损失。

8.保险的要素:①可保风险的存在;②大量同质风险的集合与分散;③保险费率的厘定;④保险保证金的建立;⑤保险合同的订立。

9.与保险相关的基本术语:保险标的、保险人、被保险人、保险利益、保险费、保险金额、责任保险、保险中介人。

10.保险合同的特征:保险合同是有偿合同;保险合同是保障合同;保险合同是有条件的双务合同;保险合同是附和合同;保险合同是射幸合同;保险合同是最大诚信合同。

11.保险合同的主体:保险合同的当事人(保险人、投保人)、关系人(被保险人、受益人);保险合同的客体:保险利益(保险标的是保险利益的载体)。

12.保险合同的形式:主要有投保单、保险单、批单及保险凭证等。

13.保险合同的成立与生效:保险合同的成立即是投保人与保险人就合同的条款达成协议;保险合同的生效即依法成立的保险合同条款对合同当事人产生约束力。

14.保险合同的履行:投保人义务的履行(如实告知义务、交纳保险费义务、防灾防损义务、保险事故发生后及时通知义务、损失施救义务、提供单证义务、协助追偿义务);保险人义务的履行(承担赔偿或给付保险金义务、说明合同内容、及时签单义务、为投保人或被保险人保密义务)。

15.保险合同的变更:保险合同主体的变更(保险人以及投保人、被保险人、受益人的变更)、保险合同内容的变更、保险合同变更的程序与形式。

16.保险合同的中止与终止:保险合同的中止(在保险合同存续期间,由于某种原因的发生而使保险合同的效力暂时失效)、保险合同的终止(保险合同成立后,因法定的或约定的事由发生,使合同确定的当事人之间的权利、义务关系不再继续,法律效力完全消灭的事实)。

17.保险合同条款的解释原则:文义解释原则、意图解释原则、有利于被保险人和受益人的原则、批注优于先批的解释原则、补充解释原则。

18.保险合同争议的处理方式:协商、仲裁、诉讼。

19.保险的基本原则:最大诚信原则、保险利益原则、近因原则、损失补偿原则以及损失补偿原则派生出来的代位原则和分摊原则。

20.最大诚信原则的主要内容包括告知、保证、弃权与禁止反言。

21.保险利益是指投保人或者被保险人对保险标的具有的法律上承认的利益。保险利益的确立条件:①必须是合法的利益;②必须是经济上的利益;③必须是确定的利益。

22.近因是指造成损失的最直接、最有效、起主导或决定性作用的原因。近因原则是确定保险损失赔偿责任的一项基本原则。

23.损失补偿的赔偿范围:保险标的的实际损失、施救费用、其他费用。

24.代为原则:权利代位(代位追偿)和物上代位。

权利代位又称代位追偿,是指在财产保险中,由于第三者的过错致使保险标的发生保险责任范围内的损失,保险人按照保险合同的约定给付保险金后,有权将自己置于被保险人的地位,获得被保险人有关该项损失的一切权利和补偿。

物上代位是指所有权的代位。保险人对被保险人赔偿保险金后,即可取得对受损标的的权利。

25.重复保险:是指投保人对同一保险标的、同一保险利益、同一保险事故分别与两个以上保险人订立保险合同,且保险金额总和超过保险价值的保险。

26.分摊原则是指在重复保险存在的情况下,各保险人按法律规定或合同约定共同承担赔偿责任。分摊方式:比例责任制、限额责任制、顺序责任制。

最大诚信原则
保险利益原则 } 既适用于人身保险也适用于财产保险。
近因原则

损失补偿原则——只适用于财产保险。

保险基本原则履行的实效性

最大诚信原则
保险利益原则 } 订立保险合同、履行保险合同期间应该遵循。

近因原则
损失补偿原则 } 保险理赔阶段应该遵循。

复习思考题

一、名词解释

风险;纯粹风险;风险管理;保险;保险标的;保险人;投保人;被保险人;保险费;保险金额;保险中介人。

二、思考题

1.简述风险组成要素之间的关系,并分析这种关系为我们进行风险管理提供什么帮助。

2.如何理解保险与风险管理之间的关系?

3.有人认为"保险公司是经营风险的企业,所以是有险必保",对此你有何看法。

4.可保风险的条件有哪些?

5.保险的要素有哪些?

6.保险合同的主体与客体分别是指什么?

7.保险合同的解释原则包括哪些?

8.何谓最大诚信原则? 其主要内容是什么?

9.何谓保险利益? 成为可保利益的条件是什么?

10.何谓损害补偿原则? 损害补偿的具体方法是什么?

11.举例说明什么是物上代位,什么是权利代位?

12.何谓近因原则? 如何进行损失近因的判定?

13.计算题:若某一工厂分别向甲、乙、丙三家公司投保火险,保险金额分别为45万元、18万元、12万元,财产实际价值为50万元。火灾发生后残值为10万元,问在下列情况下甲、乙、丙各自的赔偿额。

A.按比例责任分摊方式;

B.按限额责任分摊方式;

C.按顺序责任分摊方式。

拓展知识点

1.《中华人民共和国保险法》。
2.《中华人民共和国合同法》。

学习资源

1. 中国保险网 http://www.china-insurance.com.
2. 中国保险监督管理委员会 http://www.circ.gov.cn/web/site0.
3. 中国保险行业协会 http://www.iachina.cn/.

第二章 汽车保险产品与费率

教学目标

· 了解汽车保险的定义、特征、功能和作用;
· 了解交强险产生的背景以及相关定义;
· 了解商业汽车保险的类别;
· 掌握我国车辆损失险和第三者责任险的含义;
· 理解汽车保险产品的理论价格;
· 理解汽车保险费率的确定模式及各自的优缺点;
· 了解机动车保险费率及费率调整系数;
· 能根据费率表进行机动车保费的计算。

教学要点

知识要点	掌握程度	相关知识
汽车保险概述	了解汽车保险的定义、特征和作用; 掌握汽车保险的功能	汽车保险的定义; 汽车保险的特征; 汽车保险的功能; 汽车保险的作用
汽车保险产品	了解交强险产生的背景以及相关定义; 了解商业汽车保险的类别; 掌握我国车辆损失险和第三者责任险的含义	机动车交通事故责任强制保险; 商业汽车保险
汽车保险费率	理解汽车保险产品的理论价格; 理解汽车保险费率的确定模式及各自的优缺点; 了解机动车保险费率及费率调整系数; 能根据费率表进行机动车保费的计算	汽车保险产品的理论价格; 确定汽车保险产品理论价格的方法; 汽车保险费率的确定原则; 汽车保险费率确定模式; 汽车保险费率

第一节　汽车保险概述

一、汽车保险的定义

汽车保险是指对汽车由于自然灾害或意外事故所造成的人身伤亡或财产损失负赔偿责任的一种商业保险。

汽车保险是以汽车本身或汽车所有人或驾驶员因驾驶汽车发生意外所负的责任为保险标的,所以它既属于财产损失保险范畴,又属于责任保险范畴,是一个综合性的险种。

随着保险业的发展,汽车保险的保险标的已从最初的汽车扩展到各种机动车辆,但是世界上许多国家至今仍沿用汽车保险这一名称,而我国已经将其更名为机动车辆保险。

二、汽车保险的特征

汽车保险属于财产保险的一种,与其他险种相比,它具有以下特征。

1. 广泛性

广泛性有两层含义。一层含义是指被保险人有广泛性。具体体现在企业和个人广泛地拥有汽车,尤其是私人拥有汽车的数量不断增加,汽车逐步成为人们的生活必需品。另一层含义是机动车辆保险业务量大,普及率高。由于汽车出险概率较高,汽车的所有者需要寻求以保险方式转嫁风险。

2. 差异性

首先,汽车的差异性来自汽车的普及。不同类型的企业,不同类型的家庭,不同的个人,不同的风险使得机动车辆保险具有差异性。因此要求保险企业不断创新,推出个性化的产品,满足消费者的需求。

其次,车辆的生产厂家众多,汽车生产形式多种多样,从整车进口到进口零部件的组装,从合资建厂到独资生产。

最后,汽车的价格多种多样,车型、产地、品牌、功能的不同,差异较大,从几万元到几百万元不等。

3. 出险频率高

汽车是陆地的主要交通工具。由于其经常处于运动状态,总是载着人或货物不断地从一个地方开往另一个地方,很容易发生碰撞和意外事故,造成人身伤亡或财产损失。由于车辆数量的迅速增加,一些国家交通设施及管理水平跟不上车辆的发展速度,再加上驾驶人的疏忽、过失等人为原因,交通事故发生频繁,汽车出险率较高。

三、汽车保险的功能

1. 汽车保险的保障功能

保险的保障功能是保险业的立业之基,最能体现保险业的特色和核心竞争力。

汽车保险的保障功能是汽车保险得以产生和迅速发展的内在根源,具体表现为补偿损失功能。

汽车保险是在特定灾害事故发生时,在汽车保险的有效期和汽车保险合同约定的责任范围以及保险金额内,按其实际损失金额给予补偿。通过补偿使已经存在的社会财富(即车辆因灾害事故所导致的实际损失),在价值上得到补偿,在使用价值上得以恢复,从而使社会再生产得以持续进行,人民的生活得以安定,进而保障社会稳定。

2. 汽车保险的金融融资功能

金融融资功能是指将保险资金中闲置的部分重新投入社会再生产过程中所发挥的金融中介作用。汽车保险人为了使保险经营稳定,必须保证保险资金的保值与增值,这就需要汽车保险人对保险资金加以运用。又由于汽车保险的保费收入与赔付支出之间存在时间差和数量差,这又为汽车保险人进行保险资金的融通提供了可能。所以,保险又具有金融融资功能。

汽车保险的融资来源主要包括:资本金、总准备金或公积金、各项保险准备金以及未分配的盈余。

汽车保险融资的内容主要包括:银行存款、购买有价证券、购买不动产、各种贷款、委托信托公司投资、经营管理机构批准的项目投资及公共投资、各种票据贴现等。

3. 汽车保险的防灾防损功能

汽车保险人从开发汽车保险产品、制定费率到汽车保险和理赔的各个环节,都直接与灾害事故打交道,不仅具备了识别、衡量和分析的专业知识,还积累了大量的风险损失资料,所以,汽车保险人可以为社会、企业、家庭、个人提供防灾、防损、咨询和技术服务职能,从而减少社会财富即车辆的损失和社会成员的人身伤害。

四、汽车保险的作用

伴随着汽车进入百姓的日常生活,汽车保险正逐步成为与人们生活密切相关的经济活动,其重要性和社会性也正逐步突现,作用越加明显。

1. 扩大了消费者购买汽车的需求

从目前经济发展发展情况看,汽车工业已成为我国经济健康、稳定发展的重要动力之一,汽车产业政策在国家产业政策中的地位越来越重要,汽车产业政策要产生社会效益和经济效益,要成为中国经济发展的原动力,离不开汽车保险与之配套服务。汽车保险业务自身的发展对于汽车工业的发展起到了有力的推动作用,汽车保险的出现,解除了企业与个人对使用汽车过程中可能出现风险的担心,一定程度上提高了消费者购买汽车的欲望,扩大了消费者购买汽车的需求。

2. 稳定了社会公共秩序

随着我国经济的发展和人民生活水平的提高,汽车作为重要的生产运输和代步的工具,成为社会经济及人民生活中不可缺少的部分,其作用显得越来越重要。汽车作为一种保险标的,虽然单位保险金不是很高,但数量多而且分散,车辆所有者既有党政部门,也有工商企业和个人。车辆所有者为了转嫁使用汽车带来的风险,愿意支付一定的保险费投保。在汽车出险后,从保险公司获得经济补偿。由此可以看出,开展汽车保险既有利于社会稳定,又有利于保障保险合同当事人的合法权益。

3．促进了汽车安全性能的提高

在汽车保险业务中，经营管理与汽车维修行业及其价格水平密切相关。原因是在汽车保险的经营成本中，事故车辆的维修费用是其中重要的组成部分，同时车辆的维修质量在一定程度上体现了汽车保险产品的质量。保险公司出于有效控制经营成本和风险的需要，除了加强自身的经营业务管理外，必然会加大事故车辆修复工作的管理，一定程度上提高了汽车维修质量管理的水平。同时，汽车保险的保险人从自身和社会效益的角度出发，联合汽车生产厂家、汽车维修企业开展汽车事故原因的统计分析，研究汽车安全设计新技术，并为此投入大量的人力和财力，从而促进了汽车安全性能方面的提高。

4．汽车保险业务在财产保险中占有重要的地位

目前，大多数发达国家的汽车保险业务在整个财产保险业务中占有十分重要的地位。美国汽车保险保费收入，占财产保险总保费的45%左右，占全部保费的20%左右。亚洲地区的日本和中国台湾汽车保险的保费占整个财产保险总保费的比例更是高达58%左右。

从我国情况来看，随着积极的财政政策的实施，道路交通建设的投入越来越多，汽车保有量逐年递增。在过去的20年，汽车保险业务保费收入每年都以较快的速度增长。在国内各保险公司中，汽车保险业务保费收入占其财产保险业务总保费收入的50%以上，部分公司的汽车保险业务保费收入占其财产保险业务总保费收入的60%以上。汽车保险业务已经成为财产保险公司的"吃饭险种"。其经营的盈亏，直接关系到整个财产保险行业的经济效益。可以说，汽车保险业务的效益已成为财产保险公司效益的"晴雨表"。

第二节　汽车保险产品

一、机动车交通事故责任强制保险

《机动车交通事故责任强制保险条例》于2006年3月1日公布，并与2006年7月1日起开始执行实施。其中第三条规定："本条例所称机动车交通事故责任强制保险，是指由保险公司对被保险机动车发生道路交通事故造成本车人员、被保险人以外的受害人的人身伤亡、财产损失，在责任限额内予以赔偿的强制性责任保险。"我们理解其核心内容如下：

（1）该强制性保险只承保机动车上的人员、被保险人之外的第三人所遭受的损害。

（2）机动车交通事故责任强制保险涉及全国2亿多辆机动车，保障全国十几亿道路和非道路通行者的生命财产安全。机动车交通事故责任强制保险保障的对象是被保险机动车致害的交通事故受害人，但不包括被保险机动车本车人员、被保险人。

（3）第三人所遭受的损害包括人身伤害和财产损失，不包括精神损害。

（4）该强制性保险有一定的责任限额，保险人只在该限额内承担支付保险金的责任。

二、商业汽车保险

我国交通事故责任强制保险采取限额保险制，在强制险之外，还有商业汽车保险，见表2-1。

一般的汽车商业保险分为基本险和附加险。

基本险：也称为主险，主要包括车辆损失险和第三者责任险，也有的保险公司把全车盗抢险和车上人员责任险也列入基本险。

我国汽车保险的种类(2007年4月1日执行)　　　　　　表2-1

强制汽车保险	非强制商业汽车保险				
	主险	车辆损失险	第三者责任险	全车盗抢险	车上人员责任险
机动车交通事故责任强制保险	附加险	车辆损失险的附加险:玻璃单独破碎险、自燃损失险、新增加设备损失险、车辆停驶损失险、车身划痕损失险、特约救助条款、可选免赔额特约条款等(以上为项下附加险); 　　第三者责任险的附加险:车上货物责任险、无过错责任险、车载货物掉落责任险等(以上为项下附加险)			
		车辆损失险和第三者责任险的附加险:不计免赔特约条款			

附加险:附加险是指附加在主险之外的保险,是对主险险种的补充,它承保的一般是主险险种不予承保的自然灾害或者意外事故。附加险不能单独承保,必须投保相应的险种之后才能承保。主要包括全车盗抢险、玻璃单独破碎险、车上人员责任险、自燃损失险、新增加设备损失险、不计免赔特约险、车辆停驶损失险、无过错责任险、车载货物掉落责任险等。

1.车辆损失险

1)车辆损失险的定义

机动车损失保险又称车辆损失险,简称车损险,是保险人对于被保险人承保的汽车,因保险责任范围内的事故所致(自然灾害和意外事故)的毁损予以赔偿的保险。

车辆损失险负责赔偿由于自然灾害和意外事物造成车辆自身的损失。这是车险中最主要的险种。花钱不多,却能获得最大的保障。一般说来,对于进口车、国产轿车、驾驶者技术或驾驶习惯不能对车辆安全提供较高的保障时,应投保此险种。

2)车辆损失险的分类

车辆损失险按客户种类和车辆用途划分:

(1)家庭自用汽车:家庭自用汽车是指在中华人民共和国境内(不含港、澳、台地区)行驶的家庭或个人所有,且用途为非营业运输的核定座位在9座以下的客车(被保险机动车)。

(2)非营业用汽车:非营业用汽车是指在中华人民共和国境内(不含港、澳、台地区)行驶的党政机关、企事业单位、社会团体、使领馆等机构从事公务或在生产经营活动中不以直接或间接方式收取运费或租金的自用汽车,包括客车、货车、客货两用车(以下简称被保险机动车)。

(3)营业用汽车损失保险条款:是指在中华人民共和国境内(不含港、澳、台地区)行驶的,用于客、货运或租赁,并以直接或间接方式收取运费或租金的汽车。

2.第三者责任险

交通事故责任强制保险总体的实施原则是根据我国经济发展情况,制定一个基本的水平,保险金额相对较低。因此,在强制保险之外,投保商业三者保险用来弥补强制保险的不足十分必要。

机动车第三者责任保险简称为三者险,是指被保险人或其允许的合格驾驶员,在使用保险汽车过程中发生意外事故,致使第三者遭受人身伤亡或财产的直接损毁,依法应当由被保险人支付的赔偿金额,保险人依法给予赔偿的一种保险。

汽车保险与理赔

第三者是指因被保险机动车发生意外事故遭受人身伤亡或者财产损失的人,但不包括被保险机动车本车上的人员、投保人、被保险人和保险人。保险法律关系的主体:投保人、保险人、被保险人。未发生交通事故时,第三者未知,一旦发生意外,第三者才有意义。

保险可分为财产保险和人身保险。责任保险是财产保险中的一种,根据《保险法》第五十条第二款,责任保险是指以被保险人对第三者依法应负的赔偿责任为保险标的的保险。

"第三者责任险"是"商业险",同时也是责任保险,是以被保险人对第三者依法应负的赔偿责任为保险标的的保险,应该依据《保险法》第五十条的规定,进行"有责赔付",即实行过错责任原则。

由于汽车的第三者损失对象既有人身伤亡又有财产损失,所以汽车责任险又分为第三者伤害责任保险和第三者财产损失责任保险。汽车责任险有代替被保险人承担经济赔偿责任的特点,是为无辜的受害者提供经济保障的一种有效手段。对于以"过失主义"为基础的汽车保险制度,一般遵循"无过失就无责任,无损害就无赔偿"的原则,所以当被保险人负有过失责任,或者第三者有由过失直接造成的损害发生时,保险人才能依据保险合同予以赔偿。

消费者可根据自身的需要,在投保交强险的基础上选择投保不同档次责任限额的商业第三者责任险,以便享受更高的保险保障。

3. 全车盗抢险

全车盗抢险是负责保险车辆因被盗窃、被抢劫、被抢夺造成车辆的全部损失,以及被盗窃、被抢劫期间由于车辆损坏或车上零部件、附属设备丢失所造成损失的赔偿责任。

应用案例2-1

王小姐的奇瑞QQ车被撬开了车门,放在车里的1万元现金被偷走。她以投保了盗抢险为由向保险公司索赔,请问保险公司会答应王小姐的索赔请求吗?

王小姐的索赔请求被保险公司拒赔,理由是车内物品被盗不在车辆盗抢险赔偿的范围内。

目前国内盗抢险全称为"全车盗抢险",根据合同保险责任一般包括两项:一是保险车辆(含投保的挂车)全车被盗窃、被抢劫、被抢夺,经县级以上公安刑侦部门立案证实满一定时间(大部分为三个月)未查明下落;二是保险车辆全车被盗窃、被抢劫、被抢夺后受到损坏或车上零部件、附属设备丢失需要修复的合理费用。即赔偿条件必须为整车被盗被抢,且公安机关立案,如盗抢未遂则不属于赔偿范围。所以,诸如"非全车遭盗抢,仅车上零部件或附属设备被盗窃"等情形都是属于盗抢险的责任免除事项,是不予赔偿的。

其次,全车盗抢险承保的范围是车辆本身,像现金、电脑等经常被放置在车内的物品都不属于承保范围。

另外,在被盗窃、被抢劫、被抢夺期间,保险车辆发生交通事故造成第三者人身伤亡或者财产损失的,保险公司也不负责赔偿。当然,根据最高人民法院有关司法解释,这种情况下被保险人也不承担赔偿责任,而应由肇事人(大多数情况下为实施盗抢的犯罪嫌疑人,也可能是犯罪嫌疑人指派的其他人员)负责赔偿。

思考:

(1)王先生的私有桑塔纳轿车,停在自家楼下时右侧两车轮被盗,请问王先生可以向保险公司申请全车盗抢险赔付吗？

(2)汽车被盗3个月复得,车主有权向保险公司索赔吗？

(3)车辆被盗时驾驶员没有驾驶证,是否构成盗抢险的保险责任？

全车盗抢险的保险责任为:

(1)保险车辆(含投保的挂车)全车被盗窃、被抢劫、被抢夺,经县以上公安刑侦部门立案证实,满3个月未查明下落;

(2)保险车辆在被盗窃、被抢劫、被抢夺期间受到损坏或车上零部件、附属设备丢失需要修复的合理费用。

其赔偿处理要点为:

(1)全车损失的,按基本险条款赔偿处理有关规定计算赔偿金额,并实行20%的绝对免赔率;

(2)本条款保险责任第二项规定的损失,按实际修复费用计算赔偿,但最高不超过全车盗抢险保险金额;

(3)被保险人索赔时未能向保险人提供出险地县级以上公安刑侦部门出具的盗抢案件证明及车辆已报停手续,保险人不负赔偿责任。

保险人确认索赔单证齐全、有效后,由被保险人签具权益转让书,赔付结案。

4.车上人员责任险

车上人员责任险是指发生意外事故,造成保险车辆上人员的人身伤亡,依法应由被保险人承担的经济赔偿责任,保险人负责赔偿。另外,保险车辆发生意外事故,导致车上的驾驶员或乘客人员伤亡造成的费用损失,以及为减少损失而支付的必要合理的施救、保护费用,由保险公司承担赔偿责任。

5.无过失责任险

无过失责任险是指机动车辆与非机动车辆、行人发生交通事故,造成对方人身伤亡、财产损失时,虽然保险车辆无过失,但根据《道路交通事故处理办法》第四十四条的规定,仍应由被保险人承担10%的经济补偿。对于10%以上的经济赔偿部分,如被保险人为抢救伤员等已经支付而无法追回的费用,保险人亦在保险赔偿限额内承担赔偿责任。保险人承担的10%及10%以上的赔偿责任加免赔金额之和,最高不得超过赔偿限额。

6.车上货物掉落责任险

车上货物掉落导致他物受损,该责任属于车上货物掉落责任险范畴,即对车载货物从车上掉下来造成第三者遭受人身伤亡或财产的直接损毁而产生的赔偿责任。

7.玻璃单独破碎险

玻璃单独破碎险是指承保车辆在停放或使用过程中,其他部分没有损坏,仅风窗玻璃和车窗玻璃单独破碎,保险公司负责赔偿的赔偿责任。

玻璃单独破碎险中的玻璃是指风窗玻璃和车窗玻璃,不包括车灯、车镜玻璃。如果车灯、车镜玻璃破碎及车辆维修过程中造成的破碎,保险公司是不承担赔偿责任的。

8.车身划痕损失险

车身划痕损失险是指对无明显碰撞痕迹的车身划痕损失,由保险人负责赔偿。

9.可选免赔额特约险

投保了机动车损失保险的机动车可附加本特约条款。保险人按投保人选择的免赔额给予相应的保险费优惠。

被保险机动车发生机动车损失保险合同约定的保险事故,保险人在按照机动车损失保险合同的约定计算赔款后,扣减本特约条款约定的免赔额。

10. 车辆停驶损失险

车辆停驶损失险负责赔偿保险车辆发生保险事故,因停驶产生的损失。保险人在双方约定的修复时间内按保险单约定的日赔偿金额乘以从送修之日起至修复竣工之日止的实际天数计算赔偿。对于从事专业营运的大型客货车辆以及营运出租轿车,由于肇事后修车耽误营运,间接损失较大,是有必要投保的。

11. 自燃损失险

自燃损失险是负责赔偿保险车辆因本车电器、线路、供油系统发生故障以及因运载货物自身原因起火燃烧造成保险车辆的损失;而由于外界火灾导致车辆着火的,不属于自燃损失险责任范围。虽然车辆发生自燃的概率相对较小,但自燃往往导致较严重的经济损失,因此在条件许可的情况下,应投保自燃损失险。

12. 新增加设备险

新增加设备险负责赔偿车辆发生保险事故时,造成车上新增设备的直接损失。未投保本险种,新增加的设备的损失,保险公司不负赔偿责任。

13. 不计免赔特约险

根据保险条款规定,一般情况下,车辆损失险和第三者责任险在保险责任范围内发生保险事故,每次保险事故与赔偿计算履行按责免赔的原则,车主须按事故责任大小承担一定比例的损失(称为免赔额)。但如果投保了不计免赔特约险,发生保险事故后,保险公司不再按原免赔规定进行免赔,而按规定计算的实际损失给予赔付。

第三节 汽车保险费率

一、汽车保险产品的理论价格

在市场经济条件下保险是以一种商品的形式出现,因此保险企业在经营作为商品的保险过程中必须遵循市场经济的价值规律。

保险商品的理论价格是指以保险商品价格的内在因素为基础而形成的价格,决定保险商品内在价格的因素是保险商品的价值,保险商品的价值也是保险商品理论的基础。

保险商品的理论价格由纯费率和附加费率两部分构成,也称为毛费率。

纯费率(也称技术费率)的确定,通常是在以往一定期限内的平均保险金额损失率的基础上再加上一定数量的风险附加率。

纯保费被用于补偿经济损失,用于将来赔付和其他用途的准备金。保险精算的主要目的之一就是确定保险的纯费率。

附加费率是各个保险公司根据其自身的经营水平、税赋和预期利润水平决定的。所以保险商品狭义的理论价格是由纯费率决定。

在纯保费部分不能有利润因素,以显示保险公司的绝对"公平",而附加保费则主要反映保险公司的营业费用开支和政府认可的合理利润因素。

二、确定汽车保险产品理论价格的方法

在现代保险企业中,保险精算成为保险业的核心技术。保险公司要承保某项保险标的,首先就须对该保险标的的潜在损失风险进行评估预测,确立出科学的保险费率。收取保费后,公司为确保保险公司的经营稳定,履行各种保险责任,必须提留各种必要的准备金,并把除准备金及支付必要的营运成本后的剩余保费收入进行科学的组合投资,以获取一定的投资回报。对于巨灾损失,为保证公司的稳健经营,又必须合理确立分保计划等。诸如大部分对保险公司财务状况产生重大影响的风险分析均离不开精算技术的应用。

保险精算的主要目的之一就是要确定保险的纯费率,即通过对一定期限内的平均保险金额损失率的统计分析以实现科学地确定保险价格的目的。在非寿命险领域由于风险的不均衡特征,导致其在确定保险价格的理论和技术方面均存在一定的障碍。所以在传统意义上的精算大都是针对寿险业务的。但是,在非寿险领域,就机动车辆保险而言则存在例外的情况,机动车辆保险业务具有满足保险精算的一些基本特征,即风险单位的差异较小,风险单位具有一定的数量集合,较为符合保险精算的理论基础。这也是机动车辆保险成为逐步崛起的非寿险精算领域的原因所在。

由此可见,在机动车辆保险的经营过程中必须重视对于以往一定期限内的平均保险金额损失率的统计和分析,因为,科学地确定机动车辆保险的纯费率是经营的基础和关键。

三、汽车保险费率的确定原则

根据保险价格理论,厘定保险费率的科学方法是依据不同保险对象的客观环境和主观条件形成的危险度,采用非寿险精算的方法进行确定费率的。但是非寿险精算是一个纯技术的范畴,在实际经营过程中,非寿险精算仅仅提供一个确定费率的基本依据和方法,而保险人确定汽车保险费率还应当遵循一些基本原则。

1.公平合理原则

公平合理原则的核心是确保实现每一个被保险人的保费负担基本上是依据或者反映了保险标的的危险程度。这种公平合理的原则应在两个层面加以体现:

(1)在保险人和被保险人之间。在保险人和被保险人之间体现公平合理的原则,是指保险人的总体收费应当符合保险价格确定的基本原理,尤其是在附加费率部分,不应让被保险人负担保险人不合理的经营成本和利润。

(2)在不同的被保险人之间。在被保险人之间体现公平合理是指不同被保险人的保险标的的危险程度可能存在较大的差异,保险人对不同的被保险人收取的保险费应当反映这种差异。

由于保险商品存在一定的特殊性,要实现绝对的公平合理是不可能的,所以,公平合理只能是相对的,只是要求保险人在确定费率的过程中注意体现一种公平合理的倾向,力求实现费率确定的相对公平合理。

2.保证偿付原则

保证偿付原则的核心是确保保险人具有充分的偿付能力。保险费是保险标的的损失偿

付的基本资金,所以,厘定的保险费率应保证保险公司具有相应的偿付能力,这是保险的基本职能决定的。保险费率过低,势必削弱保险公司的偿付能力,从而影响对被保险人的实际保障。

保证偿付能力是保险费率确定原则的关键,原因是保险公司是否具有足够的偿付能力,这不仅仅影响到保险业的经营秩序和稳定,同时,也可能对广大的被保险人,乃至整个社会产生直接的影响。

3. 相对稳定原则

相对稳定原则是指保险费率厘定之后,应当在相当长的一段时间内保持稳定,不要轻易地变动。由于汽车保险业务存在保费总量大,单量多的特点,经常的费率变动势必增加保险公司的业务工作量,导致经营成本上升。同时也会给被保险人需要不断适应新的费率带来不便。

要求费率的确定具有一定的稳定性是相对的,一旦经营的外部环境发生了较大的变化,保险费率就必须进行相应的调整,以符合公平合理的原则。

4. 促进防灾、防损原则

防灾防损是保险的一个重要职能,其内涵是保险公司在经营过程中应协调某一风险群体的利益,积极推动和参与针对这一风险群体的预防灾害和损失活动,减少或者避免不必要的灾害事故的发生。这样不仅可以减少保险公司的赔付金额和减少被保险人的损失,更重要的是可以保障社会财富,稳定企业的经营,安定人民的生活,促进社会经济的发展。为此,保险人在厘定保险费率的过程中应将防灾防损的费用列入成本,并将这部分费用用于防灾防损工作。在汽车保险业务中防灾防损职能显得尤为重要。一方面保险公司将积极参与汽车制造商对于汽车安全性能的改进工作,如每年均有一些大的保险公司均资助汽车制造商进行测试汽车安全性能的碰撞试验。另一方面保险公司对于被保险人的加强安全生产,进行防灾防损的工作也会予以一定的支持,目的是调动被保险人主动加强风险管理和防灾防损工作的积极性。

四、汽车保险费率确定模式

通常保险人在经营汽车保险的过程中将风险因子分为如下两类。

(1)与汽车相关的风险因子,主要包括汽车的种类、使用的情况和行驶的区域等。

(2)与驾驶人相关的风险因子,主要包括驾驶人的性格、年龄、婚姻状况、职业等。

由此各国汽车保险的费率模式基本上可以划分为两大类,即从车费率模式和从人费率模式。

1. 从车费率模式

1)从车费率模式及其费率影响因素

从车费率模式是指在确定保险费率的过程中主要以被保险车辆的风险因子作为影响费率确定因素的模式。目前,我国采用的汽车保险的费率模式就属于从车费率模式,影响费率的主要因素是被保险车辆有关的风险因子。

(1)车辆的使用性质。车辆的使用性质不同,对其行驶里程、使用频率、耗损程度以及技术状况都有不同程度的影响。车辆的使用性质一般分为私用和商用,我国则以营业和非营业划分。对于非营业车辆,一般使用频率较低,风险相应小一些,而营业性车辆使用频率显然很高,事故率也较高。

(2)车辆的生产地。因车辆的种类繁多,各种车辆的构造、性能差异很大,零配件的价格、维修费用差异很大,因此我国保险费率在收费时主要考虑进口车辆和国产车辆的差异。进口车辆保险费率高于国产车辆。

(3)车辆的种类。根据目前国内情况,可以将机动车辆分为五大种,即客车、货车、专用车、摩托车、拖拉机。不同类型车辆的使用性质、行驶区域及其性能和安全性不同,其风险程度各不相同,从而费率也不相同。

(4)车龄或车辆的实际价格。车龄或车辆的实际价格是对车辆已使用时间长短的评价指标,直接影响到保险金额,也会影响到车辆的修理成本和使用危险性。车龄较长的车辆,其技术性能会明显不如新车,危险性比新车要大。因此,车龄或车辆的实际价格是从车费率模式确定保险金额和厘定保险费率的重要依据之一。

车龄是指保险车辆已使用的年限,不足1年者不计算。挂牌照车辆的车龄从车辆出厂后向车辆管理部门初次登记之日起计算。经车辆管理部门许可在特定区域内,使用不挂牌照的车辆从车辆购买之日起计算。

(5)家庭或车主拥有的车辆数。如果一个家庭或一个家族拥有的车辆数少,车辆的使用频率就较高,由于家庭成员的驾驶习惯不同,往往事故频率较大;如果一个家庭有多辆汽车在同一个保险公司投保,第一辆之后的汽车可以享受保险费优惠,因为车多,平均每辆车出行的时间相对减少,发生交通事故的概率也相应降低了。

(6)车辆的行驶区域。车辆使用的区域不同,发生事故的频率相差很大,大城市、发达地区车辆密集,人口众多,发生交通事故的频率高、危害大,而其他地区车少人稀,保险事故则相对较少。

(7)车辆的安全装备。美国一些州规定如果车主的车上装有安全气囊、自动安全带等安全装置,保费可部分减免。我国的一些保险公司条款中也开始考虑车辆安全装备的影响。

2)从车费率模式缺点

(1)无法限制安全性能差的车辆使用。

从车费率模式主要根据车辆的价格确定保险费,所以一些价格低廉,安全性能较差的车辆所交的保险费较低,虽然这些车辆的赔偿金额不同,但出险频率比其他车辆高得多,保险人的负担很重。被保险人理赔的多少并不能和保险费直接挂钩,从另一方面看会放任安全性能差的车辆在社会上的使用,将引发更多的社会问题。

(2)保险费用的负担不合理,无法调动驾车人的积极性。

从车费率模式具有体系简单、易于操作的特点,同时,由于我国在一定的历史时期被保险车辆绝大多数是"公车",驾驶人与车辆不存在必然的联系,也就不具备采用从人费率模式的条件。随着经济的发展和人民生活水平的提高,汽车正逐渐进入家庭,2003年各保险公司制定并执行的汽车保险条款,才开始采用从人费率模式。

从车费率模式的缺陷是显而易见的,因为在汽车的使用过程中对于风险的影响起到决定因素的是与车辆驾驶人有关的风险因子。尤其是将汽车保险特有的无赔偿优待与车辆联系,而不是与驾驶人联系,显然不利于调动驾驶人的主观能动性,其本身也与设立无赔偿优待制度的初衷相违背。

2.从人费率模式

1）从人费率模式及其影响因素

从人费率模式是指在确定保险费率的过程中主要以被保险车辆驾驶人的风险因子作为影响费率确定因素的模式。目前,大多数国家采用的汽车保险的费率模式均属于从人费率模式,影响费率的主要因素是与被保险车辆驾驶人有关的风险因子。

各国采用的从人费率模式考虑的风险因子也不尽相同,主要有驾驶人的年龄、性别、驾驶年限和安全行驶记录等。

(1)驾驶人的年龄。通常将驾驶人按年龄划分为三组,第一组是初学驾驶,性格不稳定,缺乏责任感的年轻人;第二组是具有一定驾驶经验,生理和心理条件均较为成熟,有家庭和社会责任感的中年人;第三组是与第二组情况基本相同,但年龄较大,所以,反应较为迟钝的老年人。通常认为第一组驾驶人为高风险人群,第三组驾驶人为次高风险人群,第二组驾驶人为低风险人群。至于三组人群的年龄段划分,各国是根据本国的不同情况确定的。

(2)驾驶人的性别。研究表明女性群体的驾驶倾向较为谨慎,为此,相对于男性,她们为低风险人群。

(3)驾驶人的驾龄。驾龄的长短可以从一个侧面反映驾驶人的驾驶经验,通常认为从初次领证后的 1～3 年为事故多发期。

(4)驾驶人安全记录。安全记录可以反映驾驶人的驾驶心理素质和对待风险的态度,经常发生交通事故的驾驶人可能存在某一方面的缺陷。

(5)附加驾驶人数量。每附加一个驾驶人保险人就要增收一部分数量,投保人附加的驾驶人越多,所交保费就越多。

2）从人费率模式的优点

(1)充分考虑了人的因素,易于调动驾驶人积极性,具有奖优罚劣的功能。

(2)保险费的负担较为合理。

(3)可以限制安全性能差的车辆泛滥。

从以上对比和分析可以看出,从人费率相对于从车费率更科学、更合理,所以,我国正在积极探索,逐步将从车费率的模式过渡到从人费率的模式。

五、汽车保险费率

1.费率表使用

1）机动车交通事故责任强制保险基础费率表

机动车交通事故责任强制保险基础费率表如表2-2所示。

机动车交通事故责任强制保险按机动车种类、使用性质分为家庭自用汽车、非营业客车、营业客车、非营业货车、营业货车、特种车、摩托车、拖拉机和挂车 9 种类型。

(1)家庭自用汽车:是指家庭或个人所有,且用途为非营业性的客车。

(2)非营业客车:是指党政机关、企事业单位、社会团体、使领馆等机构从事公务或在生产经营活动中不以直接或间接方式收取运费或租金的客车,包括党政机关、企事业单位、社会团体、使领馆等机构为从事公务或在生产经营活动中承租且租赁期限为 1 年或 1 年以上的客车。

非营业客车分为:党政机关、事业团体客车、企业客车。

交通事故责任强制保险基础费率(单位:元) 表2-2

1.家庭自用汽车	6座以下	6座以上	—	—
	1050	1100	—	—
2.非营业客车	6座以下	6~10座	10~20座	20座以上
企业	1000	1190	1300	1580
党政机关、事业团体	950	1070	1140	1320
3.营业客车	6座以下	6~10座	10~20座	20~36座
出租、租赁	1800	2360	2580	3730
城市公交	—	2250	2520	3270
公路客运	—	2350	2620	3420
4.非营业货车	2t以下	2~5t	5~10t	10t以上
	1200	1630	1750	2220
5.营业货车	2t以下	2~5t	5~10t	10t以上
	1850	3070	3450	4480
6.特种车	特种车型一	特种车型二	特种车型三	特种车型四
	6040	2430	1320	5660
7.摩托车	50mL及以下	50~250mL	250mL以上及侧三轮	—
	120	180	400	—

用于驾驶教练、邮递业务、快递业务的客车,警车,普通囚车,医院的普通救护车,殡葬车等,按照其行驶证上载明的核定载客数,适用对应的企业非营业客车的费率。

(3)营业客车:是指用于旅客运输或租赁,并以直接或间接方式收取运费或租金的客车。

营业客车分为:城市公交客车,公路客运客车,出租、租赁客车。

旅游客运车按照其行驶证上载明的核定载客数,适用对应的公路客运车费率。

(4)非营业货车:是指党政机关、企事业单位、社会团体自用或仅用于个人及家庭生活,不以直接或间接方式收取运费或租金的货车(包括客货两用车)。货车是指载货机动车、厢式货车、半挂牵引车、自卸车、电动运输车、装有起重机械但以载重为主的起重运输车。

用于驾驶教练、邮递业务、快递业务的货车,按照其行驶证上载明的核定载质量,适用对应的非营业货车的费率。

(5)营业货车:是指用于货物运输或租赁,并以直接或间接方式收取运费或租金的货车(包括客货两用车)。

(6)特种车:是指用于各类装载油料、气体、液体等专用罐车;或用于清障、清扫、清洁、起重、装卸(不含自卸车)、升降、搅拌、挖掘、推土、压路等的各种专用机动车,或适用于装有冷冻或加温设备的厢式机动车;或车内装有固定专用仪器设备,从事专业工作的监测、消防、运钞、医疗、电视转播、雷达、X光检查等机动车;或专门用于牵引集装箱箱体(货柜)的集装箱拖头。

特种车按其用途共分成4类,不同类型机动车采用不同收费标准。

特种车一:油罐车、汽罐车、液罐车;

特种车二:专用净水车、特种车一以外的罐式货车,以及用于清障、清扫、清洁、起重、装卸(不合自卸车)、升降、搅拌、挖掘、推土、冷藏、保温等的各种专用机动车;

特种车三:装有固定专用仪器设备从事专业工作的监测、消防、运钞、医疗、电视转播等的各种专用机动车;

特种车四:集装箱拖头。

(7)摩托车:是指以燃料或蓄电池为动力的各种两轮、三轮摩托车。

摩托车分成3类:50mL及以下,50～250mL(含),250mL以上及侧三轮。

正三轮摩托车按照排气量分类执行相应的费率。

(8)拖拉机按其使用性质分为兼用型拖拉机和运输型拖拉机。

兼用型拖拉机是指以田间作业为主,通过铰接连接牵引挂车可进行运输作业的拖拉机。兼用型拖拉机分为14.7kW及以下和14.7kW以上两种。

运输型拖拉机是指货箱与底盘一体,不通过牵引挂车可运输作业的拖拉机。运输型拖拉机分为14.7kW及以下和14.7kW以上两种。

低速载货汽车参照运输型拖拉机14.7kW以上的费率执行。

(9)挂车:是指就其设计和技术特征需机动车牵引才能正常使用的一种无动力的道路机动车。

挂车根据实际的使用性质并按照对应吨位货车的30%计算。

装置有油罐、汽罐、液罐的挂车按特种车一的30%计算。

另外,《机动车交通事故责任强制保险基础费率表》中各车型的座位和吨位的分类都按照"含起点不含终点"的原则来解释(表中另有说明的除外)。各车型的座位按行驶证上载明的核定载客数计算,吨位按行驶证上载明的核定载质量计算。

2)商业汽车保险费率表

下面以中国人民财产保险股份有限公司(简称中保)的家庭自用汽车的第三者责任险费率表和汽车损失险费率表为例,介绍第三者责任险和汽车损失险的保费计算。其第三者责任险费率表和汽车损失险费率表分别如表2-3和表2-4所示。

中保某分公司家庭自用汽车第三者责任保险费率表(节选)(单位:元)　　表2-3

基础保费　赔偿限额　座位	5万	10万	15万	20万	30万	50万	100万
6座以下	785	1099	1240	1334	1491	1772	2308
6～10座	672	941	1061	1142	1276	1516	1975

注:在费率表中,凡涉及分段的陈述都按照"含起点不含终点"的原则来解释。

例如:"6座以下"的含义为5座、4座、3座、2座、1座,不包含6座;

"6～10座"的含义为6座、7座、8座、9座,不包含10座;

"20座以上"的含义为21座、22座…包含20座。

中保某分公司家庭自用汽车损失保险费率表(节选)(单位:元)　　表2-4

基础保费　车龄	1年以下		1～2年		2～6年		6年以上	
	基础保费(元)	费率(%)	基础保费(元)	费率(%)	基础保费(元)	费率(%)	基础保费(元)	费率(%)
6座以下	630	1.50	600	1.43	594	1.41	612	1.46
6～10座	756	1.50	720	1.43	713	1.41	735	1.46

2.保险费计算

1)交强险保费

交强险是我国第一个法定强制保险,国务院颁布的《机动车交通事故责任强制保险条例》规定,2006年7月1日起,所有上路行驶的机动车都必须投保交强险。第一年先实行国家统一价格,今后通过实行保险费与交通违法行为、交通事故挂钩的"奖优罚劣"的浮动费率机制,并根据各地区经营情况,加入地区差异化因素,将逐步实行交强险差异化费率。

(1)与道路交通事故相联系的浮动:

①上一年度未发生有责任道路交通事故: -10%;

②两年度未发生有责任道路交通事故: -20%;

③上三个或以上年度未发生有责任道路交通事故: -30%;

④上一年度发生一次有责任不涉及死亡的道路交通事故:0%;

⑤上一年度发生两次及以上有责任道路交通事故: +10%;

⑥上一年度发生有责任道路交通死亡事故: +30%。

(2)与酒后驾驶违法行为相联系的浮动。

自2010年3月1日起,逐步实行酒后驾驶违法行为与机动车交通事故责任强制保险费率联系浮动制度:

①上一保险年度,每发生一次饮酒后驾驶交通违法行为的,被驾驶机动车辆次年交强险费率上浮10%(10% ~15%);

②上一保险年度,每发生一次醉酒后驾驶交通违法行为的,被驾驶机动车辆次年交强险费率上浮20%(20% ~60%);

交强险最终保险费=交强险基础保费×(1 +与道路交通事故相联系的浮动比率 +与酒后驾驶违法行为相联系的比率);

与酒后驾驶违法行为相联系的比率=饮酒后驾驶违法行为次数×10% +醉酒后驾驶违法行为次数×20%(注:累计费率上浮不超过60%)。

2)车辆损失险保费计算

(1)按照被保险人类别、车辆用途、座位数/吨位数/排量/功率、车辆使用年限所属档次查找基础保费和费率。

$$保费 = 基础保费 + 保险金额 × 费率$$

以表2-3为例说明车辆损失险保险费的计算方法。

【例2-1】:假定某5座家庭自用汽车投保车损险,车龄为1年以下,保险金额为10万元。在费率表上查得对应的基础保费为630元,费率为1.5%,则该车辆的保费 = 630元 + 100000元×1.5% = 2130元。如果保险金额变为15万元,则该车辆的保费 = 630元 + 150000 ×1.5% = 2880元。

(2)如果投保人选择不足额投保,即保额小于新车购置价,保险费应作相应的调整,公式为:保险费 =(0.05 +0.95 ×保额/新车购置价)×足额投保时的标准保险费。

(3)挂车根据实际的使用性质并按照对应吨位货车的50%计算。

(4)联合收割机保险费按兼用型拖拉机14.7kW以上计收。

3）第三者责任险保费

（1）按投保人类别、车辆用途、座位数/吨位数排量/功率、责任限额直接查找保险费。

第三者责任险保费＝固定档次赔偿限额对应的固定保险费。

（2）挂车保险费按同吨位货车对应档次保险费的50%计收。

（3）联合收割机保险费按农用14.7kW以上拖拉机计收。

【例2-2】：一辆家庭自用轿车（5座位，车龄在1年以下）投保第三者责任险，责任限额10万元，要求计算保险费。按6座以下，责任限额10万元，查询表2-2，得到该车的三者险保险费为1099元。

4）车上人员责任险

按照被保险人类别、车辆用途、座位数查找费率。

$$驾驶人保费＝每次事故责任限额×费率$$

$$乘客保费＝每次事故每人责任限额×费率×投保乘客座位数$$

5）全车盗抢险

按照被保险人类别、车辆用途、座位数查找基础保费和费率。

$$保费＝基础保费＋保险金额×费率$$

挂车根据实际的使用性质并按照对应吨位货车的50%计算。

6）不计免赔特约条款

按照适用的险种查找费率。

$$保费＝适用本条款的险种标准保费×费率$$

不计免赔率特约条款费率表适用险种中未列明的险种，不可投保不计免赔率特约条款。

7）玻璃单独破碎险

按投保人类别、车辆用途、座位数、投保国产/进口玻璃查找费率。

$$保险费＝新车购置价×费率$$

注：对于特种车，防弹玻璃等特殊材质玻璃标准保险费上浮10%。

8）玻璃单独破碎险

按照被保险人类别、座位数、投保国产/进口玻璃查找费率。

$$保费＝新车购置价×费率$$

注：对于特种车，防弹玻璃等特殊材质玻璃标准保费上浮10%。

9）可选免赔额特约条款

按照选择的免赔额、新车购置价查找费率折扣系数。

$$约定免赔额之后的机动车损失保险保费＝机动车损失保险保费×费率折扣系数$$

10）车身划痕损失险

按车龄、新车购置价、保额所属档次直接查找保费。

3.费率调整

中国人民财产保险股份有限公司的费率调整系数如表2-5所示。

1）车型系数

根据车型对保险车辆的车辆损失险以及盗抢险标准保费进行调整。

2）无赔款优待及上一年赔款记录费率调整系数

根据历史赔款记录，按照规定的费率调整系数进行费率调整。

中国人民财产保险股份有限公司费率调整系数　　　　表 2-5

序　号	项　目	内　容	系　数
1	无赔款优待及上一保险年度赔款记录	连续 3 年没有发生赔款	0.70
		连续 2 年没有发生赔款	0.80
		上一保险年度没有发生赔款	0.90
		新保或上年赔款 3 次次以下	1.00
		上一年度发生 3 次赔款	1.10
		上一年度发生 4 次赔款	1.20
		上一年度发生 5 次以上赔款	1.30
2	多险同时投保	同时投保车损险、第三者责任险	0.95 ~ 1.00
3	客户忠诚度	首年投保	1.00
		续保	0.90
4	平均行驶里程	平均年行驶里程 < 30000km	0.90
		平均年行驶里程≥50000km	1.10 ~ 1.30
5	安全驾驶	上一保险年度无交通违纪记录	0.90
6	约定行驶区域	省内	0.95
		固定路线	0.92
		场内	0.80
7	承保数量	承保数量 < 5 台	1.00
		5 台≤承保台数 <20 台	0.95
		20 台≤承保台数 <50 台	0.90
		承保台数 >50 台	0.80
8	指定驾驶人	指定驾驶人员	0.90
9	性别	男	1.00
		女	0.95
10	驾龄	驾龄 <1 年	1.05
		1 年≤驾龄 <3 年	1.02
		驾龄≥3 年	1.00
11	年龄	年龄 <25 岁	1.05
		25 岁≤年龄 <30 岁	1.00
		30 岁≤年龄 <40 岁	0.95
		40 岁≤年龄 <60 岁	1.00
		年龄≥60 岁	1.05
12	经验及预期赔付率	40% 以下	0.7 ~ 0.8
		40% ~ 60%	0.8 ~ 0.9
		60% ~ 70%	1.0
		70% ~ 90%	1.1 ~ 1.3
		90% 以上	1.3 以上
13	管理水平	根据风险管理水平和业务类别	0.7 以上
14	汽车损失险车型	特异车型\稀有车型\古老车	1.3 ~ 2.0

3)约定行驶区域系数

"场内"指仅在工地、机场、厂区、码头等固定范围内使用。"省内"、"固定路线"、"场内"三项系数不能同时使用,家庭自用车不能使用"固定路线"及"场内"费率调整系数。

4)承保数量系数

根据同一被保险人或同一投保人在一个投保年度内投保车辆数的情况选择使用。家庭自用车不能使用该费率调整系数。

5)指定驾驶人、性别、驾龄、年龄系数

仅适用于家庭自用车指定驾驶人的情况,当指定多名驾驶人时,以乘积高者为准。

6)经验及预期赔付率系数、管理水平系数

适用于车队。经验及预期赔付率系数、管理水平系数不能同时使用。

7)使用规则

(1)费率调整系数采用系数连乘的方式:

$$费率调整系数 = 系数1 \times 系数2 \times 系数3 \times \cdots\cdots$$

(2)使用费率调整系数后,各险别的费率优惠幅度超过监管部门规定的最大优惠幅度,按照监管部门规定的最大优惠幅度执行。

(3)费率调整系数表不适用于摩托车和拖拉机。

本章小结

1.汽车保险是指对汽车由于自然灾害或意外事故所造成的人身伤亡或财产损失负赔偿责任的一种商业保险。

2.汽车保险的特征:广泛性、差异性、出险频率高。

3.汽车保险的功能:汽车保险的保障功能,汽车保险的金融融资功能,汽车保险的防灾防损功能。

4.汽车保险的作用:促进汽车工业的发展,扩大了对汽车的需求;稳定了社会公共秩序;促进了汽车安全性能的提高;汽车保险业务在财产保险中占有重要的地位。

5.我国汽车保险的种类:机动车交通事故责任强制保险和商业汽车保险。

6.机动车交通事故责任强制保险,是指由保险公司对被保险机动车发生道路交通事故造成本车人员、被保险人以外的受害人的人身伤亡、财产损失,在责任限额内予以赔偿的强制性责任保险。

(1)该强制性保险只承保机动车上的人员、被保险人之外的第三人所遭受的损害。

(2)机动车交通事故责任强制保险保障的对象是被保险机动车致害的交通事故受害人,但不包括被保险机动车本车人员、被保险人。

(3)第三人所遭受的损害包括人身伤害和财产损失,不包括精神损害。

7.我国商业汽车保险分为主险和附加险。

(1)主险。

车辆损失险、第三者责任险、全车盗抢险和车上人员责任险。

(2)附加险。

车辆损失险的附加险:玻璃单独破碎险、自燃损失险、新增加设备损失险、车辆停驶损失险、车身划痕损失险、特约救助条款、可选免赔额特约条款等。

第三者责任险的附加险:车上货物责任险、无过错责任险、车载货物掉落责任险等。

车辆损失险和第三者责任险的附加险:不计免赔特约条款。

8.保险商品的理论价格是指以保险商品价格的内在因素为基础而形成的价格,决定保险商品内在价格的因素是保险商品的价值,保险商品的价值也是保险商品理论的基础。保险商品的理论价格由纯费率和附加费率两部分构成,也称为毛费率。

9.确定汽车保险产品理论价格的方法:保险精算。

10.汽车保险费率的确定原则:公平合理原则,保证偿付原则,相对稳定原则,促进防灾、防损原则。

11.从车费率模式是指在确定保险费率的过程中主要以被保险车辆的风险因子作为影响费率确定因素的模式。

12.从车费率模式的影响因素:①车辆的使用性质;②车辆的生产地;③车辆的种类;④车龄或车辆的实际价格;⑤家庭或车主拥有的车辆数;⑥车辆的行驶区域;⑦车辆的安全装备。

13.从车费率模式缺点:无法限制安全性能差的车辆使用;保险费用的负担不合理,无法调动驾车人的积极性。

14.从人费率模式是指在确定保险费率的过程中主要以被保险车辆驾驶人的风险因子作为影响费率确定因素的模式。

15.从人费率模式的影响因素:①驾驶人的年龄;②驾驶人的性别;③驾驶人的驾龄;④驾驶人安全记录;⑤附加驾驶人数量。

16.从人费率模式的优点:充分考虑了人的因素,易于调动驾驶人积极性,具有奖优罚劣的功能;保险费的负担较为合理;可以限制安全性能差的车辆泛滥。

复习思考题

1.机动车辆保险的概念及基本特征。

2.以2007版机动车辆商业保险条款A款为例分析目前我国汽车保险主要产品。

3.解释:汽车保险产品的理论价格,纯费率。

4.确定汽车保险费率的原则有哪些?

5.汽车保险有哪些风险因素?

6.从车费率模式和从人费率模式的定义、影响因素及其各自的优缺点是什么?

7.王某为其新车丰田凯美瑞轿车办理"人保家庭自用汽车损失保险",新车购置价26万元,足额投保,保险期限为1年,试计算应缴纳保费多少元?

拓展知识点

1.《中华人民共和国保险法》。

2.《中华人民共和国合同法》。

学习资源

1. 中国保险网 http://www.china-insurance.com.

2. 中国保险监督管理委员会 http://www.circ.gov.cn/web/site0.

3. 中国保险行业协会 http://www.iachina.cn/.

第三章　汽车保险条款

教学目标

· 了解交强险产生的背景、目的、条款及相关定义；
· 掌握交强险的垫付与追偿条件；
· 掌握交强险的免责条款；
· 掌握交强险的赔付计算；
· 掌握我国车辆损失险和第三者责任险的含义及相关规定；
· 掌握保险金额、赔偿限额、免赔率等的规定；
· 掌握商业保险的保险责任和责任免除的相应规定；
· 掌握车辆损失险和第三者责任险的赔付计算。

教学要点

知识要点	掌握程度	相关知识
机动车交通事故责任强制保险	了解机动车交通事故责任强制保险的特征； 理解机动车交通事故责任强制保险和商业三者险的区别； 掌握机动车交通事故责任强制保险的保险责任、垫付与追偿、责任免除； 掌握机动车交通事故责任强制保险的赔偿计算； 理解交强险互碰自赔的含义及条件	机动车交通事故责任强制保险的特征； 机动车交通事故责任强制保险和商业三者险的区别； 机动车交通事故责任强制保险的保险责任、垫付与追偿、责任免除； 机动车交通事故责任强制保险的赔偿计算； 交强险互碰自赔
机动车车损险	理解车损险的保险责任； 理解车损险的责任免除及免赔率； 掌握车损险的赔偿计算	车损险的保险责任； 车损险的免赔责任； 车损险的赔偿计算
机动车第三者责任险	理解第三者责任险的保险责任； 理解第三者责任险的责任免除及免赔率； 掌握第三者责任险的赔偿计算	第三者责任险的保险责任； 第三者责任险的免赔责任； 第三者责任险的赔偿计算

第一节　机动车交通事故责任强制保险

一、机动车交通事故责任强制保险概述

1. 机动车交通事故责任强制保险的产生

美国：1927 年，美国马萨诸塞州首先采用汽车责任强制保险。

英国：1931 年，英国开始强制实施汽车责任险。

日本：1955 年，《机动车损害赔偿责任保障法》。

中国：2006 年 7 月，《机动车交通事故责任强制保险条例》实施。2008 年 2 月，实施新的费率和保险条款。

2. 我国机动车交通事故责任强制保险的发展历程

2004 年 5 月 1 日起实施的《道路交通安全法》首次提出"建立机动车第三者责任强制保险制度，设立道路交通事故社会救助基金"。

2006 年 3 月 21 日国务院颁布《机动车交通事故责任强制保险条例》，机动车第三者责任强制保险从此被"交强险"代替，条例规定自 2006 年 7 月 1 日起实施。

2006 年 6 月 30 日，中国保监会发布《机动车交通事故责任强制保险业务单独核算管理暂行办法》，规定自发布之日起实施。

2007 年 6 月 27 日，保监会发布《机动车交通事故责任强制保险费率浮动暂行办法》，规定自 2007 年 7 月 1 日实行。

2007 年 7 月 1 日，随着配套措施的完善，交强险最终普遍实行。

2012 年 3 月 30 日，《国务院关于修改〈机动车交通事故责任强制保险条例〉的决定》，修改的具体内容如下：第五条第一款修改为："保险公司经保监会批准，可以从事机动车交通事故责任强制保险业务。"

> **小知识**：在 2006 年 7 月 1 日起施行的旧版条例中，允许从事交强险业务的只限于"中资保险公司"。去掉"中资"两个字，意味着中国正式向外资保险公司开放交强险市场，中国保险业进入全面开放阶段。

2012 年 12 月 17 日，国务院决定对《机动车交通事故责任强制保险条例》作如下修改。增加一条，作为第四十三条："挂车不投保机动车交通事故责任强制保险。发生道路交通事故造成人身伤亡、财产损失的，由牵引车投保的保险公司在机动车交通事故责任强制保险责任限额范围内予以赔偿；不足的部分，由牵引车方和挂车方依照法律规定承担赔偿责任。"本决定自 2013 年 3 月 1 日起施行。

3. 机动车交通事故责任强制保险的定义

按照《机动车交通事故责任强制保险条例》（简称"《交强险条例》"）的规定，"交强险"是由保险公司对被保险机动车发生道路交通事故造成本车人员、被保险人以外的受害人的人身伤亡、财产损失，在责任限额内予以赔偿的强制性责任保险。

保障对象：除本车人员、被保险人以外的受害人。

保障损失：人身伤亡和财产损失。

保险属性：强制性责任保险受害人不包括被保险人和本车人员。

机动车在道路以外的地方通行时发生事故，造成人身伤亡、财产损失的赔偿，比照适用本条例。

4.机动车交通事故责任强制保险的特征

1）强制性

机动车交通事故责任强制保险的强制性不仅体现在强制投保上，同时也体现在强制承保上。

强制投保：未投保机动车交通事故责任强制保险的机动车不得上道路行驶。

强制承保：具有经营机动车交通事故责任强制保险资格的保险公司不能拒绝承保机动车交通事故责任强制保险业务，也不能随意解除机动车交通事故责任强制保险合同（投保人未履行如实告知义务的除外）。

违反强制性规定的机动车所有人、管理人或保险公司都将受到处罚。

2）不可选择性

一般的机动车责任保险，投保人可以根据个人的需要和缴费能力自愿选择责任限额；机动车交通事故责任强制保险的责任限额是固定的，不能自愿选择。

3）以第三方利益具有基本保障性

各个国家为了使大多数人都具有购买能力，在制定责任限额时都定得比较低，因此这个较低限额只是对事故受害者的一个基本保障。

4）以无过失责任为基础

一般机动车责任保险依据保险合同的规定，以被保险人在事故中所负的责任比例确定损害赔偿的范围和大小，因此是以过失责任为归责原则；交通事故责任强制保险根据有关法律规定，大多基于损害的存在对受害者予以补偿，因此多采用无过失责任作为归责原则。

我国采用的是过失责任和无过失责任相结合的原则。

5）公益性

一般机动车责任保险的费率厘定是考虑保险公司盈利的；交通事故责任强制保险的费率由政府统一定制，而且不考虑盈利，所以费率相对较低，具有公益性。

5.机动车交通事故责任强制保险和商业三者险的区别

机动车交通事故责任强制保险和商业三者险的区别如表3-1所示。

交强险和商业三者险的区别　　　　　　　　　　表3-1

	交强险	商业三者险
设立依据和目的	《道路交通安全法》	《保险法》
赔偿原则	无过失原则	过错原则
保障范围	几乎涵盖了交通事故的全部责任	不同程度地增加了免赔额免赔率和除外责任
强制性	强制投保	自愿投保
经营原则	公益性、不亏损、不盈利	商业性、以盈利为目的
责任限额	设分项限额	无分项限额

二、《机动车交通事故责任强制保险条例》条款解析

机动车交通事故责任强制保险(以下简称"交强险")是我国首个由国家法律规定实行的强制保险制度。条款的内容构成共分10部分,分别为总则,定义,保险责任,垫付与追偿,责任免除,保险期间,投保人被保险人义务,赔偿处理,合同变更与终止,附则。

1. 总则

此部分主要是对条款制定依据、合同的组成与形式、费率的影响因素等内容进行阐述。

1)交强险条款制定的法律依据

交强险条款制定的法律依据主要是《中华人民共和国道路交通安全法》《中华人民共和国保险法》《机动车交通事故责任强制保险条例》等法律、行政法规。明示条款制定的法律依据,有利于突出交强险条款的权威性和严肃性。

2)交强险合同的组成

交强险合同的组成包括交强险条款、投保单、保险单、批单和特别约定等。

条款要求所有涉及合同的约定,均应采用书面形式,以利于明确合同当事人的权利和义务。

3)交强险费率影响因素

交强险费率按照中国保监会批准的费率执行,同时实行与被保险机动车道路交通安全违法行为、交通事故记录相联系的浮动机制。

2. 定义

此部分主要对交强险合同中的被保险人、投保人、受害人、责任限额、抢救费用等术语做出解释。

1)被保险人

被保险人是指投保人及其允许的合法驾驶人。

2)投保人

投保人是指与保险人订立交强险合同,并按照合同负有支付保险费义务的机动车所有人、管理人。

3)受害人

受害人是指因被保险机动车发生交通事故遭受人身伤亡或者财产损失的人,但不包括被保险机动车本车车上人员、被保险人。

4)责任限额

责任限额是指被保险机动车发生交通事故,保险人对每次保险事故所有受害人的人身伤亡和财产损失所承担的最高赔偿金额。

责任限额分为死亡伤残赔偿限额、医疗费用赔偿限额、财产损失赔偿限额以及被保险人在道路交通事故中无责任的赔偿限额。其中无责任的赔偿限额分为无责任死亡伤残赔偿限额、无责任医疗费用赔偿限额以及无责任财产损失赔偿限额。

5)抢救费用

抢救费用是指被保险机动车发生交通事故导致受害人受伤时,医疗机构对生命体征不平稳和虽然生命体征平稳但如果不采取处理措施会产生生命危险,或者导致残疾、器官功能

障碍,或者导致病程明显延长的受害人,参照国务院卫生主管部门组织制定的交通事故人员创伤临床诊疗指南和国家基本医疗保险标准,采取必要的处理措施所发生的医疗费用。

本定义对临床医疗指南明确为"交通事故人员创伤临床诊疗指南",以防止"指南"的指向不清,造成实践中的混乱。

本定义以"国家基本医疗保险"作为医疗机构的参照标准,规范医疗机构治疗行为,以避免加重被保险人的经济负担或在不同受害人之间造成不公平。

3. 保险责任

此部分主要规定了交强险的保险责任的具体内容和具体责任限额的数额。

1)保险责任成立的条件

保险责任的成立应满足的条件:一是被保险机动车在中华人民共和国境内使用;二是发生交通事故;三是造成受害人的人身或财产损失;四是依法应当由被保险人承担损害赔偿责任。

2)赔偿限额

赔偿限额具体数额规定如表3-2所示。

机动车交通事故责任强制保险责任限额(单位:元)　　　　　　　　　　表3-2

被保险车辆责任情况	死亡伤残赔偿限额	医疗费用赔偿限额	财产损失赔偿限额
被保险机动车交通事故中有责任	110000	10000	2000
被保险机动车交通事故中无责任	11000	2000	100

3)赔偿项目(表3-3)

机动车交通事故责任强制保险赔偿项目　　　　　　　　　　表3-3

死亡	死亡赔偿金、丧葬费、交通事故处理费用
伤残	伤残赔偿金、残疾辅助器具费、护理费、康复费、交通费、被抚养人生活费、住宿费、误工费、精神损害抚慰金
医疗费	医药费、诊疗费、住院费、住院伙食补助费、必要的后续治疗费、整容费、营养费
财产损失	受害人的财产损失

确定以上赔偿费用项目的法律依据是《最高人民法院关于审理人身损害赔偿案件适用法律若干问题的解释》,并且将其中所规定的人身损害的所有赔偿项目在不同赔偿限额间进行了分配,明确了各赔偿限额的保障范围。

4. 垫付与追偿

此部分主要是规定了垫付的条件、标准和具体操作,同时规定了四种情形下保险人向受害人垫付抢救费用后有权向致害人追偿垫付费用。

被保险机动车在四种情形的任一情形下发生交通事故,造成受害人受伤需要抢救的,保险人在接到公安机关交通管理部门的书面通知和医疗机构出具的抢救费用清单后,按照国务院卫生主管部门组织制定的交通事故人员创伤临床诊疗指南和国家基本医疗保险标准进行核实。对于符合规定的抢救费用,保险人在医疗费用赔偿限额内垫付。被保险人在交通事故中无责任的,保险人在无责任医疗费用赔偿限额内垫付。对于其他损失和费用,保险人不负责垫付和赔偿。

1) 对于垫付的抢救费用, 保险人有权向致害人追偿的四种情形

(1) 驾驶人未取得驾驶资格的。

(2) 驾驶人醉酒的。

(3) 被保险机动车被盗抢期间肇事的。

(4) 被保险人故意制造交通事故的。

2) 抢救费用垫付条件

同时满足以下条件的, 可垫付受害人的抢救费用。

(1) 符合《机动车交通事故责任强制保险条例》垫付追偿情形。

(2) 接到公安机关交通管理部门要求垫付的通知书。

(3) 受害人必须抢救, 且抢救费用已经发生, 抢救医院提供了抢救费用单据和明细项目。

(4) 不属于应由道路交通事故社会救助基金垫付的抢救费用。

小知识:

交通事故社会救助基金:经国务院同意,财政部、保监会、公安部、卫生部、农业部联合发布《道路交通事故社会救助基金管理试行办法》于 2010 年 1 月 1 日起施行。

道路交通事故社会救助基金:

1) 含义

是指依法筹集用于垫付机动车道路交通事故中受害人人身伤亡的丧葬费用、部分或者全部抢救费用的社会专项基金。

2) 来源

A. 按照机动车交强险的保险费的一定比例提取的资金;

B. 地方政府按保险公司经营交强险缴纳营业税数额给予的财政补助;

C. 对未按照规定投保交强险的机动车的所有人、管理人的罚款;

D. 救助基金孳息;

E. 救助基金管理机构依法向机动车道路交通事故责任人追偿的资金;

F. 社会捐款和其他资金。

---

5. 责任免除

此部分主要列明保险公司不负责赔偿和垫付的损失和费用,具体如下:

(1) 因受害人故意造成的交通事故的损失。

(2) 被保险人所有的财产及被保险机动车上的财产遭受的损失(第二者财产)。

(3) 被保险机动车发生交通事故,致使受害人停业、停驶、停电、停水、停气、停产、通讯或者网络中断、数据丢失、电压变化等造成的损失以及受害人财产因市场价格变动造成的贬值、修理后因价值降低造成的损失等其他各种间接损失(间接损失)。

(4) 因交通事故产生的仲裁或者诉讼费用以及其他相关费用。

6. 保险期间

除国家法律、行政法规另有规定外,交强险合同的保险期间一般为一年,以保险单载明的起止时间为准。

以下四种情形下,投保人可以投保 1 年以内的短期交强险:

一是境外机动车临时入境的；

二是机动车临时上道路行驶的；

三是机动车距规定的报废期限不足1年的；

四是保监会规定的其他情形。

7. 投保人、被保险人义务

此部分主要是根据《机动车交通事故责任强制保险条例》和《保险法》的规定，列明投保人、被保险人的具体义务，包括：

1）投保人义务

（1）投保人投保时，应当如实填写投保单，向保险人如实告知重要事项，并提供被保险机动车的行驶证和驾驶证复印件。

重要事项包括机动车的种类、厂牌型号、识别代码、号牌号码、使用性质和机动车所有人或者管理人的姓名（名称）、性别、年龄、住所、身份证或者驾驶证号码（组织机构代码）、续保前该机动车发生事故的情况以及保监会规定的其他事项。

（2）投保人未如实告知重要事项，对保险费计算有影响的，保险人按照保单年度重新核定保险费计收。

（3）签订交强险合同时，投保人不得在保险条款和保险费率之外，向保险人提出附加其他条件的要求。

（4）投保人续保的，应当提供被保险机动车上一年度交强险的保险单。

（5）在保险合同有效期内，被保险机动车因改装、加装、使用性质改变等导致危险程度增加的，被保险人应当及时通知保险人，并办理批改手续。否则，保险人按照保单年度重新核定保险费计收。

2）被保险人义务

（1）被保险机动车发生交通事故，被保险人应当及时采取合理、必要的施救和保护措施，并在事故发生后及时通知保险人。

（2）发生保险事故后，被保险人应当积极协助保险人进行现场查勘和事故调查。发生与保险赔偿有关的仲裁或者诉讼时，被保险人应当及时书面通知保险人。

8. 赔偿处理

此部分主要规定了被保险人索赔时应该提供的材料、人身伤亡的赔偿核定标准及赔偿方面的注意事项。

1）被保险机动车发生交通事故的，由被保险人向保险人申请赔偿保险金。被保险人索赔时，应当向保险人提供以下材料：

（1）交强险的保险单。

（2）被保险人出具的索赔申请书。

（3）被保险人和受害人的有效身份证明、被保险机动车行驶证和驾驶人的驾驶证。

（4）公安机关交通管理部门出具的事故证明，或者人民法院等机构出具的有关法律文书及其他证明。

（5）被保险人根据有关法律法规规定选择自行协商方式处理交通事故的，应当提供依照《交通事故处理程序规定》规定的记录交通事故情况的协议书。

（6）受害人财产损失程度证明、人身伤残程度证明、相关医疗证明以及有关损失清单和费用单据。

（7）其他与确认保险事故的性质、原因、损失程度等有关的证明和资料。

2）核定人身伤亡赔偿金额的标准

（1）有关法律法规，主要是《最高人民法院关于审理人身损害赔偿案件适用法律若干问题的解释》。

（2）国务院卫生主管部门组织制定的交通事故人员创伤临床诊疗指南。

（3）国家基本医疗保险标准，在交强险的责任限额内核定人身伤亡的赔偿金额。

3）赔偿注意事项

（1）因保险事故造成受害人人身伤亡的，未经保险人书面同意，被保险人自行承诺或支付的赔偿金额，保险人在交强险责任限额内有权重新核定。

（2）因保险事故损坏的受害人财产需要修理的，被保险人应当在修理前会同保险人检验，协商确定修理或者更换项目、方式和费用。否则，保险人在交强险责任限额内有权重新核定。

9. 合同变更与终止

此部分主要规定了合同变更和解除的条件以及合同终止后保费的退还办法。在交强险合同有效期内，被保险机动车所有权发生转移的，投保人应当及时通知保险人，并办理交强险合同变更手续。

在下列三种情况下，投保人可以要求解除交强险合同：

（1）被保险机动车被依法注销登记的；

（2）被保险机动车办理停驶的；

（3）被保险机动车经公安机关证实丢失的。

交强险合同解除后，投保人应当及时将保险单、保险标志交还保险人。无法交回保险标志的，应当向保险人说明情况，征得保险人同意。

发生《机动车交通事故责任强制保险条例》所列明的投保人、保险人解除交强险合同的情况时，保险人按照日费率收取自保险责任开始之日起至合同解除之日止期间的保险费。

10. 附则

此部分主要规定了合同争议的处理方式、适用法律等。交强险合同争议解决有三种方式：

（1）因履行交强险合同发生争议的，由合同当事人协商解决。

（2）协商不成的，提交保险单载明的仲裁委员会仲裁。

（3）保险单未载明仲裁机构或者争议发生后未达成仲裁协议的，可以向人民法院起诉。

交强险合同争议处理适用中华人民共和国法律。

三、交强险互碰自赔

交强险"互碰自赔"处理机制，是保险行业在2009年2月推出"交强险财产损失无责赔付简化处理机制"和"重大人伤事故提前结案处理机制"等的基础上，为配合道路交通事故的快速处理、进一步简化交强险理赔手续、更好地发挥交强险的功能和作用而联合推出的又一项全国性交强险快速理赔机制。

1. 交强险互碰自赔的含义

所谓互碰自赔,即对事故各方均有责任,各方车辆损失均在交强险有责任财产损失赔偿限额 2000 元以内,不涉及人伤和车外财产损失的交通事故,可由各自保险公司直接对车辆进行查勘、定损。

互碰自赔机制是保险行业进一步简化交强险理赔手续、服务于道路交通事故的快速处理、提高被保险人满意度的一项重要举措。

2. 交强险互碰自赔的条件

必须同时满足——"多车互碰、有交强险、只有车损、不超 2000 元、都有责任、各方同意",就可以互碰自赔。

(1) 多车互碰:两车或多车互碰。

(2) 有交强险:事故各方都有交强险(还未到期)。

(3) 只有车损:事故只导致各方车辆损失,没有发生人员伤亡和车外的财产损失。

(4) 不超 2000 元:各方车损都不超过 2000 元。

(5) 都有责任:交警裁定或事故各方自行协商确定为各方都有责任(同等或主次责任)。

(6) 各方同意:事故各方都同意采用"互碰自赔"。

不属于交强险赔偿范围的单方事故、任何一方损失金额超过 2000 元的事故,以及不符合道路交通事故快速处理范围的,涉及人员伤亡或车外财产损失的事故都不适用互碰自赔方式处理。

第二节 机动车商业保险产品

一、机动车商业保险发展历程

机动车商业保险是与交通事故责任强制保险相对而言的,目前我国各家财产保险公司经营的机动车保险业务还是以商业保险为主,机动车商业保险按照保障的责任范围分为基本险(也称为主险),保险公司可以根据自身特点确定主险险种和附加险险种,各家保险公司的险种结构不完全相同,但是所有保险公司都把车损险和三者险列为主险范畴。

2000 年,保监会颁布《机动车辆保险条款》,各保险公司统一实行该条款和刚性费率。

2003 年 1 月 1 日,在全国范围内实施新的机动车辆保险条款费率管理制度。2000 年颁布的机动车辆保险条款不再在全国统一执行。

2006 年 7 月 1 日,"交强险"实施后,车损险和三者险发生重大变化。中国保险行业协会率先提出,各保险公司经营的商业车险将使用同一条款和费率。

2007 年 3 月,保监会统一了车险中的主险部分,即车损险和三者险的条款,而对于附加车险,仍允许保险公司进行差异化经营。中国保险行业协会为目前现有的财产保险公司统一制定了包括车损险和三者险的 A、B、C 三套条款,各保险公司任选其一备案即可。

目前人保、中华联合等全国半数经营车险的公司使用 A 款;平安、华安、安邦、阳光财险、太平保险等使用 B 款;太平洋保险公司等使用 C 款。

二、机动车辆损失保险条款解析

本节以中国人民保险公司家庭自用汽车损失保险条款(A款)为主进行介绍。

机动车辆损失保险是指车辆因遭受保险责任范围内的自然灾害或意外事故,造成车辆本身损失,以及发生的合理施救费用,保险人依照保险合同的规定给予赔偿。条款的内容构成共分12部分,分别为总则,保险责任,责任免除,保险金额、责任限额,保险期限,保险人义务,投保人、被保险人义务,赔偿处理,保险费调整,争议处理,其他。

由于使用汽车的意外事故很多,为扩大对被保险人的保障,方便投保人购买,车辆损失先一般是提供较综合的保险责任,涵盖碰撞损失和非碰撞损失。我国由于机动车盗抢现象较为严重,发生频率很高,所以将全车盗抢险从车辆损失险保险责任重剔除成立独立险种。目前,A、B、C三套条款中的车辆损失险一般对由碰撞、倾覆、火灾、爆炸等意外和暴风、龙卷风等自然灾害引起的车辆损失及发生保险事故时,被保险人或其允许的合格驾驶人对车辆采取施救、保护措施所支出的合理费用负责赔偿;对由下列原因造成的车辆损失不负责赔偿:战争、军事冲突、恐怖活动、暴乱、扣押、罚没、政府征用、竞赛、测试,在营业性维修场所修理、养护期间,利用保险车辆从事违法活动,驾驶人饮酒、吸食或注射毒品、驾驶人被药物麻醉后使用保险车辆,保险车辆肇事逃逸等。

1.保险标的

该条款保险标的涵盖了在中华人民共和国境内(不含港、澳、台地区)行驶的经公安交通管理部门检验合格、具有其核发的有效行驶证和号牌的机动车辆,包括汽车、电动车、蓄电池车、摩托车、拖拉机、各种专用机械车和特种车,另有约定的除外。

其中非营业用汽车是指在中华人民共和国境内(不含港、澳、台地区)行驶的党政机关、企事业单位、社会团体、使领馆等机构从事公务或在生产经营活动中不以直接或间接方式收取运费或租金的自用汽车,包括客车、货车、客货两用车。

家庭自用汽车是指在中华人民共和国境内(不含港、澳、台地区)行驶的家庭或个人所有,且用途为非营业性运输,核定座位为9座以下的客车;核定载质量在0.75t以下的客货两用汽车。

营业用汽车是指在中华人民共和国境内(不含港、澳、台地区)行驶的用于客、货运输或租赁,并以直接或间接方式收取运费或租金的汽车。

特种车辆是指中华人民共和国境内(不含港、澳、台地区)行驶的,用于牵引、清障、清扫、起重、装卸、升降、搅拌、挖掘、推土、压路等的各种轮式或履带式专用车辆,或车内装有固定专用仪器设备,从事专业工作的监测、消防、清洁、医疗、电视转播、X光检查等车辆,另有约定的除外。

摩托车是指在中华人民共和国境内(不含港、澳、台地区)行驶的,以燃料或蓄电池为动力的各种两轮、三轮摩托车、电动车和残疾人专用车。

拖拉机是指在中华人民共和国境内(不含港、澳、台地区)行驶的轮式拖拉机,也适用于轮式收割机。

2.保险责任及相关解释

机动车辆损失保险的保险责任,指保险期间内,被保险人或其允许的合法驾驶人在使用被保险机动车过程中,因下列原因造成被保险机动车的损失,保险人依照本保险合同的约定负责赔偿责任。而且发生保险事故时,被保险人为防止或者减少被保险机动车的损失所支付的必要的、合理的施救费用,由保险人承担,最高不超过保险金额的数额。

(1)碰撞、倾覆、坠落。

(2)火灾、爆炸。

(3)外界物体坠落、倒塌。

(4)暴风、龙卷风。

(5)雷击、雹灾、暴雨、洪水、海啸。

(6)地陷、冰陷、崖崩、雪崩、泥石流、滑坡。

(7)载运被保险机动车的渡船遭受自然灾害(只限于驾驶人随船的情形)。

解析:

(1)所谓"被保险人允许的合格驾驶人员"规定为:

驾驶人应同时具备以下两个条件,一是允许,指被保险人或其允许的驾驶人是指被保险人本人以及经被保险人委派、雇用或认可的驾驶保险车辆的人员;二是合格,指上述驾驶人必须持有效驾驶证,并且所驾车辆与驾驶证规定的准驾车型相符;驾驶出租汽车或营业性客车的驾驶人还必须具备交通运输管理部门核发的许可证书或其他必备证书,否则仍认定为不合格。

只有"允许"和"合格"两个条件同时具备的驾驶员在使用保险车辆发生保险事故造成损失时,保险人才予以赔偿。

(2)所谓"使用保险车辆过程中"规定为:保险车辆作为一种工具被运用的整个过程,包括行驶和停放。例如,被保险的吊车固定车轮后进行吊卸作业属于使用过程。

(3)一般机动车辆损失险的保险责任采用列明的方式,为列明的不属于保险责任范围。对保险责任列明的危险可分为两类:意外事故和自然灾害。

意外事故一般包括碰撞、倾覆、坠落、火灾、爆炸、外界物体坠落、倒塌等。具体含义分别为:

①碰撞:指被保险机动车与外界物体直接接触并发生意外撞击、产生撞击痕迹的现象。包括被保险机动车按规定载运货物时,所载货物与外界物体的意外撞击。

这里的碰撞包括两种情况:

一是保险车辆与外界物体的意外撞击造成的本车损失。

二是保险车辆按《中华人民共和国道路交通管理条例》关于车辆装载的规定载运货物(当车辆装载货物不符合装载规定时,须报请公安交通管理部门批准,并按指定时间、路线、时速行驶),车与货即视为一体,所装货物与外界物体的意外撞击造成的本车损失。

三是碰撞应是保险车辆与外界物体直接接触。保险车辆的人为划痕不属本保险责任。

②倾覆:保险车辆由于自然灾害或意外事故,造成本身翻倒,车体触地,使其失去正常状态和行驶能力,不经施救不能恢复行驶。

③坠落:指保险车辆在行驶中发生意外事故,整车腾空(包括翻转360°以上)后,仍四轮着地所产生的损失。非整车腾空,仅由于颠簸造成保险车辆损失的,不属坠落责任。

④火灾:指被保险机动车本身以外的火源引起的、在时间或空间上失去控制的燃烧(即

有热、有光、有火焰的剧烈的氧化反应)所造成的灾害。

火灾的必备条件:有燃烧显现;燃烧是偶然、意外发生的;燃烧失去控制并有蔓延和扩大趋势。

思考:

车辆在行使过程中,由于传动轴、车轮部分缠绕秸秆或不可燃的物品,摩擦起火,导致车辆的全部损失,是属于火灾引起的?

⑤爆炸:指车辆以外的物体在瞬间分解或燃烧时放出大量的热合气体,并以很大压力向四周扩散,形成破坏力,进而导致车辆损失。发动机内部原因发生爆炸或爆裂、轮胎爆炸等造成的损失,一般不属于爆炸范围。

应用案例 3-1

> 2003 年的夏天,某公司驾驶员小李将小轿车停在一处路边的停车场,取车时发现驾驶室发生爆炸。经调查证实,由于其车内仪表台上的空气清香剂遭到太阳暴晒升温发生爆炸,造成驾驶室仪表台损坏和风窗玻璃破裂。后该公司向保险公司提出索赔。保险公司赔付吗?

答案是肯定的。车辆损失保险中的爆炸危险是指由于爆炸而造成保险车辆的损失。

⑥外界物体坠落:指车辆以外的物体掉落到车上导致车辆损失。

⑦外界物体倒塌:指占有一定空间的个体倒下或陷下造成车辆受损。

自然灾害一般包括暴风、龙卷风、雷击、雹灾、暴雨、洪水、海啸、地陷、冰陷、崖崩、雪崩、泥石流、滑坡、载运车辆的渡船遭受自然灾害等危险。具体含义如下。

①暴风:指风速在 28.5m/s(相当于 11 级大风)以上的大风。风速以气象部门公布的数据为准。

②龙卷风:指一种范围小而时间短的猛烈旋风,平均风速在 79 ~ 103m/s 的大风。

③雷击:指由于雷电直接击中保险车辆或通过其他物体引起车辆损失。

④雹灾:指由于冰雹降落造成车辆受损。

⑤暴雨:指每小时降雨量达 16mm 以上,或连续 12h 降雨量达 30mm 以上,或连续 24h 降雨量达 50mm 以上的大雨。暴雨以气象部门报告为准。

⑥洪水:指因江河泛滥、山洪暴发、潮水上岸及倒灌,致使车辆遭受浸泡、淹没损失。

⑦海啸:指由于地震或风暴而造成海面巨大涨落现象,以至海水上岸泡损、冲失车辆。

⑧地陷:指地壳因为自然变异、地层收缩而发生突然塌陷以及海潮、河流、大雨侵蚀时,地下有孔穴、矿穴,以致地面突然塌陷。

⑨冰陷:指在公安交通警察部门允许车辆行驶的冰面上,车辆通行时,冰面突然下陷造成车辆损失。

⑩崖崩:指石崖、土崖因自然风化、雨蚀而崩裂下塌,或山上岩石滚落,或雨水使山上沙土透湿而崩塌。

⑪雪崩:指由于大量积雪突然崩落,致使车辆遭受损失。

⑫泥石流:指山地突然爆发饱含大量泥沙、石块的洪流造成车辆受损。

⑬滑坡:指斜坡上不稳的岩体或土体在重力作用下突然整体向下滑动造成车辆受损。

⑭载运保险车辆的渡船遭受自然灾害:指车辆在行驶途中,因需跨过江河、湖泊、海峡才能恢复到道路行驶而过渡,驾驶员把车辆开上渡船,并随船同行把车照料到对岸,这期间因遭受自然灾害,致使保险车辆本身发生损失。

(4)施救费用是指发生保险责任范围内的灾害或事故时,为减少和避免保险车辆的损失所实施的抢救行为而产生的费用。该费用必须是必要的、合理的,即:施救行为支出的费用是直接的、必要的,并符合国家有关政策规定的。具体应遵循以下几点原则:

①保险车辆发生火灾时,被保险人或其允许的驾驶人使用他人非专业消防单位的消防设备,施救保险车辆所消耗的合理费用及设备损失应赔偿。

②保险车辆出险后,失去正常的行驶能力,被保险人雇用吊车或其他车辆进行抢救的费用,以及将出险车辆拖运到最近修理厂的运输费用,保险人应按有关行政管理部门核准的收费标准赔付。

③在抢救过程中,因抢救而损坏他人的财产,如果应由被保险人承担赔偿,保险人可酌情予以赔偿。但在抢救时,抢救人员个人物品的损失和丢失,不予赔偿。

④抢救车辆在拖运受损保险车辆途中发生意外事故,造成保险车辆损失扩大部分和费用支出增加部分,如果该抢救车辆是被保险人自己或他人义务派来抢救的,予以赔偿;如果该抢救车辆是受雇的,则不予赔偿。

⑤保险车辆出险后,被保险人或其允许的驾驶人或其代表奔赴肇事现场处理所支出的费用,不予负责。

⑥保险人只对保险车辆的施救,保护费用负责。例如,保险车辆发生保险事故后,受损保险车辆与其所装载货物同时被施救,则应按保险车辆与货物的实际价值进行比例分摊赔偿。

⑦保险车辆为进口车或特种车,发生保险责任范围内事故后,经确认出险地最近修理厂或当地修理厂确无能力修复时,在取得保险人同意后,该肇事车被移送到其他修理厂或去外地修理的移送费,予以负责。但护送保险车辆人员的工资和差旅费,不予负责。

⑧施救保护费用与修理费用应分别计算。一般来说,在施救前,如果施救、保护费用与修理费用相加,估计已达到或超过保险金额时,则可推定全损予以赔偿,但保险人不接受权益转让。

⑨保险车辆发生保险责任范围内事故后,对其停车费、保管费、扣车费以及各种罚款,保险人不予负责。

3.责任免除

责任免除是指保险人不负赔偿责任的范围。保险人一般对车辆遭受的以下危险和损失不予负责。

1)不保危险

(1)地震:地震是因地壳急剧的自然变异,影响地面而发生震动的现象。

无论地震使保险车辆直接受损还是地震造成外界物体倒塌所致保险车辆的损失,保险人都不负责赔偿。

(2)战争、军事冲突、恐怖活动、暴乱。

战争:指国家与国家、民族与民族、政治集团与政治集团之间为了一定的政治、经济目的而进行的武装斗争。

军事冲突:指国家或民族之间在一定范围内的武装对抗。

恐怖活动:指恐怖分子制造的危害社会稳定、危及人的生命与财产安全的活动。

暴乱:指破坏社会秩序的武装骚动。

战争、军事冲突、恐怖活动和暴乱以政府宣布为准。它们所造成的破坏后果极其严重,损失程度也非一般灾害事故那样所能预测的,所以保险人对此危险不予承保。

(3)扣押、收缴、没收、政府征用。

扣押:指采用强制手段和扣留保险车辆。

罚没:指司法或行政机关没收违法者的保险车辆,作为处罚。

政府征用:指政府利用行政手段有偿或无偿占用保险车辆。

扣押、罚没、政府征用既不是自然灾害,又非意外事故,所以由此造成的车辆损失,保险公司不负责赔偿。

(4)竞赛、测试。

竞赛:指保险车辆作为赛车参加车辆比赛活动,包括以参加比赛为目的进行的训练活动。

测试:指对保险车辆的性能与技术参数进行测量或试验。

(5)在营业性场所修理、养护期间。

在营业性修理场所维修养护期间:指保险车辆从进入维修厂(站、店)开始到保养、修理结束并验收合格提车时止,包括保养、修理过程中的测试。

(6)利用保险车辆从事违法活动。

利用保险车辆从事违法活动:指被保险人及其允许的驾驶员利用保险车辆从事法律、法规不允许的活动和经营。

这种从事违法活动的行为不利于社会安定,不符合保险稳定社会生产和社会生活的宗旨,保险公司不予保障。

(7)驾驶人饮酒、吸食或注射毒品、被药物麻醉后使用保险车辆。

驾驶人饮酒:指驾驶人饮酒后或醉酒后开车。酒后开车,会使驾驶人判断力下降、动作失灵,极易发生车祸。各国交通法规和政府法令都严禁酒后开车,所以饮酒开车也是一种违法行为,对此造成的车辆损失,保险公司是不负赔偿责任的。

对驾驶人饮酒开车的判定,可根据下列情形之一来判定:

①公安交通管理部门处理交通事故时做出的酒后驾车结论。

②有饮酒后驾车的证据,如直觉嗅到驾驶人酒气、接到驾驶人酒后开车的举报并经调查取得证实的。

吸食或注射毒品:指驾驶人吸食或注射鸦片、吗啡、海洛因、大麻、可卡因以及国家规定管制的其他能够使人形成瘾癖的麻醉药品和精神药品。

被药物麻醉后:指驾驶人吸食或注射有麻醉成分的药品,在整个身体或身体的某一部分暂时失去控制。

(8)保险车辆肇事逃逸。

保险车辆肇事逃逸:指保险车辆肇事后,为逃避法律法规制裁,逃离肇事现场的行为。

(9)驾驶人无有效驾驶证。驾驶人无有效驾驶证可包括以下情况：

①无驾驶证或驾驶证失效。

②驾驶的机动车与驾驶证载明的准驾车型不符。

③持未按规定审验的驾驶证，以及在暂扣、扣留、吊销、注销驾驶证期间驾驶被保险机动车。

④实习期内驾驶执行任务的警车、消防车、救护车、工程救险车以及载有爆炸物品、易燃易爆化学物品、剧毒或者放射性等危险物品的被保险机动车。

⑤实习期内驾驶被保险机动车牵引挂车。

⑥使用各种专用机械车、特种车的人员无国家有关部门核发的有效操作证，或驾驶出租机动车或营业性机动车无交通运输管理部门核发的许可证书或其他必备证书。

⑦依照法律法规或公安交通管理部门有关规定不允许驾驶被保险机动车的其他情况下驾车。

(10)非被保险人允许的驾驶人使用被保险机动车。

(11)保险车辆不具备有效行驶证件。保险车辆不具备有效行驶证件是指保险车辆不具备正常行驶资格，例如没有行驶证和号牌、检测合格证或特殊道路通行证等。由此造成的车辆损失，保险公司不负赔偿责任。

2)不保的损失

(1)自然磨损、锈蚀。

自然磨损：指车辆由于使用造成的机件损耗。

锈蚀：指机件与有害气体、液体相接触，被腐蚀损坏。

车辆的自然磨损和锈蚀，是一种正常现象，不属于意外事故，不属于保险公司的保险责任范围。但由于自然磨损、锈蚀而引起保险事故（如碰撞、倾覆等），造成保险车辆其他部位的损失，保险人应予赔偿。

(2)故障。

故障：指由于车辆某个部件或系统性能发生问题，影响车辆的正常工作。

故障是质量不佳、磨损和老化及破坏的结果，不是自然灾害或意外事故所造成的损失，所以保险人不负赔偿责任。但由于故障而引起保险事故（如碰撞、倾覆等），造成保险车辆其他部位的损失，保险人应予赔偿。

(3)车轮单独损坏。

车轮单独损坏：指未发生被保险机动车其他部位的损坏，仅发生轮胎、轮辋、轮毂罩的分别单独损坏，或上述三者之中任意二者的共同损坏，或三者的共同损坏。

车轮单独损坏的道德风险较大，所以保险人不负赔偿责任。

(4)玻璃单独破碎。

玻璃单独破碎：指未发生被保险机动车其他部位损害，仅发生前后风窗玻璃和左右车窗玻璃的损坏。

(5)无明显碰撞痕迹的车身划痕。

无明显碰撞痕迹的车身划痕：指车身表面只需用涂饰修理工艺即可修复的损伤。

(6)人工直接供油、高温烘烤造成的损失。

人工直接供油:指不经过车辆正常供油系统的供油。

高温烘烤:指无论是否使用明火,凡违反车辆安全操作规则的加热、烘烤升温的行为。

(7)自燃以及不明原因引起火灾造成的损失。

自燃:指在没有外界火源的情况下,由于本车电器、线路、供油系统、供气系统等被保险机动车自身原因发生故障或所载货物自身原因起火燃烧。

不明原因产生火灾:指公安消防部门提供的《火灾原因认定书》中认定的起火原因不明的火灾。

火灾是车辆损失险中的保险责任,由于火灾造成损失一般都较为严重,通常可达到全损程度,所以不法之徒经常利用火灾进行欺诈骗赔,致使电器失火、原因不明失火不断出现。为有效遏制道德风险,保护保险人利益,保险条款中将自然以及不明原因引起火灾列为责任免除范围。

应用案例3-2

> 2010年4月23日,XX公司投保的车辆在某路段发生火灾后严重受损,经公安分局防火监督处出具"火灾原因认定书",认定该起火灾原因为车厢内照明线路故障引燃车上包装材料纸箱并扩大成火灾。公司随后委托某客车厂对事故车辆进行修理,共支付修理费48940元。
>
> 在该公司提出理赔请求时,遭到了保险公司的拒绝。保险公司认为,根据双方的保险条款,火灾属保险责任范围。但保险公司却在发出的"机动车辆保险拒赔通知书"上说明了理由:"贵公司未投保自燃险"。
>
> 法院审理后认定:双方已在保险条款中规定,"自燃以及不明原因引起火灾造成的损失"系不赔的损失。同时在公司投保的保单上,已列明了自燃损失险,由此法院推定原告对自燃险险种的存在应是明知的。据此,法院判令XX公司败诉。请问,法院的判决合理吗?

【分析】根据火灾和自燃的概念,该车引起燃烧的原因是自燃,而不是火灾,根据免责条款,法院的判决是合理的。

区别机动车辆保险中的火灾与自燃,不是看其燃烧的现象,而是要看引起燃烧的原因。

> **小知识:**
> ①火灾:指车辆本身以外的火源引起的、在时间或空间上失去控制的燃烧所造成的灾害(即有热、有光、有火焰的剧烈的氧化反应)。必备条件:有燃烧显现;燃烧是偶然、意外发生的;燃烧失去控制并有蔓延和扩大趋势。
> ②自燃:指在没有外界火源的情况下,由于本车电器、线路、供油系统等车辆自身原因发生故障或所载货物自身原因起火燃烧。
> 汽车自燃原因涉及油路,电路,装载,停车以及违章作业等方方面面。
> ③汽车燃烧的分类:
> 第一,自燃。

第二,引燃。车辆被其本身以外的火源引起的,在时间或空间上失去控制的燃烧(即有光有火焰的剧烈的氧化反应)。

第三,碰撞起火。车辆与外界物体直接接触而发生意外撞击所引起的起火。

第四,爆炸。由车内所载物品或车体上安装的爆炸物本身发生爆炸所引发的汽车爆炸。

第五,雷击。在雷雨天气,露天停放的汽车因遭遇雷击而引发的击穿或燃烧。

④汽车燃烧的原因:

汽车起火,尽管原因可能极其复杂,但就其实质而言,始终离不开物体燃烧的三大基本要素,即:第一,火源;第二,可燃烧的物体;第三,充足的氧气(或空气)。

(8)遭受保险责任范围内的损失后,未经必要修理继续使用,致使损失扩大的部分。

由于使用受损车或修理后未达标准的车必然加大原有损失程度,因此保险人对扩大的损失不负赔偿责任。这主要视为了保障行车安全,避免被保险人或其允许驾驶人因投了保险而随意使用已损坏的车辆,造成由于带病运行引发的再次事故。

(9)因污染(含放射形污染)造成的损失。

污染是指保险车辆正常使用过程中以及发生事故时,由于油料、尾气、货物或其他污染物的泄漏、飞溅、排放、散落等造成保险车辆污损或状况恶化。

(10)市场价格变动造成的贬值、修理价值降低引起的损失。

(11)车辆标准配置以外,未投保的新增设备的损失。

(12)保险车辆所载货物坠落、倒塌、撞击、泄漏造成的损失。

(13)被盗窃、抢劫、抢夺,以及因被盗窃、抢劫、抢夺受到损坏或车上零部件、附属设备丢失。

附属设备是指购买新车时,随车装备的基本设备。随车工具、新增加设备等,不属于附属设备。

(14)被保险人或驾驶人员的故意行为造成的损失。

(15)应有交强险赔付的损失与费用。

保险事故的赔偿顺序是先由交强险赔偿,再由商业险赔偿。所以对交强险财产限额内的损失与费用,商业性的车辆损失险不予赔偿。

(16)根据条款规定,保险人不负责免赔部分的费用。

免赔部分是保险人与被保险人在保险合同中约定的不予负责赔偿的部分。

(17)其他不属于保险责任范围内的损失和费用。凡不属于车辆损失险保险责任范围内的损失和费用,在责任免除部分又没有明确列明的,都是其他不属于保险责任范围内的损失和费用,对此保险人不负责赔偿。

4.免赔率

保险人在依据本保险合同约定计算赔款的基础上,按照下列免赔率免赔:

(1)负次要事故责任的免赔率为5%,负同等事故责任的免赔率为8%,负主要事故责任的免赔率为10%,负全部事故责任或单方肇事事故的免赔率为15%。

(2)被保险机动车的损失应当由第三方负责赔偿的,无法找到第三方时,免赔率为30%。

(3)被保险人根据有关法律法规规定选择自行协商方式处理交通事故,不能证明事故原因的,免赔率为20%。

(4)投保时指定驾驶人,保险事故发生时为非指定驾驶人使用被保险机动车的,增加免赔率10%。

(5)投保时约定行驶区域,保险事故发生在约定行驶区域以外的,增加免赔率10%。

5.保险金额

车辆损失险的保险金额由投保人和保险人从下列3种方式中选择协商确定,保险人根据确定保险金额的不同方式承担相应的赔偿责任。这3种方式是车辆损失险保险金额的确定及相应的保险赔偿处理的依据。

1)按投保时保险车辆的新车购置价确定

保险合同中的新车购置价是指保险合同签订时,在保险合同签订地购置与保险车辆同类型新车(含车辆购置税)的价格。

2)按投保时保险车辆的实际价值确定

保险合同中的实际价值是指同类型车辆市场新车购置价减去该车已使用年限折旧金额后的价格。A、B、C三套条款对相应的车型都规定了折旧率,例如,A款对家庭自用汽车的月折旧率规定为0.6%。

3)由投保人与保险人协商确定

这种方式的保险金额不得超过同类型新车购置价,超过部分无效。

以上规定了车辆损失险保险金额的确定方式及相应的保险赔偿处理依据。投保人和保险人可根据实际情况,选择新车购置价、实际价值、协商价值3种方式之一确定保险金额。原则上新车按新车购置价承保,旧车可以在3种方式中由投保人和保险人双方自愿协商确定,但保险金额的不同确定方式直接影响和决定了发生保险事故时,保险赔偿的计算原则。

6.保险期限

保险期限除了另有约定外,一般为一年,收割机保险期限为一个月,以保险单载明的起讫时间为准。

7.保险人义务

(1)保险人在订立保险合同时,应向投保人说明投保险种的保险责任、责任免除、保险期间、保险费及支付办法、投保人和被保险人义务等内容。

(2)保险人应及时受理被保险人的事故报案,并尽快进行查勘。保险人接到报案后48h内未进行查勘且未给予受理意见,造成财产损失无法确定的,以被保险人提供的财产损毁照片、损失清单、事故证明和修理发票作为赔付理算依据。

(3)保险人收到被保险人的索赔请求后,应当及时做出核定。

①保险人应根据事故性质、损失情况,及时向被保险人提供索赔须知。审核索赔材料后认为有关的证明和资料不完整的,应当及时通知被保险人补充提供有关的证明和资料。

②在被保险人提供了各种必要单证后,保险人应当迅速审查核定,并将核定结果及时通知被保险人。

③对属于保险责任的,保险人应在与被保险人达成赔偿协议后10日内支付赔款。

(4)保险人对在办理保险业务中知道的投保人、被保险人的业务和财产情况及个人隐私,负有保密的义务。

8. 投保人、被保险人义务

(1) 投保人应如实填写投保单并回答保险人提出的询问，履行如实告知义务，并提供被保险机动车行驶证复印件、机动车登记证书复印件。

(2) 在保险期间内，被保险机动车改装、加装或从事营业运输等，导致被保险机动车危险程度增加的，应当及时书面通知保险人。否则，因被保险机动车危险程度增加而发生的保险事故，保险人不承担赔偿责任。

(3) 除另有约定外，投保人应当在本保险合同成立时交清保险费；保险费交清前发生的保险事故，保险人不承担赔偿责任。

(4) 发生保险事故时，被保险人应当及时采取合理的、必要的施救和保护措施，防止或者减少损失，并在保险事故发生后 48h 内通知保险人。否则，造成损失无法确定或扩大的部分，保险人不承担赔偿责任。

(5) 发生保险事故后，被保险人应当积极协助保险人进行现场查勘。

(6) 被保险人索赔时，应当向保险人提供与确认保险事故的性质、原因、损失程度等有关的证明和资料。

被保险人应当提供保险单、损失清单、有关费用单据、被保险机动车行驶证和发生事故时驾驶人的驾驶证。

属于道路交通事故的，被保险人应当提供公安机关交通管理部门或法院等机构出具的事故证明、有关的法律文书（判决书、调解书、裁定书、裁决书等）和通过机动车交通事故责任强制保险获得赔偿金额的证明材料。

属于非道路交通事故的，应提供相关的事故证明。

(7) 发生与保险赔偿有关的仲裁或者诉讼时，被保险人应当及时书面通知保险人。

(8) 因第三方对被保险机动车的损害而造成保险事故的，保险人自向被保险人赔偿保险金之日起，在赔偿金额范围内代位行使被保险人对第三方请求赔偿的权利，但被保险人必须协助保险人向第三方追偿。

由于被保险人放弃对第三方的请求赔偿的权利或过错致使保险人不能行使代位追偿权利的，保险人不承担赔偿责任或相应扣减保险赔偿金。

9. 赔偿处理

1) 车损险的赔偿计算

(1) 按投保时被保险机动车的新车购置价确定保险金额的。

① 发生全部损失时，在保险金额内计算赔偿，保险金额高于保险事故发生时被保险机动车实际价值的，按保险事故发生时被保险机动车的实际价值计算赔偿。

② 发生部分损失时，按核定修理费用计算赔偿，但不得超过保险事故发生时被保险机动车的实际价值。但若赔款大于或等于实际价值，则按照实际价值赔付。

修复费用的确定以保险公司查勘定损人员出具的事故车辆估价单估损金额为准。残值是指部分损失车辆更换下来的零部件的残余价值，通常情况下按所更换配件价值的 2% 计算，但所更换的配件无残余价值（如：风窗玻璃、灯具、橡胶塑料件等）则考虑不予扣除残值。

$$保险赔款 = (实际修复费用 - 残值) \times 事故责任比例 \times (1 - 免赔率)$$

(2) 按投保时被保险机动车的实际价值确定保险金额或协商确定保险金额的。

①发生全部损失时,保险金额高于保险事故发生时被保险机动车实际价值的,以保险事故发生时被保险机动车的实际价值计算赔偿;保险金额等于或低于保险事故发生时被保险机动车实际价值的,按保险金额计算赔偿。

②发生部分损失时,按保险金额与投保时被保险机动车的新车购置价的比例计算赔偿,但不得超过保险事故发生时被保险机动车的实际价值。

$$保险金额赔款 = (修理费用 - 残值) \times 事故责任比例 \times (保险金额/新车购置价) \times$$
$$(1 - 免赔率)$$

2)施救费用的赔偿计算

计算方法同车损险的赔偿计算。但须注意以下事项:

(1)施救费用在保险车辆损失赔偿金额外另行计算,最高不超过保险金额。

(2)被施救的财产中,含有本保险合同未承保财产的,按保险车辆与被施救财产价值的比例分摊施救费用。

【例3-1】:某保险车辆的保险金额40000元,车上载运货物价值30000元,发生属保险责任范围内的单方事故,保护与施救费用共支出1000元。试计算应赔付的施救费用。

解:保险车辆施救费赔款 = $1000 \times [40000/(40000 + 30000)] = 571.43(元)$

3)残值处理

保险车辆遭受损失后的残余部分归被保险人,由双方协商确定其价值,并在赔偿中扣除。

4)事故责任比例确定

保险人依据保险车辆驾驶人在事故中所负的责任比例,承担相应的赔偿责任。

被保险人或被保险机动车驾驶人根据有关法律法规规定选择自行协商或由公安机关交通管理部门处理事故未确定事故责任比例的,按照下列规定确定事故责任比例:

被保险机动车方负主要事故责任的,事故责任比例为70%;

被保险机动车方负同等事故责任的,事故责任比例为50%;

被保险机动车方负次要事故责任的,事故责任比例为30%。

5)修复方式

因保险事故损坏的保险车辆,应尽量修复。

修理前被保险人应会同保险人检验、协商确定修理的项目、方式和费用。否则,保险人有权重新核定或拒绝赔偿。

保险事故发生后,被保险人经与保险人协商确定保险车辆的修理项目、方式和费用,可自行选择修理厂,也可选择保险人推荐的修理厂。

投保人在投保时选择专修厂的,保险事故发生后,保险人推荐具有机动车专修资格的修理厂进行修理;未选择专修厂的,保险事故发生后,保险人推荐修理资质不低于二级的修理厂进行修理。保险车辆修复后,保险人可根据被保险人的委托直接与修理厂结算修理费用,但应将由被保险人自己负担的部分除外。

6)代为追偿

因第三方对保险车辆的损害而造成保险事故的,保险人自向被保险人赔偿保险金之日起,在赔偿金额范围内代位行使被保险人对第三方请求赔偿的权利。

7）重复保险的赔偿

重复保险的,保险人按合同保险金额与各保险合同保险金额的总和的比例承担赔偿责任。

8）合同终止的条件

下列情况下,保险人支付赔款后,保险合同终止,保险人不退还机动车辆损失保险及其附加险的保费:

（1）保险车辆发生全部损失。

（2）按投保时保险车辆的实际价值确定保险金额的,一次赔款金额与免赔金额之和（不含施救费）达到保险事故发生时保险车辆的实际价值。

（3）保险金额低于投保车辆实际价值的,一次赔款金额与免赔金额之和（不含施救费）达到保险金额。

【例3-2】:甲、乙两车都在某保险公司投保了汽车损失险,两车均按新车购置价投保,保险金额都为40000元。两车在不同事故中出险,且均被承保的保险公司推定全损。甲车投保时为新购车辆,即其实际价值与保险金额相等,残值作价2000元;乙车投保时该车已使用了两年,出险当时实际价值确定为32000元,残值作价1000元。试核定两车的损失。

解:甲车损失 = 保险金额 – 残值 = 40000 – 2000 = 38000（元）

乙车损失 = 实际价值 – 残值 = 32000 – 1000 = 31000（元）

【例3-3】:甲、乙两车发生严重碰撞事故,甲车被推定全损,该车在某保险公司投保,车辆损失险保险金额为8万元,出险时车辆实际价值被确定为6.5万元,残值作价3000元。根据交通事故处理机关认定甲方负主要责任,承担70%的事故损失。试计算保险公司应支付甲车车辆损失险的赔款。

解:甲车车损险赔款 = （实际价值 – 残值）× 按责任分担损失的比例 × （1 – 免赔率） = （65000 – 3000）× 70% × （1 – 10%）= 62000 × 70% × 90% = 39060（元）

【例3-4】:甲车按实际价值投保车损险,保险金额为10万元,乙车按新车购置价投保车损险,保险金额为20万元。两车相撞,甲车车辆损失5万元,车上货物损失2万元,出险时车辆实际价值14万元。乙车车辆全损,车上货物损失7万元,驾驶员受伤医疗费用3万元。经交通管理部门裁定,甲车负70%责任,乙车负30%责任。请问两车保险公司各应赔偿多少赔款?（适用人保条款）

解:甲车车损险 赔款 = 5 × （10/14）70% × （1 – 10%）= 2.25万元

乙车车损险 赔款 = 20 × 30% × （1 – 5%）= 5.7万元

10. 其他

1）保险费调整

上一保险年度未发生保险及其附加险赔偿的保险车辆续保,且保险期间均为一年时,可享受无赔偿保险费优待。连续多个保险年度未发生本保险及其附加险赔偿的,保险费优待比例逐年提高。

上一年保险期间发生本保险及其附加险保险赔偿的,根据发生保险赔偿的次数,续保时提高保险费。

保险费调整的比例和方式以保险监管部门批准的费率规章的规定为准。

机动车辆保险费率调整制度,将保险费与驾驶安全业绩、理赔次数和理赔金额相互挂钩,把交通违法违章程度、违法累积次数、保险赔款的累积金额以及理赔次数等都作为费率浮动的要素,对每一项都规定了不同的浮动比例,并根据浮动比例计算保险费的制度。该制度巧妙地利用经济杠杆抑制交通事故的发案率,不仅有利于规范保险市场,更重要的是有利于预防交通事故,促进道路交通安全,同时这也符合国际上的通行做法。

2)合同变更和终止

(1)合同变更。

①保险合同的内容如需变更,须经保险人与投保人书面协商一致。

②在保险期间内,被保险机动车转卖、转让、赠予他人,被保险人应书面通知保险人并办理批改手续。未办理批改手续的,保险人不承担赔偿责任。

(2)合同解除。一般投保人可随时解除合同,保险人不能解除合同。投保人解除合同分保险责任开始前解除和保险责任开始后解除。

保险责任开始前,投保人要求解除本保险合同的,应当向保险人支付应交保险费退保手续费,保险人应当退还保险费。

保险责任开始后,投保人要求解除本保险合同的,自通知保险人之日起,本保险合同解除。保险人按短期月费率收取自保险责任开始之日起至合同解除之日止期间的保险费,并退还剩余部分保险费。短期月费率表如表3-4所示。

短 期 月 费 率 表　　　　　　　　　　表3-4

保险期间(月)	1	2	3	4	5	6	7	8	9	10	11	12
短期月费率(%) (年保险费的百分比)	10	20	30	40	50	60	70	80	85	90	95	100

(3)合同争议处理。对合同争议的处理一般有三种方式:协商、仲裁和诉讼。协商不成的,提交保险单载明的仲裁机构仲裁。保险单未载明仲裁机构或者争议发生后未达成仲裁协议的,可向人民法院起诉。

三、机动车第三者责任保险

1.第三者责任险概述

第三者责任险的保险标的与车辆损失险不同,它以被保险人依法应对第三者承担的赔偿责任作为保险标的。所以,第三者责任险属于责任保险范畴。

这里所说的第三者是指在保险合同中,保险公司为第一方,即第一者,被保险人或投保人为第二方,即第二者,遭受人身伤害或财产损失的受害人为第三人,即第三者。

我国A、B、C三套条款中的第三者责任险一般对车辆发生意外事故导致的第三者人身伤亡或财产直接损毁而由被保险人承担的经济赔偿责任负责赔偿;对意外事故造成的下列人身伤亡或财产损失不负责赔偿:被保险人及其家庭成员的人身伤亡及其所有或代管财产的损失,本车驾驶人员及其家庭成员的人身伤亡及其所有或代管财产的损失,本车损失以及其他各种间接损失、精神损害赔偿,第三者财产因市场价格变动造成的贬值、修理后因价值降低引起的损失,因污染(含放射性污染)造成的损失等。

2.保险责任

三者险的保险责任,指被保险人或其允许的合法驾驶人在使用被保险机动车过程中发生意外事故,致使第三者遭受人身伤亡或财产直接损毁,依法应当由被保险人承担的损害赔偿责任,保险人依照本保险合同的约定,对于超过机动车交通事故责任强制保险各分项赔偿限额以上的部分负责赔偿。其中:

(1)被保险人或其允许的合格驾驶人在使用保险车辆过程中的含义与车损险条款相同。

(2)意外事故是指不是行为人出于故意,而是行为人不可预见的以及不可抗拒的并造成人员伤亡或财产损失的突发事件。

(3)人身伤亡是指人的身体受伤害或人的生命终止。

(4)财产直接损毁是指保险车辆发生意外事故,直接造成事故现场他人现有财产的实际损毁。

(5)依法应由被保险人支付的赔偿金额是指依照有关法律(主要是道路交通安全法及民法)、法规(主要指交通事故处理规定及最高人民法院关于损害赔偿的司法解释)应当由被保险人支付的赔偿金额。

3.责任免除

1)不属于第三者范围的

保险车辆造成不属于第三者范围的人员伤亡或财产损毁,不论在法律上是否应当由被保险人承担赔偿责任,保险人均不负责赔偿:

(1)被保险人及其家庭成员的人身伤亡、所有或代管的财产的损失;

(2)被保险机动车本车驾驶人及其家庭成员的人身伤亡、所有或代管的财产的损失;

(3)被保险机动车本车上其他人员的人身伤亡或财产损失。

2)不保危险

三者险的不保风险基本与车损险的不保风险相同。具体包括:

(1)地震;

(2)战争、军事冲突、恐怖活动、暴乱、扣押、收缴、没收、政府征用;

(3)竞赛、测试、教练,在营业性维修、养护场所修理、养护期间;

(4)利用被保险机动车从事违法活动;

(5)驾驶人饮酒、吸食或注射毒品、被药物麻醉后使用被保险机动车;

(6)事故发生后,被保险人或其允许的驾驶人在未依法采取措施的情况下驾驶被保险机动车或者遗弃被保险机动车逃离事故现场,或故意破坏、伪造现场、毁灭证据;

(7)驾驶人有下列情形之一者:

①无驾驶证或驾驶证有效期已届满;

②驾驶的被保险机动车与驾驶证载明的准驾车型不符;

③实习期内驾驶公共汽车、营运客车或者载有爆炸物品、易燃易爆化学物品、剧毒或者放射性等危险物品的被保险机动车,实习期内驾驶的被保险机动车牵引挂车;

④持未按规定审验的驾驶证,以及在暂扣、扣留、吊销、注销驾驶证期间驾驶被保险机动车;

⑤使用各种专用机械车、特种车的人员无国家有关部门核发的有效操作证,驾驶营运客车的驾驶人无国家有关部门核发的有效资格证书;

⑥依照法律法规或公安机关交通管理部门有关规定不允许驾驶被保险机动车的其他情况下驾车。

(8)非被保险人允许的驾驶人使用被保险机动车;

(9)被保险机动车转让他人,未向保险人办理批改手续;

(10)除另有约定外,发生保险事故时被保险机动车无公安机关交通管理部门核发的行驶证或号牌,或未按规定检验或检验不合格;

(11)被保险机动车拖带未投保机动车交通事故责任强制保险的机动车(含挂车)或被未投保机动车交通事故责任强制保险的其他机动车拖带。

保险车辆拖带车辆(含挂车)或其他拖带物,二者当中至少有一个未投保第三者责任险。无论是保险车辆拖带未保险车辆,还是未保险车辆拖带保险车辆,都属于保险车辆增加危险程度,超出了保险责任正常所承担的范围,故由此产生的任何损失,保险人不予赔偿(公安交通管理部门的清障车拖带障碍车不在此列)。但拖带车辆和被拖带车辆均投保了车辆损失险的,发生车辆损失险责任范围内的损失时,保险人应对车辆损失部分负赔偿责任。

3)不保的损失

(1)间接损失。被保险机动车发生意外事故,致使第三者停业、停驶、停电、停水、停气、停产、通讯或者网络中断、数据丢失、电压变化等造成的损失以及其他各种间接损失,保险人不负责赔偿。

(2)精神损害赔偿。精神损害赔偿指因保险事故引起的、无论是否依法应由被保险人承担的任何有关精神损害的赔偿。

(3)因污染(含放射性污染)造成的损失。

(4)第三者财产因市场价格变动造成的贬值、修理后价值降低引起的损失。

(5)被保险机动车被盗窃、抢劫、抢夺期间造成第三者人身伤亡或财产损失。

(6)被保险人或驾驶人的故意行为造成的损失。

(7)应当由机动车交通事故责任强制保险赔偿的损失和费用,保险人不负责赔偿。

保险事故发生时,被保险机动车未投保机动车交通事故责任强制保险或机动车交通事故责任强制保险合同已经失效的,对于机动车交通事故责任强制保险各分项赔偿限额以内的损失和费用,保险人不负责赔偿。

(8)根据条款规定,保险人不负责免赔部分的费用。免赔部分是保险人与被保险人在保险合同中约定的不予负责赔偿的部分。约定免赔的目的是提高被保险人的责任心,避免被保险人因购买了机动车辆保险而产生心理风险。

(9)其他不属于保险责任范围内的损失和费用。凡不属于三者险保险责任范围的损失和费用,在责任免除部分又没有明确列明的,都是其他不属于保险责任范围内的损失和费用,对此保险人不负责赔偿。

4.免赔率

保险人在依据本保险合同约定计算赔款的基础上,在保险单载明的责任限额内,按下列免赔率免赔:

(1)负次要事故责任的免赔率为5%,负同等事故责任的免赔率为10%,负主要事故责任的免赔率为15%,负全部事故责任的免赔率为20%;

(2)违反安全装载规定的,增加免赔率10%;

(3)投保时指定驾驶人,保险事故发生时为非指定驾驶人使用被保险机动车的,增加免

赔率10%;

(4)投保时约定行驶区域,保险事故发生在约定行驶区域以外的,增加免赔率10%。

第十条 其他不属于保险责任范围内的损失和费用。

5.责任限额

目前我国三者险采取责任限额方式。责任限额是保险人计收保险费的依据,也是承担每次三者险事故赔偿的最高额度。三者险的最高额度分为5万元、10万元、15万元、20万元、30万元、50万元、100万元等档次。责任限额由投保人和保险人在签订保险合同时协商确定。

6.赔偿处理

1)赔偿金额计算

赔偿金额计算按照道路交通事故处理和人身损害赔偿的相关规定,扣除交强险的分项赔偿限额后,在保险单载明的责任限额内核定赔偿金额。具体如下。

当被保险人应付的赔偿金额超过责任限额时:赔款 = 责任限额 × (1 - 免赔率)

当被保险人应付的赔偿金额低于责任限额时:赔款 = 应负赔偿金额 × (1 - 免赔率)

【例3-5】:甲车投保三者险保险金额为10万元,乙车投保三者险保险金额为20万元,两车相撞,甲车车辆损失5万元,车上货物损失2万元,出险时车辆实际价值14万元。乙车车辆全损(保险金额20万元),车上货物损失7万元,驾驶员受伤医疗费用3万元,出险时车辆实际价值20万元。经交通管理部门裁定,甲车负70%责任,乙车负30%责任。请问两车保险公司各应赔偿多少赔款?(适用人保条款)

解:对三者险。

①甲车对乙车应付责任 = 乙车损失 × 甲车承担的责任比例 = (20 + 7 + 3) × 70%
$$= 21 万元 > 限额 10 万元$$

所以应付赔款为10万元

赔款 = 10 × (1 - 15%) = 8.5万元

②乙车对甲车应付责任 = 甲车损失 × 乙车承担的责任比例 = (5 + 2) × 30%
$$= 2.1 万元 < 限额 20 万元$$

所以应付赔款为2.1万元

赔款 = 2.1 × (1 - 5%) = 1.995万元

容易犯的错误是直接列式:甲车赔款 = (20 + 7 + 3) × 70% × (1 - 15%) = 17.85万元
乙车赔款 = (5 + 2) × 30% × (1 - 5%) = 1.995万元

2)合同终止的条件

三者责任险的保险责任为连续责任。保险车辆发生第三者责任保险事故,保险人赔偿后,每次事故无论赔款是否达到责任限额,在保险期内,第三者责任的保险责任都仍然有效,直至保险期满。

3)其他

三者责任险中免赔率规定、残值的处理、责任比例确定、修复方式、代为追偿、重复保险的赔偿等内容基本同于车损险部分的规定。

7.其他

关于三者险的保险期限、合同双方的义务、保险费调整、合同变更、解除、争议处理等内容同于车损险的规定。

本 章 小 结

1. 机动车交通事故责任强制保险的特征:强制性、不可选择性、以第三方利益具有基本保障性、以无过失责任为基础、公益性。

2. 机动车交通事故责任强制保险和商业三者险的区别:设立依据和目的不同、赔偿原则不同、保障范围不同、强制性、经营原则、责任限额等方面不同。

3. 交强险条款制定的法律依据主要是《中华人民共和国道路交通安全法》《中华人民共和国保险法》《机动车交通事故责任强制保险条例》等法律、行政法规。

4. 交强险合同的组成包括交强险条款、投保单、保险单、批单和特别约定等。

5. 交强险费率按照中国保监会批准的费率执行,同时实行与被保险机动车道路交通安全违法行为、交通事故记录相联系的浮动机制。

6. 责任限额是指被保险机动车发生交通事故,保险人对每次保险事故所有受害人的人身伤亡和财产损失所承担的最高赔偿金额。

责任限额分为死亡伤残赔偿限额、医疗费用赔偿限额、财产损失赔偿限额以及被保险人在道路交通事故中无责任的赔偿限额。其中无责任的赔偿限额分为无责任死亡伤残赔偿限额、无责任医疗费用赔偿限额以及无责任财产损失赔偿限额。

7. 机动车交通事故责任强制保险保险责任成立的条件:一是被保险机动车在中华人民共和国境内使用;二是发生交通事故;三是造成受害人的人身或财产损失;四是依法应当由被保险人承担损害赔偿责任。

8. 对于垫付的抢救费用,保险人有权向致害人追偿的四种情形为:①驾驶人未取得驾驶资格的;②驾驶人醉酒的;③被保险机动车被盗抢期间肇事的;④被保险人故意制造交通事故的。

9. 交强险责任免除:因受害人故意造成的交通事故的损失;被保险人所有的财产及被保险机动车上的财产遭受的损失(第二者财产);间接损失;因交通事故产生的仲裁或者诉讼费用以及其他相关费用。

10. 以下四种情形下,投保人可以投保1年以内的短期交强险:一是境外机动车临时入境的;二是机动车临时上道路行驶的;三是机动车距规定的报废期限不足1年的;四是保监会规定的其他情形。

11. 投保人可以要求解除交强险合同:被保险机动车被依法注销登记的;保险机动车办理停驶的;被保险机动车经公安机关证实丢失的。

12. 互碰自赔,即对事故各方均有责任,各方车辆损失均在交强险有责任财产损失赔偿限额2000元以内,不涉及人伤和车外财产损失的交通事故,可由各自保险公司直接对车辆进行查勘、定损。

13. 交强险互碰自赔的条件:多车互碰;有交强险;只有车损;不超2000元;都有责任;各方同意都同意采用"互碰自赔"。

14. 车损险保险责任:碰撞、倾覆、坠落;火灾、爆炸;外界物体坠落、倒塌;暴风、龙卷风;雷击、雹灾、暴雨、洪水、海啸;地陷、冰陷、崖崩、雪崩、泥石流、滑坡;载运被保险机动车的渡船遭受自然灾害(只限于驾驶人随船的情形)。

15.施救费用是指发生保险责任范围内的灾害或事故时,为减少和避免保险车辆的损失所实施的抢救行为而产生的费用。

16.不保危险:地震;战争、军事冲突、恐怖活动、暴乱;扣押、收缴、没收、政府征用;竞赛、测试;在营业性场所修理、养护期间;利用保险车辆从事违法活动;驾驶人饮酒、吸食或注射毒品、被药物麻醉后使用保险车辆;保险车辆肇事逃逸;驾驶人无有效驾驶证;非被保险人允许的驾驶人使用被保险机动车;保险车辆不具备有效行驶证件。

17.不保的损失:自然磨损、朽蚀、故障;车轮单独损坏;玻璃单独破碎;无明显碰撞痕迹的车身划痕;人工直接供油、高温烘烤造成的损失;自燃以及不明原因引起火灾造成的损失。

18.车辆损失险的保险金额由投保人和保险人从下列3种方式中选择协商确定:按投保时保险车辆的新车购置价确定;按投保时保险车辆的实际价值确定;在投保时保险车辆的新车购置价内,由投保人与保险人协商确定。

19.车损险赔偿金额的确定:按投保时被保险机动车的新车购置价确定保险金额的;按投保时被保险机动车的实际价值确定保险金额或协商确定保险金额的。

20.第三者责任险责任限额分为5万元、10万元、15万元、20万元、30万元、50万元、100万元等档次。责任限额由投保人和保险人在签订保险合同时协商确定。

21.当被保险人应付的赔偿金额超过责任限额时:赔款 = 责任限额 × (1 - 免赔率)
当被保险人应付的赔偿金额低于责任限额时:赔款 = 应负赔偿金额 × (1 - 免赔率)

复习思考题

1.机动车交通事故责任强制保险承担哪些保险责任?

2.机动车损失保险承担哪些保险责任(以A款为例)?责任免除是什么?

3.机动车损失险的保险金额如何确定?

4.机动车第三者责任保险的责任免除是什么?

5.机动车交通事故责任强制保险与商业三者险的区别是什么?

6.买了自燃险,车辆着火了,就一定能得到赔偿吗?分析说明。

拓展知识点

1.机动车交通事故责任强制保险条款。

2.家庭自用汽车损失保险条款。

3.第三者责任险保险条款。

学习资源

1.中国保险网 http://www.china-insurance.com.

2.中国保险监督管理委员会 http://www.circ.gov.cn/web/site0.

3.中国保险行业协会 http://www.iachina.cn/.

第四章　汽车保险承保

教学要点

知 识 要 点	掌 握 程 度	相 关 知 识
汽车保险的展业	熟悉汽车保险承保的流程； 了解汽车保险方案制订的原则和内容	汽车保险承保流程； 汽车保险方案制订的原则； 汽车保险方案制订的内容
汽车保险的投保	了解投保单的告知内容； 掌握车辆检查的重点检查内容； 了解投保单的填写内容	投保单； 车辆检查； 投保单的填写
汽车保险的核保	掌握汽车保险核保程序	汽车保险核保程序
缮制与签发单证	掌握汽车保险办理批改手续的条件； 掌握汽车保险批改作业的主要内容； 掌握汽车保险退保的原因和条件； 熟悉汽车保险单证的管理环节	汽车保险批改手续的条件； 汽车保险批改作业的主要内容； 汽车保险退保的原因和条件； 汽车保险单证的管理环节

第一节 汽车保险的展业

一、汽车保险承保流程

汽车承保是指投保人提出投保请求,保险人经审核认为符合承保条件,即同意接受投保人申请,承担保险合同规定的保险责任的行为。

汽车保险承保工作的流程具体包括以下步骤:

(1)保险人向投保人介绍条款、履行明确说明业务。

(2)协助投保人计算保险费、制订保险方案。

(3)提醒投保人履行如实告知业务。

(4)投保人填写投保单。

(5)业务人员验车、验证,确保保险标的真实性。

(6)将投保信息录入业务系统(系统产生投保单号),复核后利用网络提交核保人员核保。

(7)核保人员根据公司核保规定,并通过网络将核保意见反馈给承包公司,核保通过时,业务人员收取保费、出具保险单,需要送单的由送单人员递送保险单及相关单证。

(8)承保完成后,进行数据处理和客服人员进行客户回访。

整个流程图如图4-1所示。

在保险合同有效期内,如果保险标的的所有权改变,或者投保人因某种原因需要更改或取消保险合同,则需进行批改作业。

保险合同接近期满时,保险人会征询投保人意愿,是否继续办理保险事宜,即续保。

因此,一个完整的承保流程由六个环节组成,即展业——投保——核保——签发单证——批改——续保。其核心环节为:投保——核保——签发单证。

二、汽车保险展业

保险展业是保险公司进行市场营销的过程,即向客户提供保险商品的服务,保险展业工作如何,直接影响保险人的业务经营量。从事保险展业的人员可以是保险公司员工,也可以是中介机构的代理人或经纪人。

1.保险展业准备

业务人员进行展业活动前,必须作好各项准备:

1)理论知识

(1)了解《保险法》《合同法》等与汽车保险、交通事故处理、汽车管理等方面相关的知识,为开展汽车保险业务有关的法律、法规、政策规定以及本公司对车辆保险经营管理的规定和要求。

(2)掌握保险的基本原理、保险相关知识及实务操作规程等业务知识。

(3)掌握汽车产品和市场营销知识。

(4)熟悉保险公司和本公司的保险产品。

2)市场情况

向投保人介绍条款、履行明确说明义务

试算保险费、设计承保方案

方式1：投保人手工填写投保单

方式2：在系统录入投保信息

验车、验证、初审及审核

打印投保单，投保人签字

录入投保信息

验车、验证、初审及复核

复核后提交承保中心核保或进行本地核保

超权限和特殊保单通过同级车险部门按权限报上级核保

核保通过

核保未通过时，反馈核保意见

承保公司收取保费、签发保单

数据处理、归档

客户服务中心进行回访

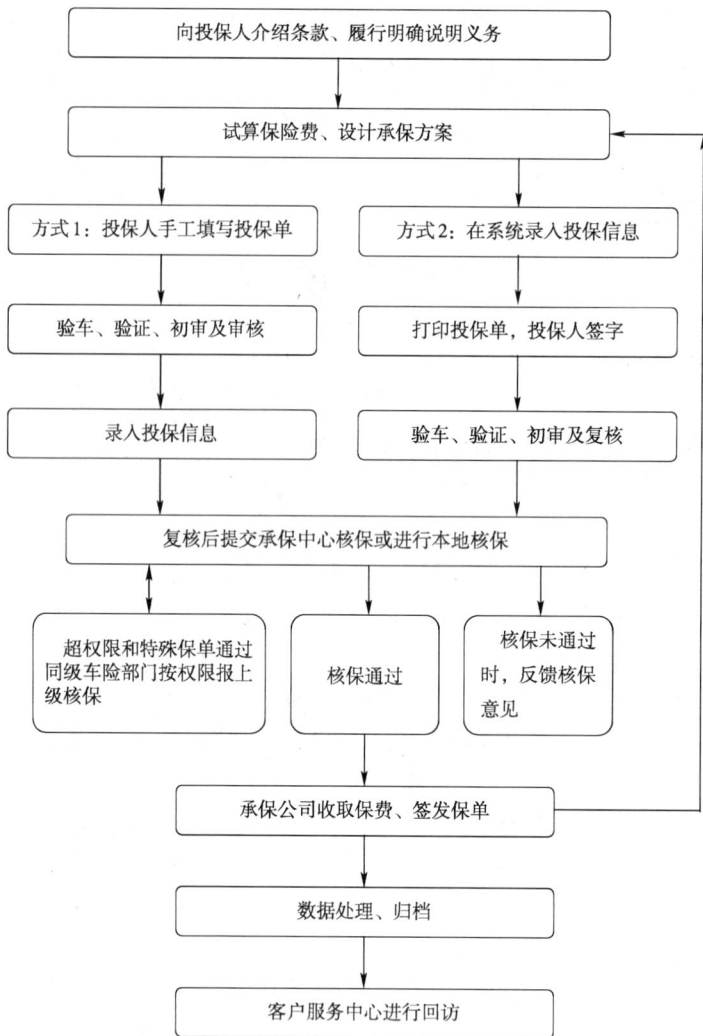

图4-1 汽车保险承保工作流程图

（1）熟悉保险市场经营的宏观环境和本公司的经营状况。

（2）了解汽车市场动态，熟悉本地区汽车保有量，新增汽车数量、类型、保险事故发生的频率、规律及赔付情况等。

（3）掌握本地区企业车辆数量、车型和用途、车辆状况、驾驶人员素质、运输对象（货物/人员）、车辆管理部门以及这些车辆的承保公司、投保险种、投保金额、保险期限和评赔付率等。

（4）了解同行业的保险市场的经营情况。

3）制定展业计划和目标

（1）制定月、季、年度展业计划，确定展业目标、展业重点、定期分析展业情况，合理安排展业时间。展业计划应符合实际，目标要明确。

（2）做好续保工作。

2. 开展保险宣传

保险宣传对于保险业务的顺利展开和增强国民的保险意识具有重要的作用。

保险宣传的方式多种多样,如广告宣传、召开座谈会、电台和报刊播放或登载保险知识系列讲座、印发宣传材料等。

3. 提升展业绩效

提升展业绩效的渠道:

(1)努力提高业务人员素质;

(2)广设代理机构,建立广阔的服务网络;

(3)充分发挥经纪人作用,积极开展大型客户业务、跨地区业务;

(4)制定保险方案;

(5)开展保险宣传。

4. 制订保险方案

由于投保人所面临的风险概率、风险程度不同,因而对保险的需求也各不相同,这需要展业人员为投保人设计最佳的投保方案。

提供完善的保险方案也是保险人加大保险产品内涵,提高保险公司服务水平的重要标志。

1)保险方案制订原则

(1)充分保障原则指保险方案的制订应建立在对投保人的风险进行充分和专业评估的基础上,制订相应的保险保障方案,目的是通过保险的途径最大限度地分散投保人的风险。

(2)公平合理原则指保险人或代理人在制订保险方案的过程中应贯彻公平合理的精神。所谓合理性就是要确保提供的保障是适用和必要的,防止提供不必要的保障。所谓公平主要应体现在价格方面,包括与价格有关的赔偿标准和免赔率的确定,既要合法,又要符合价值规律。

(3)充分披露原则指保险人在制订保险方案的过程中应根据最大诚信原则,如实告知,特别是可能产生对投保人不利的规定要详细告知。

2)保险方案制订的主要内容

(1)保险人情况介绍;

(2)投保标的风险评估;

(3)保险方案的总体建议;

(4)保险条款以及解释;

(5)保险金额和赔偿限额的确定;

(6)免赔额以及适用情况;

(7)赔偿处理的程序以及要求;

(8)服务体系以及承诺;

(9)相关附件。

第二节　汽车保险的投保

一、投保单

投保人向保险人表示缔结保险合同的意愿,即为投保。因保险合同的要约一般要求为书面形式,所以汽车保险的投保需要填写投保单。

投保单是投保人向保险人要约的意思表示的书面文件,也是投保人要求投保的书面凭证。保险人接受了投保单,投保单就成为保险合同的要件之一。

投保时,保险人需要履行告知义务,其告知内容主要包括:

(1)依据保险法和机动车辆保险条款以及保监会的有关要求,向投保人告知保险险种的保障范围,特别要明示责任免除及被保险人义务等条款内容。

(2)对车辆基本险和附加险条款解释产生异议时,特别是对保险责任免除部分的异议,应通过书面或其他方式给予明确说明,当保险条款发生变更时,应及时地明确说明。

(3)应主动提醒投保人履行告知义务,尤其是对涉及保险人是否同意承保,承保时的特别约定,可能的费率变化等情况要如实告知,不能为了争取保险业务故意误导投保人。

二、车辆检验

各保险公司对此规定不一,有的将车辆检验过程与投保单填写工作同时进行,属于承保的实务。有的则将其放在核保阶段与查验车辆一起进行。

1)车辆行驶证检验

投保时应检验车辆行驶证或临时牌照是否与投保标的相符,车辆是否为已经办理有效年检的车辆,核实投保车辆的使用性质和车辆初次登记日期等。

2)车辆检验

投保时要重点检验下述车辆:

(1)首次投保的车辆。

(2)未按期投保标的的车辆。

(3)在投保第三者责任险后,又申请加保车辆损失险的车辆。

(4)申请增加投保附加险,如盗抢险、自燃损失险及玻璃单独破碎险的车辆。

(5)使用年限较长且接近报废年限的车辆。

(6)特种车辆。

(7)发生重大交通事故后修复的车辆。

车辆检验时应重点检验车辆的牌照号码、发动机号码和车架号是否与车辆行驶证的记录一致,车辆技术状况是否适合运行,消防装备配备是否齐全。投保盗抢险的汽车要拓印车架和发动机号码并将其附在保险单的证明,或拓印牌照留底并将照片贴在保险单背面,查验保险汽车是否装有防盗装置等。

三、投保单的填写

汽车保险投保单如表4-1所示。

投保单的内容包括投保人、被保险人的基本情况;保险车辆和驾驶员的基本情况;投保险种;保险金额;保险期限等内容。

1. 投保人的基本情况

投保人指投保单位或个人的称谓,是保险合同不可缺少的当事人。如果投保人为自己投保,保险合同签订后,投保人即成为被保险人。投保人除了应当具有相应的权利能力和行为能力,对保险标的还必须具有保险利益,因此投保人应在投保单上填写自己的姓名,以便保险人核实其资格,避免出现保险纠纷。

汽车保险投保单   表4-1

投保情况	投保情况	□新保　□续保		上年投保公司		
	上年保单号			到期时间		
被保险人	被保险人			身份证号码		
	通讯地址			邮政编码		
	联系人			联系电话		E-mail
投保车辆情况	车牌号码		境外号牌		号牌底色	
	厂牌型号		车辆种类		车架号	
	发动机号		排气量(升)		车辆颜色	
	VIN码		座位/吨位		初登日期	
	使用性质	□营业　□非营业		防盗装置	□电子防盗装置□机械防盗装置□无	
	所属性质	□机关　□企业　□个人		固定车位	□有□无　驾驶人数　□单人□多人	
	形势区域	□省内　□国内　□出入港澳		安全装置	□安全气囊□ABS系统□无安全装置	
主驾驶人资料	姓名：　　　性别：□男　□女　婚姻情况：□已婚　□未婚　初领驾驶证时间　　年月日 身份证号码：　　　　　　　　　出生时间： 近三年肇事记录：□无□一次□二次□三次及以上　　违章记录：□无□一次□二次□三次及以上					
副驾驶人资料	姓名：　　　性别：□男　□女　婚姻情况：□已婚　□未婚　初领驾驶证时间　　年月日 身份证号码：　　　　　　　　　出生时间： 近三年肇事记录：□无□一次□二次□三次及以上　　违章记录：□无□一次□二次□三次及以上					

基本险	车辆损失险				第三者责任险		
	新车购置价	保险金额	费率	保险费小计	赔偿限额	保险费小计	
	驾驶员座位责任险				乘客座位责任险		
	赔偿限额		保险费小计		赔偿限额：　　万元/座	保险费：	

附加险	险　别	保险金额（赔偿限额）	费率	保险费小计
	全车盗抢险			
	前后风窗玻璃单独爆裂险			
	无过错损失补偿险			
	不计免赔率特约险			
	自然损失险			
	新增设备损失险			
	承运货物责任险			
	免税车辆关税责任险			
	代步车费用险			
	全车盗抢附加高尔夫球具盗窃险			
	他人恶意行为损失险			
	交通事故精神损害赔偿险			

保险期限：共　　个月　自　　年　月　日零时起至　　年　月　日二十四时止

特别约定：

2.被保险人的基本情况

被保险人是指其财产或者人身受保险合同保障,享有保险金请求权的人。一方面被保险人必须是保险事故发生时遭受损失的人,即受保障的人;另一方面被保险人必须是有保险金请求权的人。因此投保单上必须注明被保险人的姓名。

3.保险车辆的基本情况

1)号牌号码

填写车辆管理机关核发的好牌、号码并注明底色,此号码应与车辆行驶证的好牌、号码一致;新购置的车辆在未领取牌照时也可以使用发动机号或车架号(VIN 号)进行保险,但申请牌照后应及时通知保险公司。

2)厂牌型号

此处应填写厂牌名称与车辆型号,如解放 CA141。

3)发动机号及车架号

发动机号和车架号是生产商在车辆发动机上和车架上打印的号码,可根据车辆行驶证填写;对于有 VIN 的车辆,应以 VIN 代替车架号。

4)车辆种类

按照车辆行驶证上注明的车辆种类填写。

5)座位/吨位

根据车辆行驶证注明的座位和吨位填写。客车填座位,货车填吨位,客货两用车填写座位/吨位。如 BJ630 客车填"16/"、解放 CA141 货车填"/5"、丰田 DYNA 客货两用车填写"5/1.75"。

6)初次登记年月

因初次登记年月是理赔时确定保险车辆实际价值的重要依据,所以应按照车辆管理部门合法的车辆行驶证上的"登记日期"填写。

7)使用性质

根据保险机动车的使用情况,使用性质分为自用、营业与非营业三类。

8)所属性质

根据保险车辆的所有权,按照机关、企业、个人三类填写保险机动车的所属性质。

9)车辆颜色

车辆颜色应于车辆行驶证上的车辆照片颜色一致。

10)保险金额和赔偿限额

保险金额和赔偿限额应该按照我国《机动车辆保险条款》的规定要求填写。

11)车辆总数

填写投保单及其附表所列的投保车辆的总数。

12)保险期限

保险合同的起止时间通常为一年。投保人也可以根据实际情况选择投保短期保险,但应征得保险人同意,由双方协商确定保险期限。

13)特别约定

对于保险合同的未尽事宜,保险人于投保人协商后,在特别约定栏目注明。约定事项应简练、清楚,约定内容不能与法律相抵触,否则约定则无效。如为杜绝被保险人在发生责任保险索取赔款后要求退保,可以在特别约定栏内注明:"各种责任保险被保险人在保险期限内获得赔款后不得中途退保"等字样。

14)投保人签章

投保人在对投保单所填写的各项内容核对无误并对责任免除和被保险人义务明示理解后,须在"投保人签章"处签章并填写日期。

我国现行的机动车保险以从车费率模式为主,投保单没有要求填具驾驶员基本情况的内容。采用从人费率模式的机动车保,投保单需要提供驾驶员的分布情况,如驾驶员的住址、性别、年龄与婚姻状况、驾龄、违章情况等,这是确定保险费的重要依据。

第三节　汽车保险的核保

保险人在承保时必须经过核保过程。核保是指保险人在承保前,对保险标的的各种风险情况加以审核与评估,从而决定是否承保、承保条件与保险费率的过程。

核保工作原则上采取两级核保体制。先有展业人员、保险经纪人、保险代理人进行初步核保;然后由核保人员复核决定是否承保、承保条件及保险费率等。因此,核保实务包括审核保险单、查验车辆、核定保险费率、计算保险费、核保等必要程序。

一、审核投保单与查验车辆

1.审查投保单

首先审核投保单所填写的各项内容是否完整、清楚、准确。

2.验证

结合投保车辆的有关证明,如车辆行驶证、介绍信等,进行详细审核。首先检查投保人称谓与其签章是否一致。如果投保人称谓与投保车辆的行驶证标明的不符,投保人需要提供其对投保车辆拥有可保利益的书面证明。其次,检验投保车辆的行驶证是否与保险标的相符,投保车辆是否年检合格。合适投保车辆的合法性,确定其使用性质。检验车辆的牌照号码、发动机号码是否与行驶证一致等。

3.查验车辆

根据投保单、投保单附表和车辆行驶证,对投保车辆进行实际查验。查验时应对重点车辆进行重点检查。

1)重点车辆

首次投保的车辆;未按期续保的车辆;投保第三者责任险后,又加保车损险的车辆;申请增加附加险的车辆;接近报废的车辆;特种车辆;重大事故后修复的车辆。

2)重点检查

(1)车辆牌照、车型、发动机号、车架号、颜色是否与车辆行驶证一致——→避免拼装车;

(2)车辆是否有效年检——→避免报废车或不合格车;

(3)车辆的设备齐全性(消防配备、防盗装置等)——→控制风险;

(4)车辆技术状况 ——————

(5)车辆有无受损 ——————————————→ 确定车辆的新旧程度;

(6)车辆操纵安全性:转向、制动、灯光、喇叭、刮水器等。

根据检验结果,确定整车的新旧程度。对于私有车辆一般需要填具验车单,附于保险单副本上。

二、核定保险费率

机动车辆的保险费率应根据投保单上所列的车辆情况,根据所投保保险公司的机动车辆保险费率表及有关规定,确定投保车辆的保险费率。下面以中国人民保险公司的机动车辆为例。

1.车辆的使用性质

车辆按使用性质分为家庭自用车、非营业车辆与营业车辆,对于兼有两类使用性质的车辆,按高档费率计费。

2.车辆种类

车辆种类分为客车、货车、挂车、专用车辆、摩托车、拖拉机等。

1)客车

客车的座位(包括驾驶员座位)以公安交通管理部门核发的机动车行驶证载明的座位为准,不足标准座位的客车按同型号客车的标准座位计算。

2)货车

所有通用载货车辆、厢式货车、集装箱牵引车、电瓶运输车、简易农用车、装有起重机械但以载货为主的起重运输车等,均按其载重量分档计费。客货两用车按客车或火车中相应的高档费率计算。

3)挂车

挂车指没有机动性能,需用机动车拖带的载货车、平板车、专用机械设备车、超长悬架车等。

4)特种车辆

特种车辆分四类:

特种车一:油罐车、汽罐车、液罐车、冷藏车;

特种车二:用于牵引、清障、清扫、清洁、起重、装卸、升降、搅拌、挖掘、推土等的各种轮式专用车辆;

特种车三:装有固定专用仪器设备从事专业工作的监测、消防、医疗、电视转播的各种轮式专用车辆;

特种车四:集装箱拖头。

5)摩托车

适用于二轮、三轮、轻便及残疾人专用三轮电动车等各类摩托车。保费按排量分两档。

3.年费率、月费率与日费率使用标准

(1)机动车辆保险基本险费率表和机动车辆保险附加险费率表适用于保险期限为一年

保险费率计算。

（2）投保时,保险期限不足一年的按短期月费率计收保险费,保险期限不足一个月按整月计算。短期月费率如表4-2。

短期月费率 表4-2

保险期限	1	2	3	4	5	6	7	8	9	10	11	12
短期月费率(%)	10	20	30	40	50	60	70	80	85	90	95	100

4.计算保费

1）一年期保险费计算

一年期保险费按费率表查定的费率及相应的固定保费计算,其计算方法详见第二章第三节。

2）短期保险费计算

（1）按日计算保费:适用于已参加保险的被保险人新增车辆投保或同一保险车辆增加其他险种,为统一终止日期而签订的短期保险合同。其计算方法为:短期保险费 = 年保费 × 保险天数/365。

（2）按月计算保费:适用于根据被保险人要求签订的短期保险合同,短期保险的费率根据短期费率表确定,保险期限不足整月的按整月计算。其计算方法为:短期保险费 = 年保费 × 短期费率。

5.核保

计算保险费工作完成后,应进行核保。

1）本级核保

（1）审核保险单是否按照规定内容与要求填写,有无错漏,审核保险价值与保险金额是否合理。对不符合要求的,推给业务人员指导投保人进行相应的更正。

（2）审核业务人员或代理人是否验证和查验车辆,是否按照要求向投保人履行了告知义务,对特别约定的事项是否在特约栏内注明。

（3）审核费率标准和计收保险费是否正确。

（4）对于高保额和投保盗抢险的车辆,审核有关证件、实际情况是否与投保单填写一致,是否按照规定拓印牌照存档。

（5）对高发事故和风险集中的投保单位提出限制性承保条件。

（6）对费率表中没有列明的车辆,包括高档车辆和其他专用车辆,视风险情况提出厘定费率的意见。

（7）审核其他相关情况。核保完毕后,核保人应在投保单上签署意见。对超出本级核保权限的,应上报上级公司核保。

2）上级核保

上级公司接到请示公司的核保申请以后,应有重点地开展核保工作。

（1）根据掌握的情况考虑可否接受投保人投保。

（2）接受投保的险种、保险金额、赔偿限额是否需要限制与调整。

（3）是否需要增加特别的约定。

(4)协议投保的内容是否准确、完善,是否符合保险监管部门的有关规定。

上级公司核保完毕后,应签署明确的意见并立即返回请示公司。

核保工作结束后,核保人将投保单、核保意见一并转业务内勤据以缮制保险单证。

第四节　缮制与签发单证

一、缮制保险单

业务内勤接到投保单及其附表以后,根据核保人员签署的意见,即可开展缮制保险单工作。

保险单原则上应由计算机出具,暂无计算机设备而只能由手工出具的营业单位,必须得到上级公司的书面同意。

计算机制单的,将投保单有关内容输入到保险单对应栏目内,在保险单"被保险人"和"厂牌型号"栏内登录统一规定的代码。录入完毕检查无误后,打印出保险单。

保险单缮制完毕后,制单人应将保险单、投保单及其附表一起送复核人员复核。

二、复核保险单

复核人员接到保险单、投保单及其附表后,应认真对照复核。复核无误后,复核人员在保险单复核处签章。

三、收取保险费

收费人员经复核保险单无误后,向投保人核收保险费,并签字盖章。

只有被保险人按照约定交纳了保险费,该保险单才能产生效力。

四、签发保险单证

机动车保险合同实行一车一单(保险单)和一车一证(保险证)制度。

签发单证时,交由被保险人收执保存的单证有保险单正本、保险费收据、机动车保险证。

对已经同时投保车辆损失险、第三者责任险、车上人员责任险、不计免赔特约险的投保人还应签发事故伤员抢救费用担保卡,并做好登记。

五、保险单证的清分与归档

对投保单及其附表、保险单及其附表、保险费收据、保险证,应由业务人员清理归类。

(1)财务人员留存的单证:保险费收据、保险单副本。

(2)业务部分留存的单证:保险单副本、投保单及其附表、保险费收据。

留存业务部门的单证,应由专管人员管理并及时整理、装订、归档。每套承保单证应按照保费收据、保险单副本、投保单及其附表、其他材料的顺序整理,按照保险单流水号码顺序装订成册,并在规定时间内移交档案部分归档。

第五节 续保与批改

一、续保

保险期满后,投保人在同一保险人处重新办理保险机动车的保险事宜称为续保。机动车保险业务中有相当大的比例是续保业务,做好续保业务对巩固保险业务来源十分重要。

二、批改

在保险单签发以后因保险单或保险凭证需要进行修改或增删时所签发的一种书面证明称为批单,也成背书。批改作业的结果通常由这种批单表示。

1. 办理批改手续的条件

根据现行的《机动车辆保险条款》,以下三种情况下车险保单需要办理批改手续:

(1)保险车辆转卖、转让、赠送他人。

在保险合同有效期内,保险车辆合法转卖、转让、赠送他人,应当事先通知保险公司。在向公安交通管理部门办理异动手续后,应向保险公司申请办理批改被保险人称谓。

(2)变更用途。

在保险合同有效期内,保险车辆改变使用性质或改装变形,应事先通知保险公司,并申请批改车辆使用性质或车型。如果将以非营业性质投保车辆出租的,则视为该车辆已变更用途。

(3)增加危险程度。

指订立合同时由于未曾预见或未予估计可能增加的危险程度,直接影响到保险公司在承保当时决定是否加快保险费和接受承保。在保险合同有效期内,保险车辆危险程度增加,应事先书面通知保险公司,并申请办理批改,按规定补交保险费。

2. 批改作业的主要内容

批改作业的主要内容包括:

(1)保险金额增减。

(2)保险种类增减。

(3)变更车辆种类或厂牌型号。

(4)保险费变更。

(5)保险期间变更。

车辆险保单上的车辆牌照号码信息,是保险公司对车辆业务进行信息化管理的重要基础指标之一,由于未及时办理保险批改手续,会给客户带来一系列的不便。因为,无牌照车辆在发生保险事故后进行报案,保险公司不方便及时准确地查询到被保险人的信息;在理赔过程中,被保险人也不能够快捷准确查询到案件的理赔进度,甚至理赔工作还可能因此而大大延缓。这是因为车辆牌照具有唯一性,可以很快查询、落实客户信息。

此外,如果在一个保单年度内没有将车辆号牌及时告知保险公司进行批改,那么在车辆第二年进行续保时,客户只能够用新保或者转保程序进行承保,使得客户特别是未出险客户不能够享受更多的续保优惠。

三、退保

投保人于保险合同成立后,可以书面通知要求解除保险合同。保险公司在接到解除合同申请书之日起,接受退保申请,保险责任终止。

1. 汽车保险退保的原因

(1)汽车按规定报废。

(2)汽车转卖他人。

(3)反复保险,为同一辆汽车投保了两份相同的保险。

(4)对保险公司不满意,想换保险公司。

2. 汽车保险退保条件

汽车保险不是所有的车辆都能退保,必须切合下面的这些前提:

(1)车辆的保险单必须在有效期内。

(2)在保险单有效期内,该车辆没有向保险公司报案或索赔过可退保,从保险公司得到过补偿的车辆不可退保;仅向保险公司报案而未得到补偿的车辆也不可退保。

3. 汽车保险退保步骤

(1)向保险公司递交退保申请书写一份申请书,说明退保的缘故缘由以及从什么时间起头退保,签上字或盖上章,把它交给保险公司的营业办理部门。

(2)由保险公司营业办理部门出具退保批单保险公司根据退保声请书出具一份退保批单,上面写明退保时间及应退保费金额,同时收回您的汽车保险单。

(3)到保险公司财政部门领取应退保险费,拿退保批单以及身份证,到保险公司的财政部门领应退给的保险费。

保险公司计算应退保费是用投保时实缴的保险费金额,减去保险已生效的时间内保险公司应收取的保费,剩下的余额就是应退给您的保险费。计算公式如下:

$$应退保险费 = 实缴保险费 - 应收取保险费$$

退保的关键在于应收取保险费的计算。一般按月计算,保险每生效一个月,收10%的保险费,不足一个月的按一个月计算。

退保时被保险人所需要提供的证件如下所示。

(1)退保声请书:写明退保缘故缘由以及时间,车主是单位的需盖印。

(2)保险单:需要原件若保险单亡失,则需事前补办。

(3)保险费发票:一般需要原件,有时候复印件也可以。

(4)被保险人的身份证实:车主是单位的需要单位的营业执照;车主是个人的需要身份证。

四、保险单证的管理

保险单作为保险当事人双方合法权利的书面合同,对于保险双方当事人都非常重要。保险单的内容、质量及其管理对保证保险公司的稳定经营、防范风险具有极其重要的作用。机动车保险的单证大体分为两类:一类是正式的单证,包括投保单、保险单和批单;另一类是

相关的单证,包括保险证和急救担保卡或保险抢救卡。由于单证管理失控而引发的问题屡见不鲜,如截留和侵吞保费、利用单证违规担保等情况时有发生,给保险公司带来了严重的经济损失,为此应当重视和加强对保险单证的管理。

保险单证的管理贯穿于印刷、领用、核销和销毁四个环节。在管理过程中,应当注意各个环节的相互衔接,强化有关人员的责任,切实加强保险单证的管理工作。

(1)单证的印刷:单证的印刷是单证管理的基础。目前各保险公司独立设立保险条款,印刷保险单,应当加强对单证印制的管理。首先对付印的清样要认真校对,防止发生错误;其次防止单证从印刷厂丢失,严把验收和交接关;应对单证统一编号,便于集中管理。

(2)单证的领用:应建立完善的保险单证领用制度。单证的领用制度包括领用单证的审批、领用单证的登记。建立登记簿对保险单证的发放进行管理,对每一次领用的单证的名称、数量、号码、经办人进行记录。

(3)单证的核销:单证的核销包括单证使用的审核和单证的回收。对领用的单证进行复核检查,按标号对保单的去向进行跟踪;对作废的单证必须进行回收,防止外流。

单证作废主要有两种情况:一是在使用过程中,由于在单证的填写中出现错误,造成单证作废;另一种是单证改版,旧单证作废。

(4)单证的销毁:加强对回收单证的管理,对作废单证进行集中的销毁,并对销毁的单证进行登记记录。

本章小结

1.汽车承保是指投保人提出投保请求,保险人经审核认为符合承保条件,即同意接受投保人申请,承担保险合同规定的保险责任的行为。一个完整的承保流程由六个环节组成,即展业——投保——核保——签发单证——批改——续保。其核心环节为:投保——核保——签发单证。

2.保险方案制定原则:①充分保障原则;②公平合理原则;③充分披露原则。

3.保险方案制订的主要内容:①保险人情况介绍;②投保标的风险评估;③保险方案的总体建议;④保险条款以及解释;⑤保险金额和赔偿限额的确定;⑥免赔额以及适用情况;⑦赔偿处理的程序以及要求;⑧服务体系以及承诺;⑨相关附件。

4.投保单是投保人向保险人要约的意思表示的书面文件,也是投保人要求投保的书面凭证。保险人接受了投保单,投保单就成为保险合同的要件之一。

5.投保时重点检验的车辆:①首次投保的车辆;②未按期投保标的的车辆;③在投保第三者责任险后,又申请加保车辆损失险的车辆;④申请增加投保附加险,如盗抢险、自燃损失险及玻璃单独破碎险的车辆;⑤使用年限较长且接近报废年限的车辆;⑥特种车辆;⑦发生重大交通事故后修复的车辆。

6.车辆检验时应重点检验车辆的牌照号码、发动机号码和车架号是否与车辆行驶证的记录一致,车辆技术状况是否适合运行,消防装备配备是否齐全。投保盗抢险的汽车要拓印车架和发动机号码并将其附在保险单的证明,或拓印牌照留底并将照片贴在保险单背面,查验保险汽车是否装有防盗装置等。

7.投保单的内容包括投保人、被保险人的基本情况;保险车辆和驾驶员的基本情况;投保险种;保险金额;保险期限等内容。

8.保险人在承保时必须经过核保过程。核保是指保险人在承保前,对保险标的的各种风险情况加以审核与评估,从而决定是否承保、承保条件与保险费率的过程。

9.核保工作原则上采取两级核保体制。核保实务包括审核保险单、查验车辆、核定保险费率、计算保险费、核保等必要程序。

10.机动车保险合同实行一车一单(保险单)和一车一证(保险证)制度。

11.对投保单及其附表、保险单及其附表、保险费收据、保险证,应由业务人员清理归类。

12.保险期满后,投保人在同一保险人处重新办理保险机动车的保险事宜称为续保。机动车保险业务中有相当大的比例是续保业务,做好续保业务对巩固保险业务来源十分重要。

13.在保险单签发以后因保险单或保险凭证需要进行修改或增删时所签发的一种书面证明称为批单,也成背书。批改作业的结果通常由这种批单表示。

14.办理批改手续的条件:①保险车辆转卖、转让、赠送他人;②变更用途;③增加危险程度。

15.批改作业的主要内容包括:①保险金额增减;②保险种类增减;③变更车辆种类或厂牌型号;④保险费变更;⑤保险期间变更。

16.汽车保险退保的原因:①汽车按规定报废;②汽车转卖他人;③反复保险,为同一辆汽车投保了两份相同的保险;④对保险公司不满意,想换保险公司。

17.汽车保险退保条件:①车辆的保险单必须在有效期内。②在保险单有效期内,该车辆没有向保险公司报案或索赔过可退保,从保险公司得到过补偿的车辆不可退保;仅向保险公司报案而未得到补偿的车辆也不可退保。

18.保险公司应退保险费 = 实缴保险费 - 应收取保险费。

19.退保时被保险人所需要提供的证件:①退保声请书;②保险单;③保险费发票;④被保险人的身份证实。

20.保险单证的管理贯穿于印刷、领用、核销和销毁四个环节。

复习思考题

1.什么是汽车承保?汽车承保的业务流程包括哪些?

2.请简述汽车投保时应该重点检查哪些车辆?对重点车辆应做哪些重点检查?

3.什么是汽车核保?核保工作具体要求有哪些?

4.核保的程序有哪些?

5.汽车保险单证有哪些类型?保险单证应该怎样进行管理?

6.什么叫续保?如何办理续保手续?

7.什么叫批改?批改作业的主要内容有哪些?办理批改手续的条件有哪些?

8.汽车保险退保的原因和条件分别是什么?

拓展知识点

1.《中华人民共和国保险法》。

2.《中华人民共和国合同法》。

学习资源

1. 中国保险网 http://www.china-insurance.com.

2. 中国保险监督管理委员会 http://www.circ.gov.cn/web/site0.

3. 中国保险行业协会 http://www.iachina.cn/.

第五章　汽车保险理赔

教学目标

- 掌握汽车保险理赔的概念；
- 掌握汽车保险理赔的原则；
- 了解汽车保险的特点；
- 了解当前我国保险市场汽车理赔服务的模式及其利弊；
- 熟悉汽车保险理赔业务流程；
- 熟悉现场查勘流程；
- 熟悉现场查勘的工作内容；
- 熟悉现场查勘技术；
- 掌握碰撞接触点的判断依据；
- 掌握事故车辆的定损原则；
- 了解事故车辆的定损方法及定损程序；
- 理解定损人员在确定施救费用时应遵循的原则；
- 掌握车辆维修费用的组成；
- 理解碰撞对承载式车身和非承载式车身的影响；
- 掌握车身结构钣金件碰撞受损后修复与更换的判断原则；
- 掌握塑料件的修与换原则；
- 了解发动机托底的原因；
- 能对变速器托底案例进行分析；
- 掌握汽车保险理赔的计算方法；
- 熟悉汽车保险理赔的工作流程及主要内容。

教学要点

知 识 要 点	掌 握 程 度	相 关 知 识
汽车保险理赔概述	掌握汽车保险理赔的概念； 掌握汽车保险理赔的原则； 了解汽车保险的特点； 了解汽车保险理赔工作人员应具备的条件	汽车保险理赔的概念； 汽车保险理赔的原则； 汽车保险理赔的特点

续上表

知识要点	掌握程度	相关知识
汽车保险理赔的工作模式	了解国际成熟保险市场汽车保险理赔服务的模式及特点; 了解当前我国保险市场汽车理赔服务的模式及其利弊	国际成熟保险市场汽车保险理赔服务的模式及特点 我国保险市场汽车理赔服务的模式及其利弊
汽车保险理赔业务流程	熟悉汽车保险理赔业务流程	汽车保险理赔业务流程
汽车保险查勘	了解道路交通事故现场分类; 熟悉现场查勘流程; 熟悉现场查勘的工作内容; 熟悉现场查看技术; 理解碰撞接触点依据; 了解典型交通事故的现场查勘重点	道路交通事故现场分类 现场查勘流程; 现场查勘的工作内容; 现场查勘技术
汽车保险定损	掌握事故车辆的定损原则; 了解事故车辆的定损方法; 了解事故车辆定损程序; 理解定损人员在确定施救费用时应遵循以下原则; 掌握车辆维修费用的组成	事故车辆的定损原则; 事故车辆的定损方法; 车辆维修费用的组成
汽车碰撞定损	理解碰撞对承载式车身和非承载式车身的影响; 掌握车身结构钣金件碰撞受损后修复与更换的判断原则; 掌握塑料件的修与换原则; 了解发动机托底的原因; 能对变速器托底案例进行分析	碰撞对不同车身结构的影响; 车身零部件定损分析; 发动机定损分析; 底盘定损分析; 电气设备定损分析
汽车保险理赔	掌握汽车保险理赔的计算方法	汽车保险理赔计算
汽车保险核赔	熟悉汽车保险理赔的工作流程及主要内容	汽车保险理赔工作流程; 汽车保险理赔主要内容

第一节　汽车保险理赔概述

一、汽车保险理赔的概念、意义

1. 汽车保险理赔的概念

汽车保险理赔是指保险人或委托理赔代理人在其承保的保险车辆发生保险事故导致损失,被保险人或委托代理人提出索赔的请求后,根据保险合同条款的约定,审核保险责任、确定损失程度并处理保险理赔的法律行为。

汽车事故损失有的属于保险责任,有的属于非保险责任,即使属于保险责任,因多种因素制约,被保险人的损失不一定等于保险人的赔偿额,所以说,汽车保险理赔涉及保险合同双方的权利与义务的实现,是保险经营中的一项重要内容。

2. 汽车保险理赔的意义

保险理赔是保险人依照保险合同履行保险责任、被保险人享受保险权益的实现形式,当汽车保险合同所规定的事故发生后,保险人会接到被保险人在规定的时间内提交的报案索赔报告,就要按保险合同对其损失进行补偿。从而实现对被保险人生产和生活的保障,对维护投保人的利益,加强汽车保险经营与管理,提高保险企业的信誉与经营效益,维护社会安定,具有重要的意义。

1) 对被保险人进行经济补偿

汽车保险的基本职能是经济补偿。正是基于这种职能,被保险人通过与保险人签订汽车保险合同,交纳一定的保险费来转移自己可能遇到的风险。当被保险车辆在发生保险责任事故后,造成车辆损失、人员伤亡时,被保险人就会因产生经济损失向保险人索赔,保险人依据保险合同对被保险人的损失予以补偿,是保险人与被保险人责任、权益的体现;从而实现对被保险人生产和生活的保障,维护了社会的和谐安定;维护社会公平。

2) 检验承保质量,促进保险业务的开展

汽车保险理赔案件发生后,保险理赔的实施过程也是对汽车保险承保质量的检验过程,在这个过程中,保险人可以发现保险费率、赔付额度、保险金额是否恰当;承保手续、流程是否必要且高效便捷;从而促进保险企业的经营管理水平和经济效益的提高。

3) 提高汽车保险企业的竞争力

理赔工作是保险产品的售后服务环节,汽车保险理赔的服务过程的优劣,直接影响到保险公司在公众心目中的形象,同时也影响社会公众对其他财产保险的接受程度,也影响到保险企业在市场竞争中的地位与经济效益。

4) 促进汽车保险业的立法与执法水平

在汽车保险理赔过程中,可以通过具体案例,发现立法、执法过程中的不足,从而不断提高保险行业的立法、执法水平,使汽车保险行业越来越成熟。

二、汽车保险理赔的原则

为了提高汽车保险理赔工作质量,汽车保险理赔必须遵循如下原则:

1. 重合同、守信用原则

保险人同被保险人之间的保险关系,是通过保险合同建立起来的。保险人和被保险人权利和义务,在保险合同中均有明确阐述,在理赔过程中,要按合同的规定处理好每一件赔案。

2. 实事求是原则

在汽车保险合同中,虽已对保险事故发生后的经济赔偿责任做了较细致的规定,但在实际生活中发生的案件各种各样,比事先预料的复杂很多。加之投保人往往对汽车保险了解不多,认为投保后只要出险就得赔付。这就要求保险人在评估保险事故损失时实事求是,在赔偿出险事故时既不惜赔,也不滥赔。

3. 主动、迅速、准确、合理的原则

这一原则是衡量和检查机动车保险理赔工作质量标准,是根据我国保险企业多年来的理赔工作实践总结出来的指导原则。

"主动",就是要求理赔人员办理出险索赔案件要主动受理,不推诿;

"迅速"就是指接险后反应快,及时到出险现场,办理赔案不拖延时间,赔付及时;

"准确"就是要求保险人对损失案件勘查、定责定损以及赔款计算等,力求准确无误,不发生错赔或滥赔现象;

"合理"是指理赔人员根据保险合同规定和实事求是的原则,分清责任,公平地处理赔案。

以上八字原则是辩证的统一体,既不能单纯追求而草率处理案件,又不能只追求精确,不讲效率致使赔案久拖不决损害保险公司的形象。

三、汽车保险理赔的特点

作为一种财产保险,汽车保险理赔工作与其他保险相比具有如下特点:

1. 汽车流动性大

汽车常常处于流动状态,发生事故的时间、地点都有不确定性,保险公司必须依靠其庞大查勘定损平台,和高效的通讯、互联网络支持才能对报案随时随地及时处理,做好理赔服务。

2. 交通事故频发生频繁但平均损失幅度较小

中国有全世界 1.9% 的汽车,引发的交通死亡事故却占了全球的 15%。2011 年,全国共发生道路交通事故 210812 起,造成 62387 人死亡,直接财产损失 9.3 亿元,平均每 2.5 分钟发生一起道路交通事故,每起事故损失 4412 元,所以保险公司勘查现场、人员费用等成本费用相对较高。

3. 服务水平受到汽车维修企业的制约

汽车保险理赔中对车辆损失的赔偿大多以维修为主,保险公司一般通过协议,委托维修企业或4S店对车辆进行维修,所以维修企业的服务水平直接影响到保险公司的服务。

4. 道德风险普遍

欺诈现象严重是汽车保险管理的一大难题。主要原因是汽车保险具有标的流动性强、保险信息不对称、保险条款不完善、相关法律环境不健全等,这给了许多不法之徒以可乘之机。

四、汽车保险理赔工作人员应具备的条件

汽车理赔工作技术性强,涉及面广,直接关系到保险公司的信誉和车险业务的发展,对理赔的人员的个人修养、业务素质都有非常高的要求,综合来看,理赔工作人员一般应具备以下条件:

(1)要精通汽车保险法规、保险条款等规定,以免理赔时出现误差。

(2)要掌握相关专业知识。包括保险方面的专业知识,还必须懂得有关汽车的构造、维修、故障诊断等汽车保险方面的知识;必须懂得汽车的有关法律和法规方面的知识,如《道路交通管理条例》《道法》《机动车报废标准》及各种运输法规等;必须懂得其他法律和法规方面的知识(如民法通则)。理赔工作人员应尽可能地学习如民法、经济法等各种相关法律法规,以便在处理理赔案件时有法可依。

(3)要掌握相关财会和资产评估知识。如何计算折旧,估计损失价值,查阅资产负债表,总分类账及明细科目卡片等。

(4)要有高度的责任感。在处理赔案时要做到主动、迅速、准确、合理,对保户热情,诚恳。不能拖拉、刁难,更不得以权谋私,尽可能把结案率控制在公司规定的限度之内。

(5)要避免道德风险的产生。坚持双人查勘,双人定损制度,尽可能堵塞理赔中可能出现的事情。

(6)要树立廉洁奉公、以身作则的工作作风。不得收取任何形式的佣金,不得以滥赔作为条件接受客户及业务人员任何形式的礼品和礼金。由于理赔人员代表保险公司处理各种案件,涉及大量的钱财,因此要求理赔人员必须树立廉洁奉公和以身作则的工作作风,坚决杜绝理赔工作人员与汽车修理厂串通一起坑害保险公司的违法现象的发生。

(7)严格执行条款计算赔款,树立风险管理意识。汽车保险理赔人员应能最大限度地缩小预估偏差,降低预估损失率,保证公司车险盈亏统计的真实性,使公司能够及时掌握车险的经营状况。

(8)严格执行复审、逐级上报制度。坚决杜绝理赔中的错乱滥现象,维护保险公司的合法权益,汽车保险理赔工作人员应严格执行该制度。

汽车理赔工作关系到保险企业的信誉,体现着国家的保险方针和政策,同时理赔工作牵涉面广,情况复杂。因此汽车保险理赔工作人员应严格按照上述要求去做。

第二节 汽车保险理赔的工作模式

一、国际成熟保险市场汽车保险理赔服务的模式及特点

国外专业从事车险理赔服务的机构数量较多,而且分工很细。保险公司与外部机构基于各自的利益,为达到使客户满意这一共同目的,特别重视相互之间的合作。他们既各司其职,又特别注重信息、资源的共享,主要体现在以下几个方面:

1.查勘、定损环节方面的合作

查勘定损工作作为理赔服务的第一环节,实际上也是保险公司对案件是否赔偿、赔偿多

少的第一关，它直接关系到保险公司理赔案件的数量、结案的速度、社会影响、品牌效应等诸多方面，所以保险公司都非常重视这一环节。为了应付大量烦琐的查勘、定损工作，发达国家和地区的保险公司普遍采用了与外部专业机构合作的模式。

2. 信息技术开发环节的合作

（1）提高查勘调度的合理性和时效性。美国第四大车险经营公司 Progressive 公司，采用 GPS 定位技术确定查勘人员位置，通过智能排班系统，查勘人员在很短时间内被派到出险现场。另外，通过电脑网络查勘修理厂的排班情况，及时为客户提供送修服务。

（2）提高查勘定损的准确性。德国安联集团一直使用 Audatex 系统（现属于美国 ADP 公司），近期还使用 Glassmatix 估损系统，保证车险理赔的规范、透明。

（3）提高接报案的及时性和方便性。日本安田火灾海上保险公司在车险理赔中使用 24 小时工作的事故受理报告系统，该系统与全国各地的 14 个理赔中心及全国 252 个理赔终端的远程计算机系统对应，客户从任何理赔终端都能得到保险公司的处理结果，并在 7 日内得到赔款。

（4）提高查勘定损效率。车险理赔已经开始启用远程定损系统，通过因特网传送，实现保险公司定损员既可以当场定损，又可以进行网上远程定损，客户和修理厂还可以上网查询定损结果和配件价格、甚至购买配件等功能。

3. 提供多样化服务环节方面的合作

为客户提供全方位、多层次的服务是现代车险理赔的一大特点，其中衍生服务已经成为竞争的主要手段。在这方面做得最好的当属美国。作为全球最大的保险市场，美国保险公司与银行、电信、医院、警署、维修厂、玻璃店、救援公司、急救中心等外部机构的合作非常普遍。自 20 世纪 90 年代开始，美国还出现了一种专门为汽车保险公司做损余处理的公司。大量专业机构的出现不仅提高了保险业的总体水平，而且促进了保险保障质量的提高和保险服务成本的降低。

二、当前我国保险市场汽车理赔服务的模式及其利弊分析

车险是我国国内保险市场上规模最大的险种业务，是我国财产保险业务的骨干险种，其业务量占财产保险的一半以上。

1. 我国的理赔服务模式

由于机动车辆具有流动性的特点，要求保险公司在经营，特别是在提供服务方面要建立和完善与机动车辆特点相适应的服务体系或服务机制，做好机动车辆出险后的处理工作。这种服务体系或机制主要是围绕在保险车辆出险后及时的援救、查勘、定损和修复方面，同时还包括处理涉及第三者责任的案件。目前，我国较为成熟和流行的模式是以保险公司自主理赔为主导的理赔服务模式，其特点为：

（1）各自建立自己的服务热线，对被保险人实行全天候、全方位的服务，通过热线接受报案。

（2）各自建立自己的查勘队伍，自身配备齐全的查勘车辆和相应设备，接受自身客户服务中心的调度和现场查勘定损。

（3）各自建立自己的车辆零配件报价中心，针对车险赔付项目所占比重高、对车险赔付

率和经营利润影响大、同时又是最容易产量暴利的零配件赔款,各家保险公司都非常重视,组织专人从事汽车配件价格的收集、报价和核价工作。

(4)查勘定损的某个环节或服务辐射不到的某个领域才交由公估机构、物价部门、修理厂、调查公司等外部机构去完成。

2.目前我国汽车保险理赔服务模式的利弊分析

(1)自主理赔,即由保险公司的理赔部门负责事故的检验和损失理算。

这种方式在我国保险业发展初期曾发挥了积极作用,同时也明显带有一系列特定历史时期的烙印。随着中国社会的改革开放和市场的发展变化,特别是加入 WTO 以后,全球经济一体化对中国产生了巨大影响,国际上先进的理赔估损方法和理念不断传入国内,被保险人的保险消费意识也不断提高,这种模式的弊端便日益凸显出来,主要表现在:

①资金投入大、工作效率低、经济效益差。对于保险公司自身来说,从展业到承保,从定损到核赔,每个环节都抓在手里,大而全的模式造成效率低下。庞大的理赔队伍,加上查勘车辆、设备的相应配置,大量的人力、物力处理烦琐的估损理赔事务,导致其内部管理和经营核算的经济效益差,还常常出现业务人员查勘看不过来、估损定不过来、材料交不上来的不正常现象。这种资源配置的不合理性与我国保险公司要做大做强,参与国际竞争,培养核心竞争力、走专业化的经营道路的要求相比,是不相适应的。

②理赔业务透明度差,有失公正。汽车保险的定损理赔不同于其他社会生产项目,其涉及的利益面广、专业性强、理算类别多,这就要求理赔业务公开、透明。保险公司自己定损,就好比保险公司既做运动员,又做裁判员,这对于被保险人来说,意味着定损结果违背了公正的基本原则和要求。对于这种矛盾,即使保险公司的定损结论是合理的,也往往难以令被保险人信服,致使理赔工作中易产生纠纷。尤其是在信息不对称的市场中,这种弊端就愈加突出。

(2)物价评估,即公安交通管理部门委托物价部门强制定损。这种方式用得比较少,因为保险双方当事人都不认可,不欢迎。中国保监会也曾发文予以抵制。

(3)保险公估,即由专业的保险公估公司接受保险当事人的委托,负责汽车的损失检验和理算工作,这是国际上通行的做法。这种做法的好处有:

①可以减少理赔纠纷。由没有利益关系的公估人负责查勘、定损工作,能够更好地体现保险公司合同公平的特点,使理赔过程公开透明,避免了可能出现的争议和纠纷,防止以权谋私。

②完善了保险市场结构。由专业公司负责查勘、定损工作,能够更好地体现社会分工的专业化,同时可以促进保险公司公估业的发展,进一步完善保险市场结构。

③可以促进保险公司优化内部结构,节省大量的人力、物力、财力。由于保险公司是按实际发生的检验工作量向公估公司支付检验费用的,因此能更如实反映经营的真实情况,避免保险公司配备固定的检验人员和相关设备可能产生的不必要的费用开支和增加的固定经营成本。

第三节　汽车保险理赔业务流程

汽车保险的理赔工作过程是从接受被保险人的出险报案开始,通过现场查勘,确定保险责任和赔偿金额,直至给付赔款的整个过程,是一项复杂而繁重的工作。

汽车保险理赔业务流程对于不同的保险公司有一些细小的差别,实际的业务类型也有些区别。但综合来看,一般包括受理案件、现场勘查、确定保险责任、立案、定损核损、赔款理算、缮制赔款计算书、结案归档等过程。

现以中国人民保险公司的汽车保险理赔为例,理赔流程如图 5-1 所示。

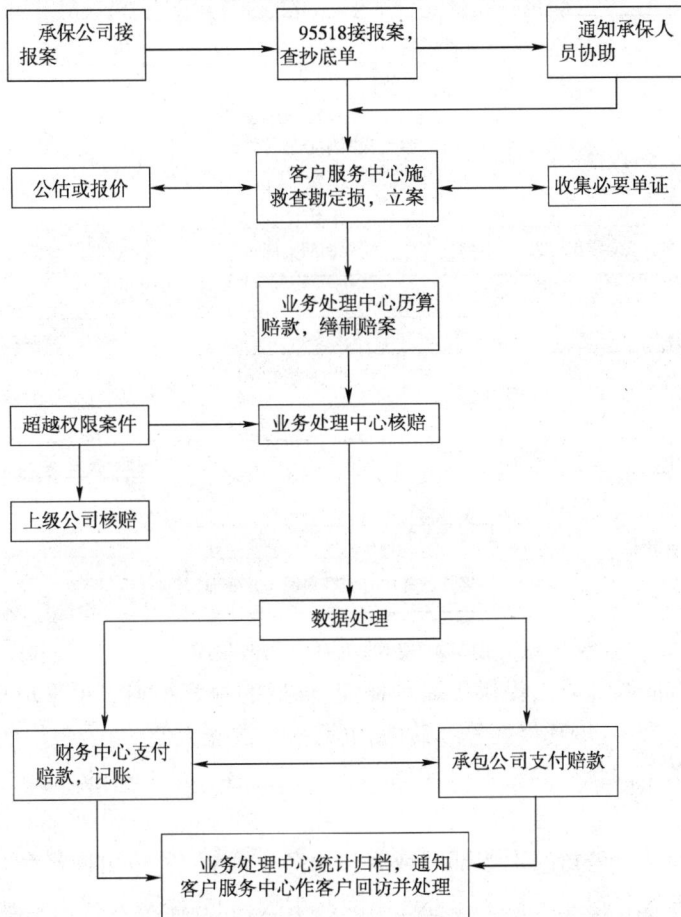

图 5-1 中国人民保险公司理赔流程图

一、受理案件

受理案件是保险公司接受报案、做好记录并安排人员查勘的过程,这是理赔环节的第一步。受理案件后,则开始由查勘定损人员进行现场查勘与定损工作。

受理报案的操作流程图如图 5-2 所示。

1. 接受报案

保险汽车出险后,被保险人应迅速向保险人报案。一般说来,如果是在本地出险,应立即前往(或电话通知)所投保的保险公司报案,填写索赔申请书。如果是在外地出险,应及时向当地保险分公司报案,在当地公司查勘定损完毕后,即可向承保公司办理索赔。

机动车辆发生保险事故后,被保险人应及时向保险公司报案,除不可抗力外,被保险人应在保险事故发生后的48h内通知保险公司。我国《保险法》有关规定,投保人、被保险人或者受益人知道保险事故发生后,应当及时通知保险人。否则,造成损失无法确定或扩大的部分,保险人不承担赔偿责任。保险公司及时受理案件,早期进行调查,容易掌握事故真实原因,利于尽快确定案件损失,履行赔偿责任。

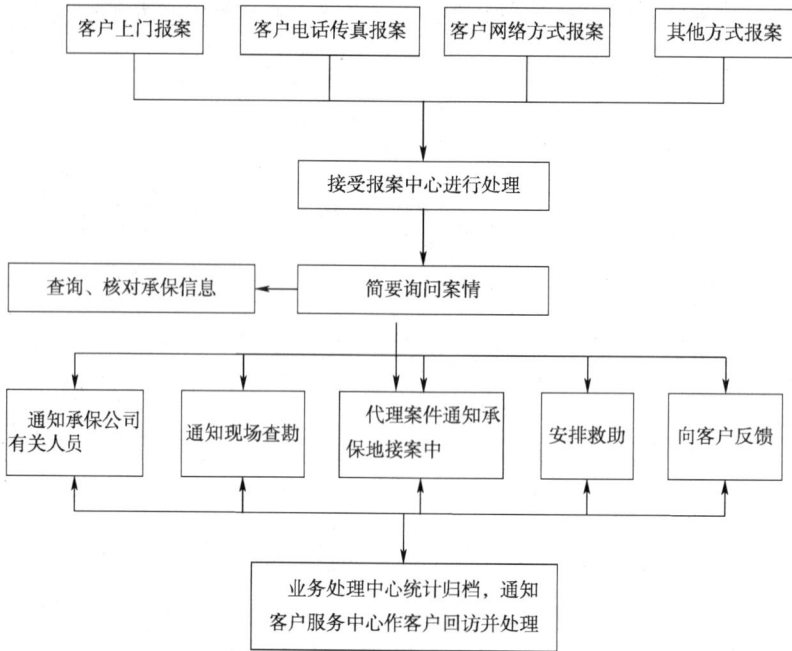

图 5-2 受理案件的操作流程图

保险人一般都向被保险人提供了多种便捷、畅通的报案渠道。可采取的报案方式通常有:上门报案、电话报案、传真报案等。其中,电话报案快捷方便,是最常用的报案方式,各大保险公司也提供了全国统一的报案电话,如人保的 95518,太平洋保险的 95500,平安保险的 95512 等。

被保险人可向保险公司的理赔部门或客户服务中心报案,也可向经营单位或业务人员或保险公司的代理人等报案。对于在外地出险的事故,如果保险人在出险地有分支机构,被保险人可直接向其分支机构报案。虽说保险人提供了多种报案渠道,但在现实中,被保险人出险后,也会因交通不便、通信受阻等无法及时报案,此时可暂缓报案,等有条件时再报案,但一定要向保险人说明事实真相。

1)报案记录

理赔人员在接到报案时,应详细询问报案人姓名及联系方式、被保险人名称、驾驶员情况、厂牌车型、牌照号码、保险单号码、出险险别、出险日期、出险地点、出险原因和预估损失金额等情况,并进行报案记录。此外还应将报案人的姓名、电话、工作单位、详细住址和报案时间等一起登记清楚,并迅速通知业务人员。同时指导被保险人尽快填报索赔申请书。如果是电话报案,则要求理赔内勤及时做好记录,并派查勘人员及时到现场查勘,并填写索赔申请书。

2)保险车辆出险通知书的填写

业务人员在接受报案的同时,应向被保险人提供《保险车辆出险通知书》(也称为《保险车辆索赔申请书》)和《索赔须知》,如表5-1、表5-2所示。对于上门报案的,由保险公司的接待人员指导报案人当场填写,对于其他方式报案的,在事故查勘、核定损失时,由保险公司的专业人员现场指导填写。若被保险人是单位的,还需加盖单位公章。

一般地,索赔申请书应包括如下内容。

(1)保险单证号码。

(2)被保险人名称、地址及电话号码。

(3)保险车辆的种类及厂牌型号、生产日期、第一次申领牌照日期、牌照号码、发动机号码等。

(4)驾驶员情况,包括姓名、住址、年龄、婚否、驾驶证号码、驾龄和与被保险人的关系等。

(5)出险时间、地点。

(6)出险原因及经过,包括事故形态,如正面碰撞、侧面碰撞、追尾碰撞、倾覆、火灾、失窃等;事故原因,如超速、逆向行车、倒车不当等;发生事故前车辆的动态,如行驶方向行驶、行驶速度、超车、转弯等;撞击部位,如车头、车中、车尾等。

(7)尤其涉及的第三者情况:应将第三者的财产损失包括其姓名、住址、电话号码,以及第三者车辆损失情况(车牌号码、保险单号码、受损情形及承修场所)或其他财产损失情况;涉及第三者伤害的,包括伤亡者姓名、性别、受伤情形和所救治的医院名称、地址等。

(8)处理的交通管理部门名称,经办人姓名及电话号码等。

(9)被保险人签章与日期。

3)报案时间要求

报案时间在保险合同签订时就有一个明确的约定,被保险人应当按照合同约定,及时履行通知义务。

(1)各家保险公司根据自身的实际情况,在保险合同签定时,对有条件报案的,被保险人都通过条款或者特别约定进行时间限制,被保险人应在合同约定的时间范围内及时报案。

(2)在保险车辆出险时,被保险人确实因为交通堵塞、通信中断、受伤等原因而无法在合同约定时间范围内报案的,保险公司可以在了解事实真相、确认事故真实性的基础上进行受理。

2.单证查核

汽车保险理赔业务人员根据索赔申请书,尽快查抄出险车辆的保险单和批单。根据保险单上载明的被保险人情况、保险车辆情况、投保内容等进行查核。

查核的内容主要包括:

(1)核对保险单证、行车执照和驾驶执照的有效性等。

(2)查核承保内容。

(3)编制理赔案号。

(4)依保险条款初步判定是否应负赔偿责任,若事故原因不属于承保范围应拒绝受理并以书面形式说明理由。如:

①汽车出险的时间不在保单承保的有效期限之内;

②出险时的驾驶人不是保单中约定的驾驶人;

汽车保险索赔申请书格式样例 表 5-1

报案编号：

被保险人：		保险单号：	
厂牌型号：	号牌号码：	牌照底色：	车辆种类：
出险时间：		出险原因：	
报案人：		报案时间：	
报案方式：□电话 □传真 □上门 □其他		是否第一现场报案：□是 □否	
联系人：		联系电话：	
出险地点：		出险地邮政编码：	

出险地点分类	□高速公路 □普通公路 □城市道路	车辆已行驶里程：	已使用年限：
	□乡村道路及机耕道 □场院及其他	车辆初次登记日期：	

处理部门：□交警 □其他事故处理部门 □保险公司 □自行处理		排量/功率：

驾驶人员情况	驾驶人员姓名：	初次领证日期： 年 月 日	
	驾驶证号码：□□□□□□□□□□□□□□□□□□		
	准驾车型：□A □B □C □其他	性别：□男 □女	年龄：
	职业分类	□职业驾驶员 □国家社会管理者 □企业管理人员 □私营企业主 □专业技术人员 □办事人员 □个体工商户 □商业服务业人员 □产业工人 □农业劳动者 □军人 □其他	
	文化程度：□研究生以上 □大学本科 □大专 □中专 □高中 □初中及以下		

事故经过：(请您如实填报事故经过,报案时的任何虚假、欺诈行为,均可能成为保险人拒绝赔偿的依据。)

报案人签字：

年 月 日

×××× 财产保险公司＿＿＿＿＿＿＿＿＿＿＿＿＿：

　　本人的保险车辆发生的上述事故已结案,相关的索赔材料已整理齐全,现特向贵公司提出索赔申请。

　　本人声明:以上所填写的内容和向贵公司提交的索赔材料真实、可靠,没有任何虚假和隐瞒。

　　此致

被保险人签章：

年 月 日

××财产保险公司机动车辆保险索赔须知 表5-2

机动车辆保险索赔须知	
（被保险人名称/姓名）：	
由于您投保的机动车辆发生了事故,请您在向我公司提交《机动车辆保险索赔申请书》的同时,依照我公司的要求,提供以下有关单证。如果您遇到困难,请随时拨打××保险公司的服务专线电话"×××××",我公司将竭诚为您提供优质,高效的保险服务。 　谢谢您的合作!	
机动车辆索赔材料手续明细如下:	
1.□《机动车辆保险索赔申请书》	
2.□机动车辆保险单正本　□保险车辆互碰卡	
3.事故处理部门出具的:□交通事故责任认定书　□调解书　□简易事故处理书　□其他事故证明	
4.法院、仲裁机构出具的:□裁定书　□裁决书　□调解书　□判决书　□仲裁书	
5.涉及车辆损失还需提供:□《机动车辆保险车辆损失情况确认书》及《修理项目清单》和《零部件更 　　　　　　　　　　　　换项目清单》 　　　　　　　　　　　□车辆修理的正式发票(即"汽车维修业专用发票")　□修理材料清单 　　　　　　　　　　　□结算清单	
6.涉及财产损失还需提供:□《机动车辆保险财产损失确认书》　□设备总体造价及损失程度证明 　　　　　　　　　　　　□设备恢复的工程预算　□财产损失清单 　　　　　　　　　　　　□购置、修复受损财产的有关费用单据	
7.涉及人身伤、残、亡损失还需提供: 　　□县级以上医院诊断证明　　　　　　　□出院通知书 　　□需要护理人员证明　　　　　　　　　□医疗费报销凭证(须附处方及治疗、用药明细单据) 　　□残者需提供法医伤残鉴定书　　　　　□亡者需提供死亡证明 　　□被抚养人证明材料　　　　　　　　　□户籍派出所出具的受害者家庭情况证明 　　□户口　　　　　　　　　　　　　　　□丧失劳动能力证明 　　□交通费报销凭证□住宿费报销凭证　　□参加事故处理人员工资证明 　　□伤、残、亡人员误工证明及收入情况证明(收入超过纳税金额的应提交纳税证明) 　　□护理人员误工证明及收入情况证明(收入超过纳税金额的应提交纳税证明) 　　□向第三方支付赔偿费用的过款凭证(须由事故处理部门签章确认)	
8.涉及车辆盗抢案件还需提供: 　　□机动车行驶证(原件)　　□出险地县级以上公安刑侦部门出具的盗抢案件立案证明□已登报声明的证明 　　□车辆购置附加费凭证和收据(原件)或车辆购置税完税证明和代征车辆购置税缴税收据(原件)或免税证明(原件) 　　□机动车登记证明(原件)　□车辆停驶手续证明　　□机动车来历证明　　□全套车钥匙	
9.被保险人索赔时,还须提供以下证件原件,经保险公司验证后留存复印件: 　　□保险车辆《机动车行驶证》　□肇事驾驶人员的《机动车驾驶证》	
10.被保险人领取赔款时,须提供以下材料和证件,经保险公司验证后留存复印件: 　　□领取赔款授权书　□被保险人身份证明　□领取赔款人员身份证明	

11.需要提供的其他索赔证明和单据： （1）　　　　　　　　　（2） （3）　　　　　　　　　（4）				
敬请注意：为确保您能够获得更全面、合理的保险赔偿，我公司在理赔过程中，可能需要您进一步提供上述所列单证以外的其他证明材料。届时，我公司将及时通知您。感谢您对我们工作的理解与支持！				
被保险人：		保险公司：		
领到《索赔须知》日期：　年　月　日		交付《索赔须知》日期：　年　月　日		
确认签字：		经办人签字：		
提交索赔材料日期：　年　月　日		收到索赔材料日期：　年　月　日		
确认签字		经办人签字：		

③道路交通事故的地点不在保单约定的行驶区域内；

④道路交通事故不在保单承保范围内或投保种类内；

⑤道路交通事故发生的结果不能构成要求理赔的条件等。

对于不符合保险合同条件的，应及时通知被保险人，并向其说明情况。

3.立案

（1）对于在承保范围且属于保险责任的理赔案件，业务人员应进行理赔登记，正式立案，并对其统一编号和管理。

（2）对于不在保险有效期或明显不属于承保责任的理赔案件，应在索赔申请书和立案登记簿上签注"因×××原因不予立案"的字样，并向报案人做出耐心解释。

（3）承保车辆在外地出险，需要代查勘的，应立即安排代查勘公司，并填制"代查勘委托书"一式两份，一份自留附案卷内，一份连同保险单底寄发被委托公司，并将其名称登载在立案登记簿上。

二、现场查勘

现场查勘是了解出险情况、掌握"第一手"材料和处理赔案的重要依据。现场查勘的主要内容包括查明出险地点、出险时间及出险的原因与经过。现场查勘的其他任务还有施救整理受损失的财产、妥善处理损余物资、索取出险证明和核实损失数额等。现场查勘中的要求是：要准备充分、及时深入事故现场，按照保险合同规定和尊重事实的原则，依靠地方政府和企业主管部门及广大人民群众的支持和协助，认真调查分析，做到"现场情况明、原因清、责任准、损失实"。

三、责任审核（事故原因分析）

保险理赔人员应根据现场查勘记录、事故证明、事故调解书等有关材料，结合机动车辆保险条款及其解释等有关文件，全面分析事故的主客观原因。

责任审核的内容包括：

（1）审定保险责任。

（2）明确赔偿范围。

（3）核定施救整理费用。划清已发生和未发生的灾害事故界限；分清必要与不必要的抢救费用；分清直接与非直接用于保险财产的费用；分清正常支付与额外支付的费用；分清费用支出是否取得实效。

（4）妥善处理疑难案件。

（5）第三者责任追偿处理。

（6）拒赔处理。

四、鉴定损失（定损核损）

保险理赔人员确定保险责任后，对于属于保险赔偿范围内的损失进行核定，核定的内容包括：

1. 车辆损失的核定

车辆损失的核定包括车辆的直接损失和车辆的施救费。保险事故造成保险车辆的其他间接损失不在保险赔偿范围之内。

（1）车辆修理费用的核定。车辆修理费由配件费、维修工时费、管理费组成。损失确认时应在明确当次事故损失部位或范围的基础上贯彻"以修复为主"的原则，确定车辆的修复价格。三者车辆的修理费金额以保险车辆的第三者责任限额为限。

（2）车辆施救费用的核定。车辆施救费用是指保险事故发生后，被保险人为了避免或减少损失程度的扩大，采取保护措施而支出的合理费用。在对施救费用进行核定时，要遵循"必要、合理、限额"的原则。在施救次数的认定上，一般以事故发生时的实际施救认定；特殊原因需移送至外地或其他地方的，费用在征得保险公司同意、在施救费用认定的赔偿金额上，保险车辆的施救费以车辆的保险金额为限；第三者车辆的施救费用和三者其他损失的总和以保险车辆的第三者限额为限。

2. 财产损失的核定

第三者责任险的财产和附加车上货物责任险承运货物的损失，应会同被保险人和有关人员逐项清理，确定损失数量、损失程度和损失金额。同时，要求被保险人提供有关货物、财产的原始发票。定损人员审核后，制作《机动车辆保险财产损失确认书》，由被保险人签字认可。

（1）货物损失的核定。货物损失包括本车货物或第三者车货物。在对货物损失进行核定时，要逐项清理，确定损失数量、损失程度、损失金额。损失金额的确定应以货物的实际成本价核定。保险车辆的车上货物赔偿限额以保险金额为限；第三者货物损失和第三者其他损失的总和以保险车辆的第三者限额为限。

（2）其他财产的核定。其他财产包括第三者随身的衣物及携带和使用的有现金价值的其他物品。可以根据实际，通过协商，采取修复、更换、现金赔偿的方式处理，但必须征得保险公司的同意。

3. 人员伤亡损失的核定

人员伤亡费用包括保险车辆和第三者的人员伤亡费用，两者的认定都按照《道路交通事故处理办法》的有关规定确认医疗费及其相关费、残疾补助费、死亡补偿费、抚养费和其他有关的费用。医疗费用的认定按照治疗期间发生的实际医疗费(限公费医疗的药品范围)为准;被保险人应该承担的其他人员伤亡赔偿费用按照国家和事故发生地有关标准和规定核定。

4.损余物资的处理

损余物资即残值。通常的处理办法是折价归被保险人所有。如与被保险人协商不成的,可以将损余物资收回,通过其他方式处理,处理所得款项应当冲减赔款。

五、保险赔款的计算

以我国财产保险的赔款为例,其计算方式主要有三种:

(1)第一损失赔偿方式。该方式将保险财产的价值分为两部分,一种一部分为保额,也就是保险人应该负责的第一部分损失;而超过保额的另一部分,则为第二损失部分,它与保险赔偿责任无关。

(2)比例赔偿方式。在该方式下,当发生保险事故造成损失后,按照保险金额与出险时保险财产的实际价值(或重置价值)的比例来计算赔款。

(3)限额赔偿方式。限额赔偿方式通常分为两种:一种超过一定限额赔偿;二是不足限额赔偿。

六、核赔

经过赔款理算之后,转入下一个理赔环节,即核赔。核赔人员接到案件后,主要对案卷的文件进行刑事审核、实质审核和赔款计算的审核,确认赔款金额。另外作为核赔人,还应对赔案进行分析,发现问题,为以后承保工作提供方向和依据。

七、支付赔款

在完成了赔款理算和核赔工作之后,就进入了向被保险人支付赔款的程序,保险人及时把赔偿金支付给被保险人,如涉及权益转让问题则要求被保险人将其在保险事故中拥有的权益转让给保险公司。

第四节　汽车保险查勘

现场查勘是指用科学的方法和现代技术手段,对交通事故现场进行实地验证和查询,将所得的结果完整而准确地记录下来的工作过程。

在保险理赔业务中,保险事故现场主要是指道路交通事故,所有事故都有出险的现场。对汽车事故现场查勘就是道路交通事故现场进行查勘,它是道路交通事故处理的一项法定程序,同时也是汽车保险理赔工作过程的一项法定程序。

现场查勘的工作性质就是调查取证,有效的证据必须能够体现事故的真实性、客观性和合法性,以便对保险事故进行定性、定责和定损。

一、道路交通事故现场

1.道路交通事故

所谓道路交通事故,是指车辆在道路上因过错或意外造成人身伤亡或财产损失的事件。

构成交通事故应具备以下要素：

（1）必须在道路上发生，道路是指公路、城市街道、胡同以及公共广场、公共停车场等供行人、车辆通行的地方。

（2）必须有车辆参加，即有机动车辆或非机动车辆参与。

（3）车辆在行驶或停车过程中发生的意外事故。

（4）发生有碰撞、碾压、刮擦、翻车、坠车、爆炸、失火等其中一种及以上现象。如未发生上述事态，则不属于交通事故。

（5）如因地震、台风、山崩、泥石流、雪崩等人力无法抗拒的自然原因而产生的事故，以及利用交通工具自杀都不属于交通事故。

（6）有人、畜伤亡或车物损坏的后果，没有后果也不算事故。

以上6个因素和一定的违章行为可作为鉴别是否属于交通事故的依据。

2. 道路交通事故现场分类

道路交通事故的出险现场，一般可分为三类，即：原始现场、变动现场和恢复现场。

1）原始现场

原始现场也称第一现场，是指事故现场的车辆、物体以及痕迹等，仍保持着事故发生后的原始状态，没有任何改变或破坏的现场。这种现场保留了事故的原貌，可为事故原因的分析与认定提供直接证据，这是最理想的查勘现场。

2）变动现场

变动现场也称移动现场，是指由于自然因素或人为原因，致使出险现场的原始状态发生改变的事故现场。包括正常变动现场、伪造现场和逃逸现场等。

（1）正常变动现场。导致出险现场正常变动的主要原因有：

①为抢救伤者而移动车辆，致使现场的车辆、物体或人员位置发生了变化。

②因保护不善，导致事故现场被过往车辆、行人破坏。

③由于风吹、雨淋、日晒和下雪等自然因素，导致事故现场被破坏。

④由于事故车辆另有特殊任务，比如消防车、工程救险车等在执行任务过程中出险后，需驶离现场，致使出险现场发生了变化。

⑤在一些主要交通干道或城市繁华地段发生的交通事故，为疏导交通而导致出险现场变化。

⑥其他原因导致事故现场变化，如车辆发生事故后，当事人没有察觉而离开现场的。

（2）伪造现场。指事故当事人为逃避责任或嫁祸于人，有意改变现场遗留物原始状态的现场。

（3）逃逸现场。指事故当事人为逃避责任而驾车逃逸，导致事故现场原貌被改变的现场。

3）恢复现场

恢复现场是指事故现场撤离后，为分析事故或复查案件，需根据现场调查记录资料重新布置、恢复的现场。为与前述的原始现场相区别，这种现场一般称为恢复现场。

二、现场查勘的目的及时间要求

现场查勘是查明交通事故真相的根本措施，是分析事故原因和认定事故责任的基本依据,也为事故损害赔偿提供依据,并为日后可能引发的相关诉讼案件提供有效证据。所以,现场查勘应公正、客观、严密地进行。

保险公司承保的车辆出险以后,需要查勘人员及时进行现场查勘,并依据查勘结果进行定损。查勘定损人员所采用的现场查勘技术是否科学、合理,是现场查勘工作成功与否的关键,直接关系到事故原因的分析与事故责任的认定。

在竞争日趋激烈的汽车保险市场中,事故理赔工作能否及时地完成,车辆估损能否让客户满意,这些服务已经成为各大保险公司的竞争焦点,也日益得到各大公司极大的关注。要使保险理赔工作做得周全和顺利,被保险人能及时获得应有的补偿,同时又能维护保险人的利益,做到公平合理,就应该对事故现场进行认真的查勘和复勘,以取得有效证据,保证保险人和被保险人的利益公平。有效的证据必须能够体现事故的真实性、客观性和合法性。可见,事故现场查勘对于保险公司的经营风险、维护客户利益,保证汽车保险市场的健康发展,创建和谐社会具有十分重要的意义。

查勘人员接到保险公司的查勘通知后,应在规定的时限内到达检查现场后,及时向接案中心报告并在48h内进行现场查勘或给予受理意见。受损车辆在外地的检查,可委托当地保险公司在3个工作日内完成。

三、现场查勘操作流程

现场查勘的目标,一是要快速查勘、准确掌握事故起因;二是要列明损失项目、估损金额。为了达到这些目标,应该遵循科学的查勘流程。典型的现场查勘流程如图5-3所示。在现场查勘流程中,应该把握好如下几个关键控制点:

(1)组织现场施救。如果车辆仍处于危险中应立即协助客户采取有效的施救、保护措施以避免损失的扩大。

(2)拍摄现场照片。拍摄现场照片不仅要拍摄事故的全景,而且还要有保险车辆受损和反映局部受损程度的照片,对车辆损坏的项目要逐一拍照,散落的零件要放在车头一起拍照。照片还应尽可能地反映出灾害源,例如起火点。

(3)初定事故责任。根据查勘情况,初定是否属保险责任。任何情况下,尚未了解事故真相之前,查勘人员切忌主观武断,轻易表态,以免给理赔工作造成被动。

(4)初定损失项目及损失金额。对受损程度及类型分别点清,估计受损物件数量及残值,要求被保险人提供《财产损失清单》,并要求被保险人签章。

(5)绘制现场草图与询问笔录。重大赔案要绘制现场平面图,并走访相关人员,做询问笔录,询问笔录一定要被询问人签字或盖章。

(6)查勘记录。查勘记录的内容要全面准确,书写符合要求。

(7)发放索赔须知和索赔单证。明确告知被保险人索赔应提供的单证,如事故证明、事故报告等。

(8)指导填写单证。要求详细、准确填写并要求签字或盖章。

(9)审核损失清单。对保险人提供的《财产损失清单》逐一核对。

(10)交内勤归档。整理查勘收集到的证据、查勘笔录,一并交给内勤人员归档。

现场查勘

├─ 在中心接到现场查勘通知 ─ 接收《查勘通知书》
└─ 在外接到查勘通知 ─ 查勘后，接收《查勘通知书》

携带定损工具 ｜ 携带索赔单证 ｜ 与承包公司联系 ｜ 与客户联系

绘制现场草图及询问笔录
现场查勘记录
发放索赔须知和单证
指导填写单证

→ 实施现场查勘 ←

组织现场施救
拍摄再现现场
初定事故责任
初定损失项目和金额

查对损失清单

整理查勘资料，交内勤归档、立案

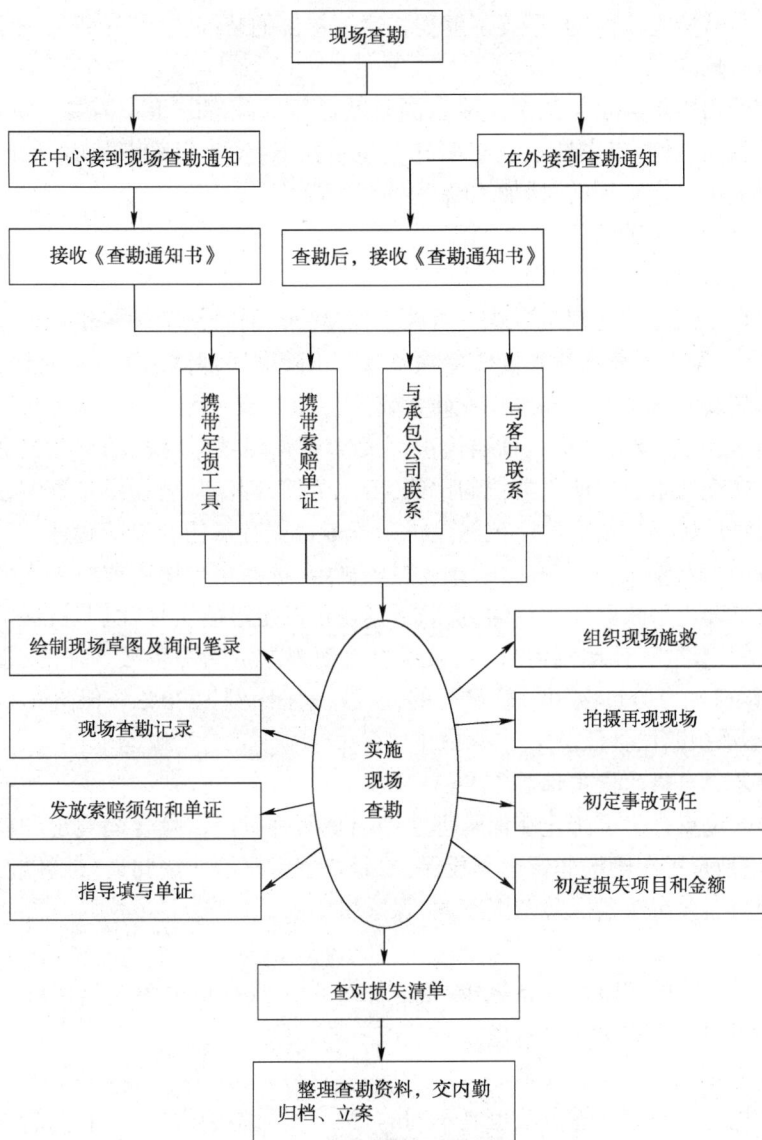

图 5-3 现场查勘操作流程图

四、现场查勘的工作内容

现场查勘工作必须由二位以上查勘定损人员参加，尽量查勘第一现场。如果第一现场已经清理，必须查勘第二现场，会同被保险人及有关部门调查了解有关情况。

1. 查明出险时间

确切查明出险时间是否在保险期范围内。对接近保险起止时间的案件应特别注意查实。

核实真实的出险时间的目的是为了防止投保前已发生的车损事故被纳入保险责任范围，致使保险人的利益受到损害。

为核实出险时间，应详细了解车辆启程及返回的时间、行驶路线、伤者住院治疗的时间，如果涉及车辆装载货物出险的,还要了解委托运输单位的装卸货物时间等。

2. 查明出险地点

核实真实的出事地点是依法按保险合同条款进行保险理赔工作需要。例如,在 B 款机动车辆保险条款中,针对出事地点就有明确的规定如下:发生保险事故时,保险车辆实际行驶区域超出保险单约定范围的,增加10%的绝对免赔率。

对出险第一现场变动的,要查明原因。

3. 查明真实的出险原因和经过

真实的出险原因为准确判定事故是否属于保险公司的赔偿范围提供可靠的材料。在机动车保险合同中,保险责任条款和责任免除条款对出险原因都做出了明确规定。

4. 查明被保险的机动车辆在事故中的责任

保险合同条款中规定了"按责任赔偿",因此需要查明被保险机动车在交通事故中是否负有责任以及在交通事故中所负责任的比例,若无责任,则保险公司不负责赔偿。可以根据公安机关交通管理部门的裁决确定被保险机动车是否负有责任和事故责任的比例。被保险人或被保险机动车驾驶人,根据有关法律、法规、规定,选择自行协商或由公安机关交通管理部门处理事故未确定事故责任比例的,按照下列规定确定事故责任比例:被保险机动车方负主要事故责任的,事故责任比例为70%;被保险机动车方负同等事故责任的,事故责任比例为50%;被保险机动车方负次要事故责任的,事故责任比例为30%。保险车辆方无事故责任的,本公司不承担赔偿责任。

5. 查明被保险车辆的使用性质

此项工作的重点是为了防止在保险理赔中出现两种有违保险合同规定和有违相关法律规定的现象:一是营运车辆按非营运车投保,二是非营运车辆非法营运(载客或载货)。这是因为营运车辆与非营运车辆保险范围不同、保险费率不同。

1)保险范围不同

在车辆损失保险的保险责任条款中,规定了非营运汽车损失险包括爆炸、自燃,而营运车损失险中是不包括火灾、爆炸、自燃。

2)保险费率不同

按合同中规定的费率计算方法也是不同的,按可保风险的内容不同,两者之间的费率差值很大。

因此,在查勘工作中应核查车辆使用性质,若发现营运车按非营运车投保,可以确认为不存在保险利益,违背了最大诚信原则,也不存在理赔,所签订的保险合同同时作废。

营运车和非营运车的使用性质在道路交通安全法规中已做出了严格的界定,各保险公司依据这个界定,在机动车保险合同中已明确了不同的承保对象。所以,在核查使用性质时,若发现是非营运车非法营运而引发的事故,由公安交通管理机关处理,保险公司可不承担任何赔偿责任。

6. 查明被保险人对保险车辆有无保险利益

在保险合同中对有无保险利益做出的规定是:如被保险的车辆转卖、转让、赠送他人,改装或加装设备,被保险人应当事先书面通知保险人,并办理申请批改手续,未办理批单的,保险人不承担赔偿责任。

7. 查勘出险驾驶人(当事人)与被保险人的关系

在 A 款保险条款的机动车第三者责任保险的"保险责任"条款中规定:保险期限内,被保险人或其允许的合法驾驶人在使用被保险机动车过程中发生意外事故,致使第三者遭受人身伤亡或财产直接损毁,依法应当由被保险人承担的损害赔偿责任,保险人依照本保险合同的约定,对于超过机动车交通事故责任强制保险各分项赔偿限额以上的部分负责赔偿。

在 B 款保险条款的汽车损失保险合同中规定:非被保险人允许的驾驶人使用被保险机动车,投保时指定驾驶人,保险事故发生时为非指定驾驶人使用被保险机动车的,增加免赔率10%;不论任何原因造成被保险机动车损失,保险人均不负责赔偿。

查明出险车辆的车型、牌照号码、发动机号码、车架号码、行驶证、是否年检,车身颜色并与保险单或批单核对是否相符,查实车辆的使用性质是否与保险单记载的一致,以及是否运载危品、车辆结构有无改装或加装。如果与第三方车辆发生事故,应查明第三方车辆的基本情况。

8. 查明出险车辆的现场情况及受损部位

不论是单方事故还是双方事故,都要确定现场是否被移动,并记录移动后的地点,以便需要时进行回勘。确定车辆的受损部位,核对碰撞痕迹,以防止出险假现场、假案件。

在查勘理赔时,还须特别注意违约的事故现场,一般常见的违约现场有如下类型:

(1)酒后驾车、吸食或注射毒品、被药物麻醉。

(2)违反装载规定。

(3)改变车辆使用性质。

(4)车辆未经检验合格。

(5)无驾驶证或车审过期后驾车。

(6)不是被保险人允许的驾驶人。

(7)标的车进厂修理期间出险。

(8)被保险人失去保险利益后的标的车出险。

(9)非亲属或家庭共同生活成员借用被保险人车辆出险。

(10)标的车在进行违法活动时出险。

在查勘现场时还需警惕欺诈现场,常见的欺诈现场有:

(1)人为故意制造的假事故现场。

(2)顶替肇事司机承担责任的现场。

(3)套牌车辆发生事故后出险的现场。

查勘理赔时,须查明第三者财产损失情况:仔细清点现场的第三者财物损失,确定受损财产的数量、面积、规格型号、品种,并列出清单,要求事故当事人(双方)签名确认。

有路产损失的,需要有当地路政部门出具的核损报价表,并报警处理。注意:只要涉及第三者赔付的,必须有交警的事故调解书。

9. 特殊事故现场查勘

对于水灾事故、火灾事故以及车辆被盗抢事故,其查勘与双方事故的查勘有不同的侧重。

1)水灾事故

车辆涉水行驶或被淹后,由于处理或操作不当,极易造成发动机内部损坏。而这些内部损坏一般都是除外责任内的损失。而且车辆被水浸泡后,其电子元器件极易遭到腐蚀、氧化,导致损失扩大。水灾现场的查勘,除了按现场查勘的基本流程操作外,还要特别注意以下要求:

(1)接到报案后,联系客户用语:"请问您的车被水浸泡了多长时间?水位有多高?您是否重新起动?"如客户未重新起动,则告知"请您千万不要打火起动车辆,避免扩大损失,我们将马上赶到现场协助您处理。"

(2)到达现场后,快速进行处理,拍摄现场照片,必须要拍出水淹的水线位置,确定车辆被浸泡的高度,了解受损的大概情况。

(3)拍摄完现场照片后,应协助客户积极联系施救厂,并协助客户将水淹车辆推(拖)出水淹现场。

(4)查勘水灾事故现场时,查勘员必须填写现场询问笔录,就车辆水淹后如何熄火、熄火后有没有再次点火、点火多少次等问题要求事故车辆驾驶人做出明确答复。

(5)查勘水灾事故现场时,查勘员必须现场检查发动机进气口是否进水,空气滤清器芯是否被水浸湿,并拍照存档。如果空气滤清器芯没有浸湿,则可以排除发动机内部进水的可能性。

2)火灾事故

火灾事故的发生原因复杂多样,造成的损失一般也不同,起火原因主要有碰撞起火、自然起火、人为失火三种类型,不同的起火原因属于不同的理赔责任范围,现场查勘时要多观察、多了解、多询问。

(1)到达现场后,注意勘查现场环境,是在繁忙道路上还是在住宅小区,记录当时的天气状况,查勘事故地周围有无异常物。

(2)向驾驶人了解保险车辆着火的详细经过,注意观察驾驶人的言行举止,了解车辆碰撞或翻车的具体情节,车辆起火和燃烧的具体情节,发现着火时驾驶人采取了那些抢救的措施,车辆着火时的具体情况,核对当事人的叙述与已知的事实是否相符。

(3)查勘路面痕迹,车辆着火现场路面上的各种痕迹,观察制动拖印、挫划印痕的形态,测量起始点至停车位制动拖印的距离,查勘着火车辆在路面上散落的各种物品及碰撞被抛洒的车体部件、车上物品位置,推算着火车辆行驶速度。

(4)查勘车体燃烧痕迹,检查车辆燃烧痕迹,重点查看车辆的电器、油路及电路情况,查勘发动机舱和车内仪表台的受损情况,初步判断燃烧起火点及火源,分析是碰撞事故引起燃烧还是车辆自燃引起燃烧。

(5)了解当事司机与被保险人关系,车辆为何由当事司机使用,近来该车技术状况和使用情况如何,是否进行修理,最近一次在哪家修理厂维修的。

(6)调查取证,走访、调查现场其他有关人员,就其当时看到的情况做好询问记录,并对记录签名,留下联系电话。

(7)发现案件中存在某些疑点、牵涉到故意行为或人为失火情况,应作进一步调查,如多几个起火点、车上配件被移下、当事人行动反常、证词互相矛盾等,必要时通过公安消防部门进一步了解案件性质、着火原因。

(8)跟踪公安消防部门认定火灾原因,与自己通过查勘、访问、观察、提取、检验、清点等方法分析得出的火灾进行比较,发现疑问要及时沟通,并做好记录。

3)机动车被盗抢案件

机动车被盗抢案件,就是投保车辆发生全车被盗或被抢,根据保险条款,由保险公司在保险金额范围内按照出现时车辆的实际价值进行赔偿。如今,各家保险公司都把盗抢险作为主险来承保。盗抢案件查勘注意事项如下:

(1)接到调度后,调查人员应赶赴第一现场查勘,对当事人进行询问并做好询问记录,进行现场拍照并检查现场有无盗抢痕迹,有无遗留作案工具。注意分析报案人所言有无自相矛盾之处,如停车位置周围环境、车主反映的被盗经过等有无可疑之处。

(2)走访、调查现场有关人员,调查车辆停放、保管、被盗抢的情况,做好询问记录,特别注意停车场收费情况,要求被保险人提供停车收费凭证,了解车辆丢失后追偿的可能性。

(3)调查车钥匙及证件是否一同丢失。调查被盗车辆的钥匙配备情况,对钥匙进行鉴定,判断是否为原件。调查车辆相关证件是否缺失。查看车主证件,车主是单位的需查看营业执照,是个人需查看身份证。

(4)核实报警情况,走访接报案公安部门的执勤民警,核实客户报案时间,记录当时接报案的详细情况,被盗案件是否立案侦查,丢失车辆是否录入公安网上系统。

(5)调查被盗抢车辆的购置、入户上牌及过户等情况,调查使用人是否具有保险利益,如被盗抢车辆发生转让,应请被保险人及时提供有关转让证明。

(6)向被保险人了解其近期财务状况,是否有经济纠纷,调查被盗抢车辆近期维修情况。

(7)向保险人了解被盗车辆的投保、验车情况记录,索取被盗车辆的投保单。

(8)告知客户索赔所需的资料,如:《行驶证》《购置费凭证》、购车发票、车钥匙、保单等,跟踪案件立案后两个月内是否侦破。

五、现场查勘技术

现场查勘工作主要包括收取物证,现场摄影,现场丈量,绘制现场图,车辆检查,道路查勘以及收取书证等。

1.现场查勘的常用方法

(1)沿车辆行驶路线查勘法。在事故发生地点痕迹清楚的情况下,沿着车辆行驶路线进行取证,摄影和丈量,并绘制现场图,然后进行事故的原因分析与责任的认定。否则,不能用这种方法。

(2)由中心向外查勘法。当发生事故现场范围不大、痕迹、物体集中、事故中心点明确的情况下,可以采用这种方法。

(3)由外向中心查勘法。当事故发生现场范围较大、痕迹较为分散时,可以采用这种方法。

2.现场查勘工作

对于交通事故的物证,在交通事故查勘过程需要仔细收集。现场查勘工作包括收取物证、现场摄影、现场丈量、绘制现场图等内容。

1)收取物证

物证是分析事故原因最为客观的依据,收取物证是现场查勘的核心工作。事故现场物证的类型有散落物、附着物和痕迹。

(1)散落物。散落物可分为车体散落物、人体散落物及他体散落物三类。车体散落物主要包括零件、部件、钢片、木片、漆片、玻璃、胶条等；人体散落主要包括事故受伤人员的穿戴品、携带品、器官或组织的分离品；他体散落物主要包括事故现场人、车之外的物证，如：树皮、断枝、水泥、石块等。

(2)附着物。附着物可分为喷洒或黏附物、创痕物与搁置物三类。喷洒或黏附物主要包括血液、毛发、纤维、油脂等；创痕物主要包括油漆微粒、橡胶颗粒、热熔塑料涂膜、反光膜等；搁置物主要包括织物或粗糙面上的玻璃颗粒等。

(3)痕迹。不同的痕迹，各有其形状、颜色和尺寸，往往是事故过程某些侧面的反映，因此也是事故现场物证收集的重点。痕迹可分为车辆行走痕迹、车辆碰撞痕迹及涂污与喷溅痕迹三类。车辆行走痕迹主要包括轮胎拖印、压印和擦印等；车辆碰撞痕迹主要包括车与车之间的碰撞痕迹、车与地面之间的撞砸与擦刮痕迹、车与其他物体间碰撞与擦刮痕迹。车与车之间的碰撞痕迹包括车辆正面与正面、正面与侧面、追尾等的碰撞痕迹；车与地面之间的碰撞与擦刮痕迹常见于车辆倾覆或坠落的事故；车与其他物体间碰撞与擦刮痕迹主要有车与路旁建筑物、道路设施、电杆、树木等的接触产生。涂污与喷溅痕迹主要包括油污、泥浆、血液、汗液、组织液等的涂污与喷溅。

鉴于物证的重要性，查勘人员要做好物证的收取，要在认识和发现物证的同时，利用科学的方法和手段取得物证。

2)现场摄影

现场摄影技术自20世纪40年代开始应用于交通事故分析。由于摄影照片能够迅速而完整地记录事故现场的各种信息，可以提高现场勘测速度，减少占道时间，提高道路通行能力，因此，国内外对摄影技术在事故再现中的应用进行广泛了研究。

摄影技术在事故再现中主要应用于三个方面：

(1)利用摄影照片测量事故现场；

(2)利用摄影照片测量车辆变形；

(3)利用摄影照片进行智能识别。

利用事故现场摄影照片提取现场空间位置信息的方法主要有二维方法和三维方法两类。

二维方法使用俯视摄影，由于是通过平面二维摄影照片来反映事故的三维空间信息，在没有其他信息的情况下，无法直接根据一幅摄影照片图像上二维坐标信息恢复三维空间坐标信息。因此必须设置4个以上空间位置的标定参考点，才能实现照片图像的二维重建，标定参考点可以使用在已知道路条件下周围环境的特殊位置点，也可以人为设置。

三维方法又分为单目照片法和多目照片法。单目照片法实际上是反投影法，在摄像机反投影法中，要求根据照片(或幻灯片)，回到原现场，用适当的观察设备，找出原照片在现场中的视点和方位，从而在交通事故现场达到三维再现的目的；也可以使用计算机反投影法，根据线性变换求出摄像机的视点和方位，实现现场的重现。

多目照片法是在不同方位拍摄多张事故现场的照片，这些照片上有同一点，可根据该点在多张照片上的位置求出在实际空间中的三维坐标位置，从而反映事故现场的空间信息。

现场的拍摄一般步骤是，首先拍摄现场的方位，其次拍摄现场概貌，再拍摄现场重点部位，最后拍摄现场的细节。现场拍摄的原则是，先拍原始，后拍变动；先拍重点，后拍一般；先拍容易的，后拍困难的，先拍易消失和被破坏的，后拍不易消失和不易被破坏的。在实际拍摄过程中，要根据现场情况灵活掌握，注意现场照片的彼此联系，相互印证。

3）现场丈量

现场丈量必须准确，必要的尺寸不能缺少。现场丈量前，要认定与事故有关的物体和痕迹，选定事故现场附近一个永久性的固定点，作为现场的基准点。然后逐项进行并做好相应的记录。

（1）确定事故现场方位。事故现场的方位以道路中心线与指北方向的夹角来表示。如果事故路段为弯道，以进入弯道的直线与指北方向夹角和转弯半径表示。

（2）事故现场定位。事故现场的定位方法有三点定位法、垂直定位法、极坐标法等。三种定位方法首先都需要选定一个固定现场的基准点，基准点必须具有永久的固定性，比如可选有标号的里程碑或电线杆。

三点定位法是用基准点、事故车辆某一点以及基准点向道路中心线作垂线的三个交点所形成的三角形来固定现场位置，所以此时只需要量取三角形各边的距离即可。

垂直定位法是用经过基准点且平行于道路边线的直线与经过事故车辆某一个点且垂直于道路边线的直线相交所形成的两个线段来固定事故现场，所以该方法只需要量取基准点与交点、交点与事故车辆某一点两条线段的距离即可。

极坐标法是用基准点与事故车辆某一点连接形成线段的距离以及线段与道路边线垂直方向的夹角来固定事故现场，所以该方法只需量取线段长度和夹角度数即可。

（3）道路丈量。道路的路面宽度、路肩宽度以及边沟的深度等参数一般需要丈量。

（4）车辆位置丈量。事故车辆位置用车辆的四个轮胎外缘与地面接触中心点到道路边缘的垂直距离来确定，所以只需量取四个距离即可。车辆行驶方向可根据现场遗留的痕迹判断，如从车上滴落油、水，一般其尖端的方向为车辆的行驶方向等。

（5）制动印痕丈量。直线形的制动印痕的拖印距离直接测量即可；弧形制动印痕的拖印距离量取，一般是先四等分弧形印痕，分别丈量等分点至道路一边的垂直距离，再量出制动印痕的长度即可。

（6）事故接触部位丈量。事故接触部位的丈量，最关键的是先准确判定事故接触部位。事故接触部位是形成事故的作用点，是事故车辆的变形损坏点，因此，可根据物体的运动、受力、损坏形状以及散落距离等因素科学判断事故接触部位。对其丈量时，一般应测量车与车、车与人，或者车与其他物体接触部位距地面的高度、接触部位的形状大小等。

（7）其他的丈量。如果事故现场还有毛发、血皮、纤维、车身漆皮、玻璃碎片、脱落的车辆零部件、泥土、物资等遗留物，并且他们对事故认定起着重要作用，则一并需要丈量他们散落的距离或黏附的高度等。

4）绘制现场草图

现场查勘草图是根据现场查勘程序，在出险现场边绘制边标注，当场完成的出险现场示意图，它是现场查勘的主要记录资料，是正式的现场查勘图绘制的依据，实际上是保险车辆事故发生地点和周围环境的小范围地形图。现场草图一般包括事故位置和周围环境以及遗留有相关的痕迹、物证的地点、运动的关系、事故的情况等。在现场绘制的草图可以不太工整,但是内容必须完整,尺寸、数字要准确,物体的位置、形状、尺寸、距离的大小应基本成比例,根据需要绘制立体图、剖面图和局部放大图。同时,要与现场查勘的笔录吻合。

5) 车辆检查

车辆的技术状况及乘员载重状况,与交通事故有直接关系必须认真地进行检查和鉴定。检查的内容包括转向、制动、挡位、轮胎、喇叭、灯光、后视镜、刮水器等,以及车辆的乘员和载重情况。因在现场勘查时条件所限,在事故车辆允许的情况下,一般进行路试检查。如果必须进行台架试检查,可由国家承认的车辆性能鉴定机构进行鉴定检查。

六、现场查勘的判断与分析

现场查勘人员经过现场拍照、测量以及收集物证、人证后应首先判断分析是否属于保险责任范围。其次,因交通事故责任认定的需要,还应对肇事车辆的车速、碰撞接触点,以及现场的痕迹进行的分析。

1.判断肇事车辆的车速

机动车辆肇事前的行驶速度是分析事故原因的主要因素。对肇事车辆的行驶速度主要依据现场遗留痕迹作判断。

目前,现场查勘判断车速的方法,主要是利用车辆的制动拖印以及散落物抛出的距离等来估算车速。

机动车辆肇事前,驾驶人多会本能地采取紧急制动措施,所以事故现场上一般都留有制动时车辆抱死滑移的痕迹(但对于一些高档进口车辆有防抱死装置的则可能没有轮胎滑移痕迹),即所谓的制动拖印。

汽车制动时,当车辆制动器的制动力大于车轮与地面的附着力时,车轮将抱死不转,并在路面上沿汽车行驶方向向前滑移。

2.判断碰撞接触点

碰撞是指运动着的车辆以其运动方向的正面与对方接触的事故。碰撞接触点就是碰撞双方最初的接触部位在路面上的投影位置。

交通事故中的碰撞形式有机动车辆碰撞行人、碰撞自行车、碰撞固定物体以及机动车相互碰撞等。碰撞的形式有正面碰撞、追尾碰撞、侧面碰撞等。当车辆与相当质量的车辆或物体碰撞时,由于运动惯性瞬间受阻,运动是碰撞事故的一个特点。

由于实际碰撞事故十分复杂,很难用动力学的碰撞理论,通过计算确定碰撞点。目前,判断碰撞接触点的方法主要是根据现场况进行逻辑推理分析,或通过事故现场模拟实验确定。

判断碰撞接触点的依据:

(1)事故现场的物理(力和运动)现象,双方车辆损坏的部位及受力情况。当第一现场挪动后,根据双方车辆碰撞损坏位置亦可以初步判定事故原因。

(2)事故现场的散落物。如车体下的泥土、玻璃碎片等。

(3)制动印迹。

(4)汽车运动学和动力学理论(运动轨迹和碰撞损坏情况)。

碰撞接触点的判断通常分以下几种情况:

1) 汽车碰撞固定物体

汽车碰撞固定物体时,无论碰撞后固定物(包括停驶的车辆)是否产生位移,用固定物体原始位置与汽车的接触点就能确定碰撞接触点。

2) 汽车碰撞行人或自行车

由于决定双方碰撞冲量的质量和速度相差悬殊,因此碰撞后不会导致汽车运动速度和运动方向的明显变化。在这种情况下,碰撞位置必然在现场汽车停放位置的后方。所以碰撞接触点应在汽车前保险杠之后(汽车前行事故),根据遗留在路面上的自行车轮胎挫划痕迹或行人的鞋底挫划痕迹,被撞者身上或自行车上掉下来的物品等进行判断。

3) 汽车正面相撞

汽车正面相撞时,由于两车均沿同一直线运动,碰撞后两车的停驶位置一般不会偏离原先的行驶方向。通常,当两车变形相当时,冲量大的车将使冲量小的车由碰撞位置后移,故碰撞位置应在冲量大的汽车保险杠后方。由于碰撞瞬间车辆前轴负荷突变以及碰撞力可能使前轮轮胎产生横向挫滑的结果,前轮胎将在路面上留下较正常轮印宽而重的挫痕。因此,轮胎挫印的位置,可作为判断碰撞接触点的依据。另外,还可根据碰撞掉落的前灯玻璃等掉落物体判断碰撞接触点。

4) 追尾相撞

追尾的后车碰撞行驶的前车,前车将在碰撞力的作用下加速,碰撞后两车一起向前运动,碰撞接触点应在停驶后的后车前保险杠之后。

5) 侧面相撞

无论是侧面正交或斜交相撞,被撞车都可能程度不同地偏离原先的行驶路线,车辆偏离原行驶路线的程度虽然与两车各自的冲量对比有关,但车辆碰撞后的运动趋势又受到碰撞接触部位、车辆类型和结构、操纵系统状态(车轮制动状态、转向轮偏转角度)、附着系数诸因素影响,所以侧面碰撞的碰撞接触点很难运用运动学关系通过简单定量分析得出可靠结果。一般依靠各种碰撞事故资料及经验进行判断。

3. 车辆变形和破损痕迹的鉴别与分析

事故发生后,无论是机动车辆之间,还是车辆与固定的物体、或车辆与行人之间,甚至车辆自身的事故,都会或多或少的在车体上留下种种痕迹。

1) 车体上的碰撞痕迹

车辆互撞或车辆碰撞固定物体,一般都会造成车体变形或破损。在一般碰撞事故中汽车前面的保险杠、叶子板、水箱护栅等部位,可找出凹陷的痕迹。凹陷的位置和大小对判断碰撞对象及碰撞接触部位十分有用;从凹陷的程度也可推断碰撞时相对速度的大小。对于碰撞痕迹,应注意将第一次碰撞与其后的第二次碰撞区别开来。第一次碰撞与事故成因有关,而第二次碰撞则是事故的后果。

2) 车体上的刮擦痕迹

车辆刮擦痕迹的位置通常在车体侧面。刮擦痕多为长条状,除具有凹陷或破损的特征外,还呈现车身灰土、泥土被擦掉或漆皮刮落的现象。与碰撞事故相仿,刮擦部分上可能留下对方车辆的漆皮、木质纤维或其他物体的痕迹。

3）碾压痕迹

证明碾压事故的痕迹多留在车裙下沿或底板下面。查勘车辆碾压行人或自行车事故时应注意查找碰撞痕迹,因多数碾压是碰撞以后发生的。

4）车辆机械事故痕迹

因车辆机件失灵所造成的事故,其原因主要在车辆的行驶系统或操纵系统。行驶系统或操纵系统的某个机件断裂或连接松脱,往往使行驶中的车辆突然失控。因机件失灵所造成事故虽然为数甚少,但其后果一般都比较严重。机件断裂、松脱的原因有些属于设计、制造质量问题,但大多数情况下则与修理保养以及驾驶人的责任有关。为了查明这类事故的真正原因,则必须依靠对机件损坏部位痕迹进行必要的技术鉴定(包括材质的技术鉴定)。

汽车制动系以及行驶、转向机构的某些机件如前轴、转向节、钢板弹簧、转向传动杆件等的松脱或断裂都有其一定的过程。连接件的松脱过程先是防松装置(开口销、锁紧螺帽等)脱落,然后在车辆行驶震动中逐渐松开;而机件的断裂也是如此,如转向节的断裂过程中由于应力集中等影响,最先在转向节轴根部出现疲劳裂纹,随着疲劳裂纹在使用过程中逐渐扩展,零件的有效断面亦随着减小,当有效断面小到使其强度不足以胜任某次冲击力时,转向节才会突然折断。

可见,上述松脱和断裂的痕迹也不会是截然变化的。从痕迹处的油迹、锈斑、灰尘一般可推断机件的损坏原因。这是鉴别事故在先还是机件损坏在先的方法。

车辆翻车等事故造成多种机件损坏时,应分析最先造成事故的原因。因为有的机件损坏是事故后造成的,与事故形成无关;有的虽是事故的原因,却不是直接原因。例如传动轴断裂本该不会引起翻车,但断裂旋转的传动轴打裂了制动储气筒或破坏了制动管道,从而导致制动失效,车辆失去控制。这些,都应在对机件破损痕迹的具体分析中,运用科学知识合理推断。

七、典型交通事故的现场查勘重点

典型的交通事故包括车辆之间的交通事故、车辆与人的交通事故、车辆与自行车的交通事故和车辆自身的交通事故等。

1. 车辆之间的交通事故

（1）事故一般情况。车辆之间的交通事故是指两个及两个以上车辆,因碰撞而导致的事故。这种碰撞一般包括正面碰撞、侧面碰撞、追尾碰撞等。事故的必然结果将导致车身不同程度的损毁和车辆原有运动方向的改变,甚至出现侧滑、倾覆等,在路面上留下轮胎印迹和印迹突变等现象。

（2）现场查勘重点。

①确定车辆停止位置和状态、车辆之间的位置关系,用以判断冲突角度。

②检查路面上轮胎印迹和印迹突变的位置、形态,印迹与车辆的关系,以判断行驶路线和接触点。

③检查事故散落物及其位置,分别丈量散落物掉落处的高度、抛出距离和散落物之间的距离,用以判断碰撞接触点和速度。

④观察确定车体第一次碰撞破损痕迹所在部位、破损程度、着力方向、痕迹、表面异物或颜色;并分别丈量痕迹的面积离地高度和与前、后端角的水平距离,用以判断接触部位、碰撞

角度及碰撞前后车辆运动的趋势。

(3)访问重点。

①在交通复杂路段或岔路口、弯道处采取的安全措施及当时车辆的速度。

②发现对方车辆时彼此的位置、距离、动态,如何判断有无危险的感觉,采取的措施。

③碰撞的地点和部位。

④如果有占线行驶的情形发生,要查明原因。

(4)其他调查。

①有关车辆方面的调查。包括车辆外廓尺寸、轴距、轮距、最小转弯半径、最小通过通道宽度以及车辆的灯光设备是否齐全有效等。

②有关道路方面的调查。包括路面宽度及路况、岔路口形式,弯道及纵坡道的几何线型,视线及标志设施等。

2. 车辆与人的交通事故

(1)事故一般情况。车辆与人的交通事故,常见的是行人横穿城市街道或公路被过往的车辆碰撞与碾压的情形。事故的主要原因包括:

①车辆驾驶人反应迟钝,判断错误或采取的措施不当造成的。

②未按照规定速度和路线行驶,违反交通法规。

③行人违反交通规则,在车辆制动的非安全区内横穿城市街道或公路,驾驶员采取措施而无法避让的。

在车辆与人的事故中,行人是弱者,被车辆撞压时,车辆的运动状态几乎不受影响。一般由于需要抢救伤者而移动车辆位置,造成出险现场变动,给现场查勘工作带来难度。

(2)现场查勘重点。

①查勘现场变动情况,确定现场原始状态与变动后状态的位置关系。

②检查鉴别轮胎印迹,丈量制动拖印长度及其起止点至基准线的距离,明确位置和形状,以及与车辆停止处的方位关系用以判断车辆行驶路线、速度和制动措施。

③人体位置或血迹位置与车辆、有关痕迹、物体的距离及方位关系,用以判断接触点和车辆的速度。

④确定行人横穿道路前所在的位置,横穿路线及与接触点或人体血迹处的距离,用以判断穿过这段距离所需时间及同一时刻的车辆位置。

⑤检查车辆上有无毛发、皮屑、衣服纤维、血迹、手印等,并测量其所在位置,以判断刮碰点。

(3)访问重点。

①查询行人横穿道路的原因。未横穿道路前,有谁和当事人在一起。

②查清驾驶员最初发现行人横穿的地点、感到危险的地点、采取紧急措施的地点。

(4)其他调查。

①车辆的制动性能。

②自然条件,如光线、风向等。

③人体损伤鉴定与衣物上的痕迹。

④行人心理和生理方面的影响因素。

3. 车辆与自行车的交通事故

(1)事故一般情况。自行车与车辆的交通事故多发生在各种道路口。有的由于自行车的争道抢行,驾驶人采取措施不及造成碰撞或碾压;有的由于车辆在交通拥挤或道路狭窄路段,超越自行车或与自行车交会时,没有保持一定的安全距离而撞刮自行车,或由于路面不平,骑车人紧张而使得自行车摇晃、倾倒而被碾压。

车辆与自行车的交通事故易在车辆的接触部位留下刮擦碰撞的痕迹,自行车产生明显变形,撞刮部位往往留下车辆的油痕迹,地面也会留下相应的印迹和沟槽等。

(2)现场查勘重点。

①确定车辆、自行车停止位置和骑车人躺卧位置、状态,以及三者间在路面上的位置关系。

②检查路面上车辆和自行车的轮胎印迹、沟槽痕迹的位置,以及相互的关系,用以判断行车速度和安全间隔。

③检查事故车辆上的痕迹、形状以及其所在部位距离车前端的距离和高度,用以判断碰撞接触位置。

④自行车受力变形部位、方向、形状及离地高度,以判断自行车碰撞部位及方向。

⑤如果自行车载有货物,应确定所载物品的重量、尺寸,碰撞后物品的散落位,用以判断自行车行驶的稳定性及其对事故的影响。

(3)访问重点。

①事故车辆与自行车的行驶方向。

②相互发现对方的距离、位置、动态,以及采取的避让措施。

③碰撞与碾压的形式。

(4)其他调查。

①交通环境调查,包括车辆、行人的动态等。

②岔道口形式、视线及路面平整情况。

③事故车辆和自行车的制动性能。

4. 车辆自身的交通事故

(1)事故一般情况。车辆自身原因造成交通事故,包括驶出路外的车辆倾覆和在路内倾覆等。驶出路外的车辆倾覆,一般是驾驶人受到某一外因影响,导致操作失误或车辆失去控制造成的。如转弯时速度过快、制动时车辆跑偏、前轮胎爆破、转向节折断、转向机构故障等。路内倾覆一般多由于车辆侧滑时车轮受阻,车身的惯性作用引起的。车辆倾覆的现场一般留有轮胎印迹和沟槽痕迹。

(2)现场查勘重点。

①检查鉴别路面上遗留的轮胎印迹有无突变现象、突变的位置和原因等,用以判断车辆的行驶路线与倾覆原因。

②检查路面沟槽痕迹位置、形状、深度,以判断受力的方向和形成的原因。

③检查散落物的散落方向、抛出位置和抛出距离,以判断车辆倾覆前的速度。

(3)访问重点。

①车辆的行驶速度和操作情况。

②车辆行驶中有无异常的感觉,怎样感知这种异常。

③事故前是否出现紧急情况,采取了什么措施。

（4）其他调查。

①有关车辆方面的调查。包括转向机构连接部分有无脱落、部件有无断裂、端口的形状特征，是否为自燃断裂；制动系统的性能、有无故障及故障原因；转向轮的新旧程度等。如果是载货汽车，还要调查车辆的额定载重量。

②有关道路方面的调查。包括路面材料、路面情况、转弯半径等道路条件，以及超高标志、护栏等设施情况。

③车辆的装载情况调查。包括车辆的实际载重量、装载物品性质、装载高度、重心位置等。

> **小知识：交通事故的计算机模拟**
>
> 在车辆碰撞交通事故频率较高的现代社会，完全通过手工来进行事故再现效率低，使用计算机辅助进行碰撞事故的模拟与分析已成为现实的需要。为此，欧美等国家开发了一系列的事故再现软件，并投入实际应用，国内在引进应用国外软件的同时也已经开始探索车辆碰撞事故的计算机模拟研究。
>
> 当前，国际上用于事故再现分析的计算机软件逐渐发展并趋于完善，主要集中在欧美和日本等发达国家。美国于20世纪70年代开始应用计算机辅助进行交通事故分析，相应的软件有SMAC、CRASH、EDCRASH和EDSMAC等，其中SMAC软件是模拟类软件的代表，主要使用牛顿第二定律的数值积分进行求解，CRASH软件则采用碰撞前后的能量守恒和平移动量守恒求解碰撞过程；奥地利开发了PCCrash软件用于典型交通事故的模拟，近年来还在不断完善，将多体系统动力学软件MADYMO的人体模型引入车撞行人等事故情形的分析中；法国INRETS研制了ANAC，使用12～14自由度的多体系统车辆模型，后处理中实现了数字图像动画仿真；此外还有日本JARI推出了J2DACS软件、DDay研制的HVE仿真软件等。
>
> 碰撞模型对事故再现有重要作用。目前以二维模型为主流，SMAC、CRASH、IMPAC、J2DACS和PC-CRASH等都为二维碰撞模型。也有三维的碰撞模型，包括PAM-CRASH、MADYMO3D、CAL3D、SINRAR和LS-DYNA3D等，但是多为有限元分析模型，由于需要几小时乃至长达几天的网格生成过程而难以实现碰撞过程实时模拟，同时由于有限元模拟需要完整的力学参数，不同车型的参数也不相同，因此在交通事故模拟方面的应用尚停留在理论阶段，而相关软件往往较多应用于新车型的开发。

第五节　汽车保险定损

一、对汽车保险定损人员的要求

为了准确客观无争议地完成保险赔服务，对于一定规模的保险分支机构或物价管理部门都设置有专门的机动车辆定损中心，配有专职的定损和估价人员。

1. 良好的职业道德

损伤鉴定工作与有关方面的经济利益直接相关，而损失鉴定工作又具有相对的独立性和技术性，定损核价人员具有较大的自由掌握空间。一些不良的修理厂，甚至被保险人由于受到利益驱动,常常会对定损核价人员实施各种方式的利诱,希望定损核价人员与其合作虚构,谎报和高报损失,以获得不正当的利益。为此,要求定损核价人员具有较高的职业道德水平,以维护检验工作的信誉。

2. 娴熟的专业技术

机动车辆的检验工作是一个专业性和技术性较强的工作,作为一个定损核价人员开展工作的前提条件是必须具有娴熟的专业技术,主要包括:机动车辆构造和修理工艺知识,与交通事故有关的法律法规以及处理的知识,机动车辆保险的有关知识,这些都是作为一个定损核价人员分析事故原因,分清事故责任,保险责任范围和确定损失所必需的知识。

3. 丰富的实践经验

在处理交通事故的过程中,除了需要具有相关的知识外,丰富的实践经验常常也是十分重要的因素。一方面,能有助于定损核价人员准确地判断损失原因,科学而合理地确定修理方案;另一方面,对于施救方案的确定和残值的处理也会起到重要的作用。同时对于识别和防止日益突出的道德风险和保险欺诈有着十分重要的作用。

4. 灵活的处理能力

检验过程也是处理各种关系的过程。这些关系总是矛盾和错综复杂的,定损核价人员应当善于驾驭和处理多种多角关系。

二、汽车保险定损的工作内容

汽车保险定损的工作内容主要包括车辆损失的确定、人员伤亡费用的确定、施救费用的确定,其他财产的损失确定和残值处理等内容,其核定损失流程如图5-4所示。

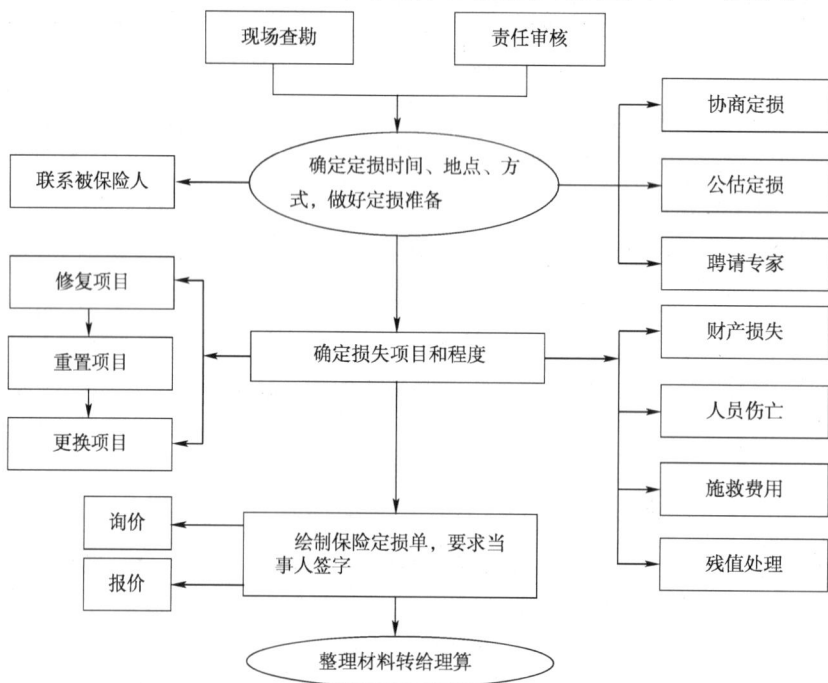

图5-4 事故车辆定损程序

1.车辆损失的确定

事故车辆损伤的鉴定和维修费用的评估,对车辆的维修工作有着重要的意义。它也是汽车保险与理赔工作中的关键一环,将直接影响保险合同双方的利益。因此要求损伤评定工作必须具有真实性、专业性和准确性。

保险人应会同被保险人一起进行车辆损失确定。如涉及第三者车辆损失的,还包括会同第三者车损方进行定损。

1)事故车辆的定损原则

定损核价人员接到任务及有关资料后,利用必要的设备和技术手段做好事故车辆的查勘工作,对事故车辆及受损部位进行拍照。定损人员确定事故车辆的损伤部位,并确定受损总成及零部件的更换或修理。在此基础上对零配件价格及修理工时费做出正确的核定。

(1)严格执行理赔制度。保险公司的理赔工作应严格执行《机动车辆保险与理赔实务》的有关规定,工作人员在查勘定损估价过程中要做到双人查勘、双人定损、交叉复核。多损失较大或疑难案件做到重复多次审核,专门会议分析研究,确保核定无误。对任何一个理赔案件都要做到严格细致、客观真实,不受人情的影响,做到既不损害保险人的利益也不侵害被保险人的利益。

(2)准确进行定损核价。定损核价人员在事故车辆的定损、估价过程中,在保证被保险人的权益不受侵害、不影响车辆性能的前提下,应遵循"公平公正"、"能修不换"的保险补偿原则,参照当地交通运输管理部门规定的修理工时及单价和零配件价格对事故车辆的损伤部位逐项进行审定,做到合理准确地定损核价。

一般地,需要更换的零部件可归纳为以下四种:

①无法修复的零部件,如灯具的严重损毁。

②工艺上不可修复使用的零部件。

工艺上不可修复使用的零部件主要有胶贴的各种饰条,如胶贴的风窗玻璃饰条、胶贴的门饰条、胶贴的翼子板饰条等。

③安全上不可修复使用的零件。

安全上不可修复使用的零件是指那些对汽车安全起重要作用的零部件。例如,行驶系统中的车桥、悬架;转向系统中的所有零部件,如方向横拉杆的弯曲变形等;制动系统中的所有零部件。这些零部件在受到明显的机械性损伤后,从安全的角度出发,基本上都不允许再使用。

④无修复价值的零件。

无修复价值的零件是指从经济上讲不具备修复价值的零件,即那些修复价值接近或超过零部件原价值的零部件。

对事故车辆的定损时,损坏的零部件究竟是更换还是维修,必须坚持一定的原则,具体如下:

①质量、寿命有保证。修理后零部件使用寿命能达到新件寿命的80%以上,且应能与整车的使用寿命相匹配。

②修理零部件的费用与新件关系。价值较低的,维修费用不高于新件价格30%;中等价值的,维修费用不高于新件价格的50%;总成的维修费用,不可大于新件价格的80%。

③确保行车安全。

④灵活掌握。

⑤对某些老旧车型。凡市场上已很难购到的配件,且尚可修理,其维修费用虽高一些,也要修复。

(3)正确划分赔付范围。定损人员应正确区分:

哪些是车辆本身故障所造成的损失;

哪些是车辆正常使用过程中零件自然磨损,老化造成的损失;

哪些是使用维护不当造成的损失;

哪些是损伤产生后没有及时进行维护修理致使损伤扩大造成的损失;

哪些是撞击直接造成的损失。

依照机动车辆保险条款所列明的责任范围,明确事故车辆损伤部位和赔付范围。对于保险赔付责任的范围内的损伤,估损人员应当能够按照科学的程序,借助原厂零部件和公司手册或者专业估损手册,进行精确估损。核定损失流程如图5-4所示。

2)事故车辆的定损方法

在实际运作过程当中,经常存在着这样的问题,被保险人与保险人在定损范围与价格上存在严重分歧,被保险人总希望能得到高的赔付价格,而保险人则正好相反。另外在保险业,特别是机动车辆保险业,经常有骗保案件发生。因此,为避免上述情况发生,定损人员应掌握正确的定损方法。

(1)确定出险车辆的性质,确认是否属于保险赔付范围。根据有关机动车辆保险条款的解释及事故现场的情况,验明出险车辆号牌、发动机号、车架号是否与车辆行驶证及有关文件一致,验明驾驶员身份,驾驶证准驾车型是否与所驾车形相符,如驾驶出租车是否有行业主管部门核发的出租车准驾证,确认是否保险赔付范围及是否骗保行为。

(2)对现场及损伤部位照相。按事故查勘照相的要求,对现场及车辆损伤部位拍照,必须清晰、客观、真实地表现出事故的结果和车辆的损伤部位。

(3)对事故车辆损伤部位进行查勘,确定损伤程度。在对外部损伤部位照相的基础上,对车辆损伤部位进行细致查勘,对损伤零件逐个进行检查,即使很小的零件也不要漏掉,以确定损伤情况。如对车身及覆盖件查验时,应注意测量、检查损伤面积、塑性变形量、凹陷深度、撕裂伤痕的大小,必要时应测量、检查车身及车架的变形,以此确定零件是否更换或进行修理所需工时费用。对于功能件应检验其功能损失情况,确定其是否更换或修理方法及费用。

(4)对不能直接检查到的内部损伤,应进行拆检。如车辆发生强度较大的正面碰撞时,在撞击力的作用下,除车身及外覆盖件被撞损坏以外,同时会造成一些内部被包围件的损坏。如转向机构、暖风及空气调节装置等的损伤情况,就需要解体检查。所以发生碰撞事故后,应根据实际情况确定是否需要解体检查,以确认被包围件的损伤情况。

(5)确定损伤形成的原因。零部件及总成损伤形成的原因,可以由事故引起,也可能是其他原因,不能一概而论。

3)事故车辆定损程序

保险人应会同保险人和第三者车损方一起进行车辆定损。车辆定损的基本程序如

图5-4所示。

(1)保险公司一般应指派两名定损员一起参与车辆定损。

(2)定损时根据现场勘察记录,认真检查受损车辆,搞清本次事故直接造成的损伤部位,并由此判断和确定因肇事部位的撞击震动可能间接引起其他部位的损伤。最后,确定出损失部位,损失项目,损失程度,并对损坏的零部件由表及里进行逐项登记,同时进行修复和更换的分类。

对估损金额超过本级处理权限的,应及时上报上级公司协助定损。

(3)与客户协商确定修理方案,包括确定修理项目和换件项目。修理项目需要列名各项目工时费,换件项目需要明确零件价格,零件价格需要通过询价、报价程序确定。

(4)对更换的零部件属于本级公司询价报价范围的,要将换件项目清单交报价员进行审核,报价员应根据标准价格或参考价格核定所更换的配件价格;对于估计损失金额超过本级处理权限的,应及时上报公司并协助定损。

(5)定损员接到核准的保价单后,再与被保险人和第三者车损方协商修理、换件项目和费用。协商一致后,定损员和被保险人共同签订《汽车保险车辆损失情况确认书》一式两份,保险人被保险人各执一份。

(6)对损失金额较大,双方协商难以确定的,或受损车辆技术要求高,难以确定损失的,可聘请专家或委托公估机构定损。

(7)受损车辆原则上应一次定损。定损完毕后,由被保险人自选修理厂或到保险人推荐的修理厂修理。

(8)保险人车辆修复后,保险人可根据被保险人的委托直接与修理厂结算修理费用,明确区分被保险人自己负担的部分费用,并在《汽车保险车辆损失情况确认书》上注明,由被保险人保险人和修理厂签字认可。

近年来,很多保险公司为了适应形势的发展,通过严格审查与筛选,在本地区修理行业确定了许多保险定点修理单位。保险车辆发生事故受损后,必须到这类定点修理单位修理才能定损,否则不予受理,一定程度上避免了理赔员与维修公司小修大报的情况。在这种情况下,修理的部位、工时与换件的费用由承修方和保险人协商确定。定损时,按照双方的约定核实。

4)事故车辆定损应注意的问题

(1)应注意本次事故造成的损失和非本次事故造成的损失、正常维护与事故损失的界限,对确定的事故损失应首先坚持尽量修复的原则。

(2)受损车辆解体后,如发现尚有因本次事故损失的部位没有定损的,经定损员核实后,可追加修理项目和费用。

(3)受损车辆未经保险人同意而由被保险人自行送修的,保险人有权重新核定修理费用或拒绝赔偿。在重新核定时,应对照现场查勘记录,逐项核对修理费用。

(4)换件残值应合理作价,如果被保险人接受,则在定损金额中扣除;如果被保险人不愿意接受,保险人拥有处理权。

2.人员伤亡费用的确定

涉及第三者责任险和车上人员责任险的人员伤亡费用,应根据保险合同的约定和有关法律法规的规定处理。

(1)事故结案前,所有费用均由被保险人先行支付,待结案后,业务人员应及时审核被保险人提供的事故责任认定书、事故调解书、伤残证明及各种有关费用单据,填写费用清单,最后结算。在确定伤亡费用时,应根据道路交通事故处理的有关规定向被保险人说明费用承担的标准。凡是被保险人自行承诺或支付的费用,业务人员应重新核定,对不合理的部分应予剔除。

按照现行的《道路交通事故处理办法》规定,保险可以负责的合理费用包括:医疗费(限公费医疗的药品范畴)、误工费、护理费(住院护理人员不超过二人)、就医交通费、住院伙食补助费、残疾生活补助费、残疾用具费、丧葬费、死亡补偿费、被抚养人生活费、伤亡者直系亲属或合法代理人参加事故调解处理的误工费、交通费、住宿费。对于伤者需要转院赴外地治疗的,须由所在医院出具证明并经事故处理部门同意,保险人方可负责;伤残鉴定费需要经保险人同意方可负责赔付。

不符合保险赔偿范围的费用包括:受害人的精神损失补偿费、困难补助费、被保险人处理事故时的生活补助费和招待费、事故处理部门扣车后的看护费、各种罚款、其他超过规定的费用等。

(2)对车上及第三方人员伤亡的情况应进行实际调查,重点调查被抚养人的情况及生活费、医疗费、伤残鉴定证明等的真实性、合法性和合理性。

承担费用的标准,应该依照现行道路交通事故处理的有关法律法规的规定。

3.确定其他财产损失

(1)货物损失的核定。货物损失包括本车货物和第三者车载货物。在对货物损失进行核定时,要逐项清理,确定损失数量、损失程度、损失金额。损失金额的确定应以货物的实际成本价核定。保险车辆的车上货物赔偿限额以保险金额为限;第三者货物损失和第三者其他损失的总和以保险车辆的第三者限额为限。

(2)牲畜损失的核定。牲畜受伤的,按照实际的治疗费用核定;牲畜死亡或无法继续使用的,按照事故发生地的市场价格核定,但必须按照实际情况扣减残值。其和第三者其他损失的总和不得超过保险车辆的第三者限额。

(3)其他财产的核定。其他财产包括第三者随身的衣物及携带和使用的有现金价值的其他物品。可以根据实际,通过协商,采取修复、更换、现金赔偿的方式处理,但必须征得保险公司同意。

4.确定施救费用

当保险车辆或其所涉及的财务或人员在遭遇保险责任范围内的车祸时,被保险人采取措施进行抢救,所发生的直接的、必要的、合理的施救费用在保险范围之内。

定损人员在确定施救费用时应遵循以下原则:

(1)被保险人使用他人(非专业消防单位)的消防设备,施救保险车辆所消耗的费用及设备损失可以赔偿。

(2)保险车辆出险后,雇用吊车和其他车辆进行施救的费用,以及将出险车辆拖运到修理厂的运输费用,在当地物价部门颁布的收费标准内负责赔偿。

(3)在施救过程中,因施救而损坏他人的财产,如果应由被保险人承担赔偿责任的,可酌情予以赔偿。但在施救时,施救人员个人物品的丢失,不予赔偿。

(4)施救车辆在拖运受损保险车辆途中发生意外事故造成的损失和费用支出,如果该施救车辆是被保险人自己或他人义务派来抢救的,应予赔偿;如果该施救车辆是有偿服务的,则不予赔偿。

(5)保险车辆出险后,被保险人赶赴肇事现场处理所支出的费用,不予负责。

(6)只对保险车辆的施救费用负责。保险车辆发生保险事故后,涉及两车以上应按责分摊施救费用。受损保险车辆与其所装货物(或其拖带其他保险公司承保的挂车)同时被施救,其救货(或施救其他保险公司承保的挂车)的费用应予剔除。如果它们之间的施救费用分不清楚,则应按保险车辆与货物(其他保险公司承保的挂车)的实际价值进行比例分摊赔偿。

(7)保险车辆为进口车或特种车,发生保险责任范围的事故后,当地确实不能修理,经保险公司同意去外地修理的移送费,可予负责,并在定损单上注明送修地点和金额。但护送车辆人员的工资和差旅费,不予负责。

(8)施救、保护费用与修理费用应分别理算。当施救、保护费用与修理费用相加,估计已达到或超过保险车辆的实际价值时,可按推定全损予以赔偿。

(9)车辆损失险的施救费是一个单独的保险金额,但第三者责任险的施救费用不是一个单独的责任限额。第三者责任险的施救费用与第三者损失金额相加不得超过第三者责任险的责任限额。

(10)施救费应根据事故责任、相对应险种的有关规定扣减相应的免赔率。

(11)重大或特殊案件的施救费用应委托专业施救单位出具相关施救方案及费用计算清单。

5.残值处理

残值折归被保险人的,应合理作价,并在定损金额中扣除。

保险公司回收残值的,按照损余物资处理规定做好登记、移交工作。损余物资拍卖后,所得款项应当冲减赔款。

对于可修可换的零部件定损为更换的,尤其是一些价值较高的零部件,为防止道德风险,应要求回收残值。

三、维修费用的确定

在对车辆进行损伤鉴定之后,应比较仔细地分析出各个维修项目,做出需要维修或更换的评价,并做出修理计划,根据修理计划完成修理费用的评估。

维修计划包括的内容一般有:需要维修或更换的项目、维修工位、需要采购或外协加工的项目、维修时间等。无论是保险公司的定损还是承修厂家的费用估价,都应该根据当地和厂家的实际情况进行统筹安排。尽量缩短维修的时间,充分利用人员和设备等资源,最大限度地完成维修工作。一般的碰撞损伤维修工作可由框图表示。制定出维修计划后,将要根据计划做出维修工时的估算。

1.车辆维修费用的组成

车辆的维修费用主要有以下几部分:工时费、材料费、外协加工费和税费。

1）工时费

工时费 = 工时费率 × 工时定额。

工时费率即维修工作中每工时所需的费用价格，一般因维修项目作业和工种的不同而有所差异。

（1）维修工时定额和工时费率。维修工时定额是指完成单项维修作用需要的工作时间。作为一个衡量维修作业工作量的单位，通常并不以工人工作一个小时的实际工作时间来确定，而是比较笼统地规定了该项维修所需要的工作量。

工时费率是指完成一个工时所需要的费用，即每工时收费的标准。工时费率根据工作项目、工作环境和工种等有所差异。除维修工人人力成本外，修理企业为修车所付出的仓储、管理、设备的损耗等费用，也都被算进工时费里，而这些成本费用根据各企业的情况不同，有高有低。

（2）维修工时的确定。根据车损情况做出维修计划，按照每个维修项目估计确定维修工时，再根据工时定额计算出维修工时费。确定维修工时是计算维修工费的关键。事故车辆维修中主要包含以下几种工时：

①拆装工时。事故车辆的修理和正常的汽车维修不同，事故车修理中拆装工时常占有很大的比例。拆装特定零部件的工时在工时定额中有明显规定，只要按照维修要求计算即可。

拆装工时有三种形式：显性工时、隐性工时和整车拆装工时。在计算工时核算时要根据实际情况分别计算。

a.显性拆装工时。指修理某些零部件时，拆装该零部件所需要的工时。在上例中，两车门需要整形，那么拆装这两个车门所需要的工时即为显性工时。

b.隐性拆装工时。维修某些零部件时，需要首先拆除不需要修理的完好的部件，在修复装配时也是如此，这部分工时即为隐性工时。

c.整车拆装工时。非承载式车身车辆在发生翻车和重大撞击事故时，会造成车架的严重变形。为校正或更换车架，就要拆下车体、吊下发动机、变速器、前后桥、悬架等几乎所有的车身零部件；在修复后，则按照拆卸的相反顺序逐一装复，这就成了整车的拆装。

需要说明的是，某些零部件经鉴定已经损坏，更换这些零件所需要的工时成了换件工时。例如，轿车前部碰撞，前保险杠及保险杠衬板、散热器、散热器框架、灯具、翼板需要更换。更换这些零部件所需要的工时，计算为换件工时。

②换件工时。事故车修理中，某些零部件经鉴定已经损坏，更换这些零部件所需要的工时称为换件工时。例如，轿车前部碰撞，前保险杠及保险杠衬板、散热器、散热器框架、灯具、翼板需要更换。更换这些零部件所需要的工时，计算为换件工时。

③整形工时。事故车辆的钣金件因碰撞而变形，对其整形修理所需要的工时称为整形工时（钣金工时）。整形工时的定额根据车辆的钣金件部位和损伤程度等有很大的区别，一般按照钣金件的损伤程度将其分为轻度、中度和重度损伤三类。

轻度损伤：局部的小范围的，不影响整车安装的轻度变形。其钣金修理的工时费用约为新件价格的10% ~20% ，如轿车的前翼板、车门的轻微碰撞变形等。

中度损伤：局部框架的变形或板件中等程度的损伤。中度程度的校正需要局部拆开进行整形操作,其钣金修理的工时费用约为新件价格的20%～35%,如轿车的前门立柱、中柱等钣金修理。

重度损伤:板件或结构件已经整体变形,需要全部拆开进行整形矫正操作。其钣金整形工时费用约为新件价值的35%～50%,如平头货车的前门立柱、前围板、车门和驾驶室总成等。

损伤部位不同,其钣金整形的工时费用也有所差异,比较重要的结构性部件和外观要求比较高的外观钣件,其工时定额要高一些。

④机修工时。事故车辆维修中,对机械部分进行的检查、调整、修理所需要的工时称为机修工时。

在事故车损伤维修中,机修工时与总成大修或维修作业是相同的,可参考汽车修理工时定额进行计算,但有时应相应增加拆装工时。

⑤电工工时。包括对电气设备的修理和配合其他工种作业进行的灯具拆装、线路的更换或修整,仪表台及仪表的拆装,蓄电池的电解液补充和充电,仪表传感器等的拆装,发动机起动机的检修等,可参照工时定额确定。

⑥调整工时。包括总成机件检修的调试、磨合及制动、转向、离合器、四轮定位等修整后的路试检验,以及所有修理部位的检查等所需要的工时。

⑦其他工时。汽车维修中还有外协加工工时和辅助工时等。一般的维修企业如安装玻璃、修焊散热器、玻璃钢或铝合金修焊等,需要到专门的专业加工厂完成。此外,外协加工工时,其费用应根据实际发生费用估算。有些大型修理厂,其专业分工细致,专有缝工、轮胎工等,如有这些工种的参与,也应将其工时计算在内。

⑧特种车辆的维修工时。特种车辆类型繁多,批量较小,发生事故的概率也比较低。这类车型一般都附加有其他的机械设备,且价格都很高。比如消防车、冷藏车、大型吊车、重型自卸车、豪华大型轿车等,这些车一旦发生事故,损失都比较大,而且有的还需要到原制造厂或专业厂维修。修理工时没有可以参照的资料,确定起来有一定的困难,在定损时需要参考制造厂家或专业修理厂的标价进行。

2)材料费

材料费是维修工作中所需要更换的零件费用和使用的材料,如涂料及其配套固化剂、稀释剂等需要添加的运行材料费用。一般汽车修理所需要的消耗如零件清洗用品、钣金维修所需要的氧气、乙炔气、普通砂纸和水、电消耗等不应包含在其中。这部分费用应在工时费中已经包含了。但是,如果一辆事故车需要更换多种配件时,会有一些小件和塑料件、橡胶件、螺栓、垫圈、电线及插头等损坏或丢失,这些零件价值不高,但数量众多,计算起来比较麻烦,此时可凭经验适当增加辅料费用,计算到工时费用中。

3)外协加工费

外协加工费是维修工程中因厂家条件所限或某些必须专项修理的项目(也包含为降低维修成本而需要的专项修理)需要外协加工和专项修理的实际费用。这部分费用应按实际发生进行估算,不得再行加价。

4)税费

税费应按照国家规定执行,税费是维修厂家进行结算收费时必须收取的,因此在进行维修费用估算时也应考虑在内,尤其是在维修费用很大时更加不能忽略。

2.确定维修费用需要的资料

做好车辆碰撞的定损工作,准确地判定所需要维修费用,除了必需的专业技能外,还要借助很多资料,这些资料可以帮助定损人员更好地把握维修的费用定损。常常用到的资料除了车辆的维修手册外,还有零配件价格表和维修工时定额等。

第六节 汽车碰撞定损

在机动车保险责任中,因碰撞造成的损失时最为常见的,也是损失最多的一个项目。因此,查勘人员必须:熟悉机动车辆保险的相关险种,了解汽车的基本结构,掌握碰撞造成的损失,熟悉常见的修复方法,掌握汽车零部件的修理与更换标准,掌握各部位修复所需要的工时标准等。

一、车身定损分析

1.碰撞对不同车身结构的影响

现代汽车车身既要经受行驶中的振动,还要在碰撞时能给乘员提供安全。现代汽车车身被设计成在碰撞时能够最大限度地吸收碰撞时的能量,以减少对乘员的伤害。因此,现代乘用车在碰撞时,前部和后部车身形成一个吸引能量的结构,在某种程度上碰撞容易损坏,使得车身中部形成一个相对安全区,假如汽车以 48km/h 的速度碰撞坚固障碍物时,发动机室的长度会被压缩 30% ~ 40%,但乘员室的长度仅被压缩 1% ~ 2%(图 5-5)。

可撞毁区　　　　乘员保护区　　　　可撞毁区

图 5-5　轿车的碰撞变形区域

汽车车身结构有两种基本类型:承载式车身和非承载式车身。

非承载式车身遭受碰撞后,可能是车架损伤,也可能是车身损伤,或车架和车身都损伤,车架和车身都损伤可通过更换车架来实现车轮定位及主要总成定位。承载式车身受碰撞后通常都会造成车身结构件的损伤。

通常非承载式车身的车身修理只需满足形状要求,而承载式车身的车身修理既要满足形状要求,更要满足车轮定位及主要总成定位。所以碰撞对不同车身结构汽车的影响不同,从而造成修理工艺和方法的不同,最终造成修理费用的差距。

1)碰撞造成的非承载式车身变形

非承载式车身由车架及围在其周围的可分解的部件组成,如图所示 5-6。

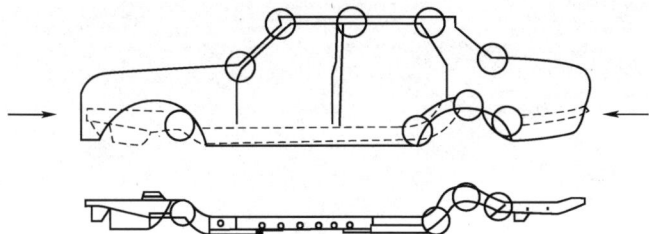

图5-6　非承载式车身组成

图中车架上圈出的部位为车架刚度较小的部位,主要用来缓冲和吸收来自前端或后端的碰撞能量,车身通过橡胶件固定在车架上,橡胶件同样也能减缓从车架传至车身上的振动效应。但这里需要注意的是,遇有强烈振动时,橡胶垫上的螺栓可能会折曲,并导致架与车身之间出现缝隙。而且,由于振动的大小和方向,车架可能遭受到损伤而车身则没有。

(1)碰撞造成的非承载式车身变形种类。

①左右弯曲。左右弯曲通常发生在汽车前部或后部,一般可通过观察钢梁的内侧及对应钢梁的外侧是否有皱曲来确定。

此外,通过发动机舱盖、行李舱盖及车门的缝隙、错位等情况都能够辨别出左右弯曲变形。

②上下弯曲。汽车碰撞后产生弯曲变形后,车身外壳表面会比正常位置高或低,结构上也有前、后倾现象。

上下弯曲一般由来自前方或后方的直接碰撞引起,可能发生在汽车的一侧也可能是两侧。

判别上下弯曲变形可以查看翼子板与门之间的缝隙上下是否在顶部变窄,而下部变宽;也可以查看车门在撞击后是否下垂。上下弯曲变形是碰撞中最常见的一种损伤,交通事故中常见到这种受损汽车。严重的上下弯曲变形能够造成悬架钢板的弯曲变形损伤。

③皱折与断裂损伤。汽车碰撞后车架或车上某些零部件的尺寸会与厂家提供的技术资料不相符,断裂损伤通常表现在发动机盖前移和侧移、行李舱盖的后移和侧移。有时看上去车门与周围吻合很好,但车架已产生了皱折或断裂损伤,这是非承载式结构不同于承载式车身结构的特点之一。

皱折或断裂通常发生在应力集中的部位,而且车架通常还会在对应的翼子板处造成向上变形。

④平行四边形变形。汽车的一角受到来自前方或后方的撞击力时,其一侧车架向后或向前移动,引起车架错位,使其成为一个接近平行四边形的形状,平行四边形变形会对整个车架产生影响,而不是一侧的钢梁。从视觉上,我们会看到发动机盖及行李舱盖错位,通常平行四边形变形还会附有许多断裂及弯曲变形损伤的组合损伤。

⑤扭曲变形。扭曲变形是车架损伤的另一种形式,当汽车在高速下撞击到与车架高度相近的障碍时就时常发生这种变形。另外,汽车尾部受侧向撞击时也时常发生这种变形。受到此损伤后,汽车的一角会比正常情况高,而相反的一侧会比正常情况低。应力集中处时常伴有皱折或断裂损伤。

(2)车架产生多种变形时的修理与校正步骤。

大多数碰撞损伤是以上所述损伤类型的混合,其修理与校正步骤如下:

①解决扭曲变形。

②解决平行四边形变形。

③解决皱折与断裂损伤。

④解决上下弯曲变形。

⑤解决左右弯曲变形。

2)碰撞造成的承载式车身变形

承载式车身通常被设计成能够很好吸收碰撞时产生的能量。这样一来,受到撞击时,车身由于吸收撞击能量而变形,撞击能量通过车身扩散,大部分被车身吸收。由碰撞引起的整体式汽车的损伤可以运用图5-7中所示的圆锥体形法进行分析。将目测撞击点作为圆锥体的顶点,圆锥体的中心线表示碰撞力的方向,其高度和范围表示碰撞力穿过车身壳体扩散的区域。圆锥体顶点附近通常为主要的受损区域。由于整个车身壳体由许多片薄钢板连接而成,碰撞引起的振动大部分被车身壳体吸收。但振动波的影响被称为"二次损伤",通常,此损伤会影响整体式车身内部零部件和造成相反一侧的车身变形损伤,如图5-8所示。

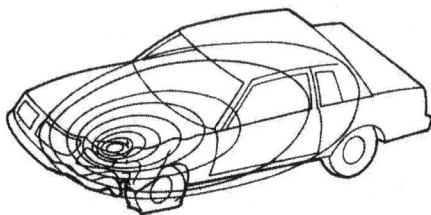

环周边受力变形

图5-7 碰撞力以圆锥体模式在承载式车身的传播与影响　　图5-8 由于惯性作用,车顶向碰撞的一侧移动

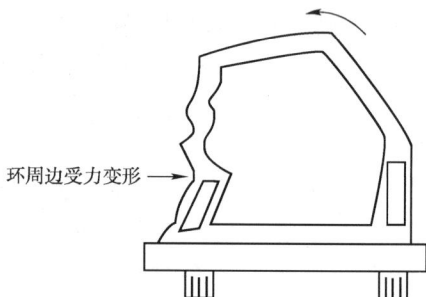

为了控制二次损伤变形并为乘员提供一个更为安全的空间,承载式车身结构的汽车在前部和后部设计了如图5-9所示的碰撞应力吸收区域。在受到碰撞时,它能按照设计要求形成折曲,这样传到车身结构的振动波在传进时就被大大减小,即来自前方的碰撞应力被前部车身吸收;来自后方的碰撞应力被后部车身吸收;来自前侧方的碰撞应力被前翼子板及前部纵梁吸收;中部的碰撞应力被边梁、立柱和车门吸收;来自后侧方的碰撞应力被后翼子板及后部纵梁吸收。

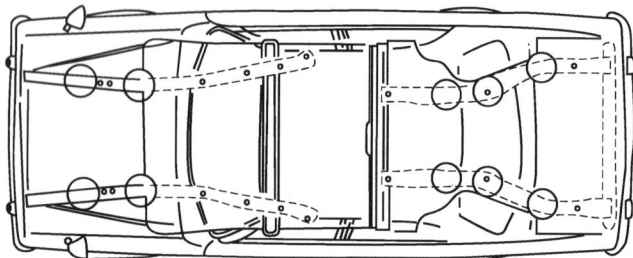

图5-9 承载式结构车身的横向刚度较弱的部位(应力吸收区域)

(1)前端碰撞。主动碰撞会导致前段致损(图5-10)。碰撞的冲击力主要取决于被评估汽车的重量、速度、碰撞范围及碰撞源。碰撞较轻时,保险杠会被向后推,前纵梁及内轮壳、前翼子板、前横梁及散热器框架会变形;如果碰撞程度加大,那么前翼子板就会弯曲变形并

移位触到车门,发动机盖铰链会向上弯曲变形并移位触到前围盖板,前纵梁变形加剧造成副梁的变形;如果碰撞程度更剧烈,前立柱将会产生变形,车门开关困难,甚至造成车门变形;如果前面的碰撞从侧向而来,由于前横梁的作用,前纵梁就会产生变形,前端碰撞常伴随着前部灯具及护栅破碎、冷凝器、散热器及发动机附件损伤、车轮移位等。

(2)后端碰撞。汽车后端正面碰撞损伤时(图5-11),损伤较严重的往往是被动碰撞所致。碰撞的冲击力主要取决于撞击物的重量、速度及被评估汽车的被碰撞部位、角度和范围。如果碰撞较轻,通常后保险杠、行李箱后围板及行李箱底板可能压缩弯曲变形;如果碰撞较重,C柱下部前移,C柱上端与车顶接合处会产生折曲,后门开关困难,后风窗玻璃与C柱分离,甚至破碎。碰撞更严重会造成B柱下端前移,在车顶B柱处产生凹陷变形。后端碰撞常伴随着后部灯具的损坏等。

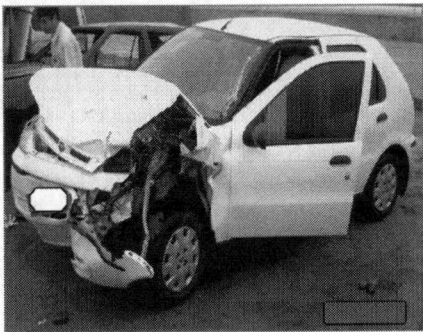

图5-10 汽车前端碰撞损失图   图5-11 汽车后端碰撞损失图

(3)侧面碰撞。在确定汽车侧面碰撞时,分析汽车的结构尤为重要。一般来说。对于严重的碰撞,车门A、B、C柱以及车身底板都会变形。当汽车遭受侧向力较大时,惯性会使另一侧的车身产生变形。当前后翼子板中部遭受严重碰撞时,还会造成前后悬架零部件的损伤,前翼子板中后部遭受严重碰撞时,还会造成转向系统中横拉杆、转向机齿轮齿条的损伤。

(4)底部碰撞。底部碰撞常为行驶中路面由于凹凸不平、路面上异物(如石块)造成车身底部与路面或异物发生碰撞,致使汽车底部零部件与车身底板损伤。常见的损伤有前横梁、发动机下护板、发动机油底壳、变速器油底壳、悬架下托臂、副梁、后桥及车身底板等。

(5)顶部碰撞。顶部单独碰撞的汽车发生的概率较小,单独的顶部受损多为空中坠落物所致,以顶部面板及骨架变形为主。汽车倾覆是造成顶部受损的常见现象,汽车倾覆造成顶部受损常伴随着车身立柱、翼子板和车门变形及车窗破碎。

2.车身碰撞损伤的目测

在大多数情况下,碰撞部位能够显示出结构变形或者断裂的迹象。用肉眼进行检查时,先要后退离开汽车对其进行总体观察。从碰撞的位置估计受撞范围的大小及方向,并判断碰撞如何扩散。再查看汽车上是否有扭转、弯曲变形,设法确定出损伤的位置以及所有的损伤是否都是由同一起事故引起的。

碰撞力沿着车身扩散,并使汽车的许多部位发生变形,碰撞力具有穿过车身坚固部位最终抵达并损坏薄弱部件,最终扩散并深入至车身部件内的特性。因此,为了查找出汽车损伤,必须沿着碰撞力扩散的路径查找车身薄弱部位(碰撞力在此形成应力集中)。沿着碰撞力的扩散方向一处一处地进行检查,确认是否损伤和损伤程度。具体可从以下几个方面来加以识别。

1）钣金件的截面突然变形

碰撞所造成的钣金件的截面变形与钣金件本身的设计的结构变形不一样,钣金件本身的设计结构变形处表面油漆完好无损,而碰撞所造成的钣金件的截面变形处油漆起皮、开裂。车身设计时,要使碰撞产生的能量能够按照一条既定的路径传递,在指定的地方吸收,如图所示。

2）零部件支架断裂、脱落及遗失

发动机支架、变速器支架、发动机各附件支架是碰撞应力吸受处,发动机支架、变速器支架、发动机各附件支架在汽车设计时就有保护重要零部件免受损伤的功能。在碰撞事故中常有各种支架断裂、脱落及遗失现象出现。

3）检查车身每一部位的间隙和配合

车门是以铰链装在车身立柱上的,通常立柱变形就会造成车门与车门、车门与立柱的间隙不均匀。可通过简单的开关车门,查看车门锁机与锁扣的配合,从锁机与锁扣的配合可以判断车门是否下沉,从而判断立柱是否变形,查看铰链的灵活程度可以判断主柱及车门铰链处是否变形。

在汽车前端碰撞事故中,检查后车门与后翼子板、门槛、车顶侧板的间隙,并做左右对比是判断碰撞应力扩散范围的主要手段。

4）检查汽车本身的惯性损伤

当汽车受到碰撞时,一些质量较大部件(如装配在橡胶支座上的发动机、离合器总成)在惯性力的作用下会造成固定件(橡胶垫、支架等)、周围部件及钢板的移位、断裂。对于承载式车身结构的汽车还需检查车身与发动机及底盘结合部是否变形。

5）检查来自乘员及行李的损伤

乘员和行李在碰撞中由于惯性力作用还能引起车身的二次损伤,损伤的程度因乘员的位置及碰撞的力度而异,其中较常见的损伤有转向盘、仪表工作台、转向柱护板及座椅等。行李舱中的行李是造成行李舱中如 CD 机、音频功率放大器等设施损伤的常见现象。

3. 车身零部件定损分析

在汽车的损失评估中,受损零件修与换的标准是一个难题。在保证汽车修理质量的前提下,"用最小的成本完成受损部位修复"是评估受损汽车的原则。碰撞中常损零件有承载式车身结构钣金件、非结构钣金件、塑料件、机械件及电器件等。

1）结构钣金件的定损

车身结构钣金件是指通过点焊或激光焊接工艺连在一起,构成一个高强度的车身箱体的各组成件,通常包括纵梁、横梁、减震器塔座、前围板、散热器框架、车身底板、门槛板、立柱、行李舱底板等。

车身结构钣金件碰撞受损后修复与更换的判断原则是"弯曲变形就修,折曲变形就换"。

零件发生弯曲变形,其特点是:损伤部位与非损伤部位的过渡平滑、连续;通过拉拔矫正可使它恢复到事故前的形状,而不会留下永久的塑性变形。

零件发生折曲变形,其特点是:变形剧烈,曲率半径小于3mm,通常在很短长度上弯曲可达90°以上;矫正后零件上仍有明显的裂纹或开裂,或者出现永久变形带,不经调温加热处理不能恢复到事故前的形状。

2）非结构钣金件的定损

非结构钣金件又称车身覆盖钣金件，它们通过螺栓、胶粘、铰接或焊接等方式覆盖在车体表面，起到密封车身、减小空气阻力、美化车辆的作用。承载式车身的覆盖钣金件通常包括可拆卸的前翼子板、车门、发动机舱盖、行李舱盖，和不可拆卸的后翼子板、车顶等。

（1）发动机盖和行李舱盖。绝大多数汽车的发动机舱盖和行李舱盖，是用两个冲压成形的冷轧钢板经翻边胶粘制成的。

判断碰撞损伤变形的发动机舱盖或行李舱盖，应看其是否要将两层分开进行修理。如果不需将两层分开，则应考虑不予更换；若需将两层分开整形修理，应首先考虑工时费加辅料与其价值的关系，如果工时费加辅料接近或超过其价值，则应考虑更换。反之，应考虑修复。

（2）前翼子板。损伤程度没有达到必须将其从车上拆下来才能修复，如整体形状还在，只是中间局部凹陷，一般不考虑更换。

损伤程度达到必须将其从车上拆下来才能修复，并且前翼子板的材料价格低廉、供应流畅，材料价格达到或接近整形修复的工时费，可以考虑更换。

如果每米长度超过3个折曲、破裂变形。或已无基准形状，应考虑更换（一般来说，当每米折曲、破裂变形超过3个时，整形和热处理后很难恢复其尺寸）。

如果每米长度不足3个折曲、破裂变形，且基准形状还在，应考虑整形修复。

如果修复工时费明显小于更换费用应考虑以修复为主。

（3）车门。如果门框产生塑性变形，一般来说是无法修复的，应考虑更换。

许多车的车门面板是作为单独零件供应的，损坏后可单独更换，不必更换总成。其他同前翼子板。

（4）不可拆卸件。碰撞损伤的汽车中最常见的不可拆卸件就是三厢车的后翼子板，由于更换需从车身上将其切割下来，而国内绝大多数汽车维修厂在切割和焊接上，满足不了制造厂提出的工艺要求，从而造成车身结构方面新的修理损伤。所以，在国内现有修理行业的设备和工艺水平条件下，后翼子板只要有修理的可能都应采取修理的方法修复，而不应像前翼子板一样存在值不值得修理的问题。

3）塑料件的定损

随着汽车工业的发展，车身各种零部件越来越多地使用了各种塑料，特别是在车身前端（包括保险杠、格栅、挡泥板、防碎石板、仪表工作台、仪表板等）。许多损坏的塑料件可以经济地修理而不必更换，如划痕、擦伤、撕裂和刺穿等。此外，由于某些零件更换不一定有现货供应，修理往往可迅速进行，从而缩短修理工期。

不同车型、不同部位所用塑料材料不尽相同，即使是同一款汽车或同一部件也有可能使用不同的塑料材料。这通常是因为汽车制造厂更换了配件供应商，或者是改变了设计或生产工艺而致。

塑料件的修与换应从以下几个方面考虑：

（1）对于燃油箱及要求严格的安全结构件，必须考虑更换。

（2）整体破碎以更换为主。

（3）价值较低、更换方便的零件应以更换为主。

（4）应力集中部位,应以更换为主。

（5）基础零件尺寸较大,受损以划痕、撕裂、擦伤或穿孔为主,这些零件拆装麻烦、更换成本高或无现货供应,应以修理为主。

（6）表面无漆面的、不能使用氰基丙烯酸酯粘结法修理的、且表面光洁度要求较高的塑料零件,由于修理处会留下明显的痕迹,一般考虑更换。

4）玻璃制品的定损

（1）前、后风窗玻璃及附件。

风窗玻璃因撞击而损坏时基本以更换为主。

前风窗玻璃胶条有密封式和粘贴式,密封式无须更换胶条;粘贴式必须同时更换。粘贴在前风窗玻璃上的内视镜,破损后一般更换。

需注意的是,后风窗玻璃为带加热除霜的钢化玻璃,价格可能较高。有些汽车的前风窗玻璃带有自动灯光和自动刮水功能,价格也会偏高。

（2）天窗玻璃。

天窗玻璃,破碎时,一般需更换。

（3）照明及信号灯。

现代汽车灯具的表面多为聚碳酸酯或玻璃制成。常见损坏形式有:调节螺丝损坏,需更换,并重新校光。

表面用玻璃制成的,破损后如有玻璃灯片供应的,可考虑更换玻璃灯片;若整体式的结构,只能更换总成;若只是有划痕,可以考虑通过抛光去除划痕;对于疝气前照灯,需要注意更换前照灯时,疝气发生器是无须更换的;价格昂贵的前照灯,只是支撑部位局部破损的,可采取塑料焊接法修复。

4. 车身内外装饰的检测认定

1）仪表板及中央操纵饰件

仪表台因正面或侧面撞击常造成仪表台整体变形、皱折和固定爪破损。整体变形在弹性限度内,待骨架校正后重新装回即可。皱折影响美观,对美观要求较高的新车或高级车最好更换。因仪表台价格较贵,老旧车型更换意义不大。少数固定爪破损常以焊修为主,多数固定爪破损以更换为主。

左右出风口常在侧面撞击时破碎,右出风口也常因二次碰撞被副驾驶员右手支承时压坏。

左右饰框常在侧面碰撞时破损,严重的正面碰撞也会造成支爪断裂,以更换为主。

杂物箱常因二次碰撞被副驾驶膝盖撞破,一般以更换为主。

严重的碰撞会造成车身底板变形,车身底板变形后会造成过道罩破裂,以更换为主。

2）橡胶及纺织品

汽车上的纺织品、橡胶很多(如内饰、坐垫、轮胎等)。发生碰撞时,纺织品的损坏形式一般是漏油污染、起火燃烧、撕裂等。只要纺织品受到损坏,一般需更换,个别污染不太严重的,可通过清洗等方式予以恢复。

橡胶具有良好的耐磨性、柔性、不透水性、不透气性及电绝缘性等,主要用作轮胎、垫圈、地板等,起到耐磨、缓冲、防尘、密封等作用。汽车上的橡胶制品损坏形式一般为老化、破损、烧损等。损坏后,无法修复或没有修复价值的,只能更换。

3)柱类零件

货车的驾驶室、客车的车身一般都有立柱。在轿车车身上,左右侧自前至后均有三个立柱,依次为前柱(A柱)、中柱(B柱)、后柱(C柱),它们除了起支撑作用外,也起到门框的作用。

汽车的柱类结构件在发生碰撞、翻滚、倾覆等故障时,一般会发生扭曲、弯曲、变形、折断等,直接影响汽车的美观和使用,必须立即修复。修复时可以采用整形、焊接等方式使其外形恢复,损坏严重的需要更换。

4)车身地板

车身地板常因撞击造成变形,以整修方式修复,对于整修无法修复的车身地板,基于现有修复能力,建议更换车身总成。

5)车顶及内外饰件

车顶损坏时,只要能修复,原则上不予更换。

内饰的修复同车门内饰。

落水槽饰条为铝合金外表烤漆,损伤后一般予以更换。

二、发动机定损分析

汽车发生一般事故时,大多不会使发动机受到损伤。只有比较严重的碰撞、发动机进水、发动机拖底时,才可能导致其损坏。

1.发动机及其附件碰撞损坏的认定及修复

1)发动机附件

发动机附件中正时轮及附件因撞击破损和变形以更换修复为主。

油底壳轻度变(划伤)形一般无须修理,放油螺丝处碰伤及中度以上的变形以更换为主。

发动机支架及胶垫因撞击破损和变形以更换修复为主。

进气系统因撞击破损和较大变形以更换修复为主。

排气系统中最常见的撞击损伤形式为发动机移位及尾部受撞击造成的排气管变形。如果只是轻微变形可以进行校正修复,但变形较为严重的通常无法修复。消声器吊耳因变形超过弹性极限破损,也是常见损坏现象,应更换修复。

2)水箱及附件

水箱及附件包括水箱、进水管、出水管、副水箱等。

现在汽车的水箱基本上是铝合金的,铜质水箱由于造价过高,基本不再使用。判断水箱的修与换,基本与冷凝器相似。所不同的是水箱常有两个塑料水室,水室破损后,一般需更换,而水室在遭受撞击后也最易破损。

水管的破损一般以更换方式修复。

水泵皮带轮是水泵中最易损坏的零件,变形后通常以更换为主,较严重的会造成水泵前段轴承处的损坏,一般更换水泵前段即可,不必更换水泵总成。

3)风扇及附件

风扇护罩轻度变形一般以整形校正为主,严重变形常常采取更换的方法修复。

主动风扇与从动风扇常为风扇叶破损,但部分车型由于风扇叶是不可拆卸式,也无风扇叶购买,所以风扇叶破损后需要更换总成。

风扇皮带在碰撞后一般不会损坏,由于其正常使用的磨损也会造成损坏,拆下后如果需要更换,应确定是否是碰撞原因所致。

4)制冷系统

空调系统由压缩机、冷凝器、干燥瓶、膨胀阀、蒸发箱、管道及电控元件等组成。

汽车空调冷凝器均采用铝合金制成,中低档车的冷凝器一般价格较低,中度以上损伤一般采用更换法处理,高档车的冷凝器一般价格较高,中度以下损伤常可采用氩弧焊修复。

注意冷凝器因碰撞变形后虽未漏冷媒,但拆下后重新安装时不一定不漏冷媒。

储液罐(干燥器)因碰撞变形一般以更换为主。如果系统在碰撞中以开口状态暴露于潮湿的空气中时间较长,干燥器也会损坏,则会造成空调系统工作时的"冰堵"。

汽车空调管有多根,损伤的空调管一定要注明是哪一根,常用×××—×××加以说明。

汽车空调管有铝管和胶管两种,铝管因碰撞常见的损伤有变形、折弯、断裂等,变形一般采用校正的方法修复,价格较低的空调管出现大折弯、断裂时一般采取更换的方法修复;价格较高的空调管折弯、断裂一般可采取截去折弯、断裂处,再接一节用氩弧焊接的方法修复。胶管的破损一般采用更换的方法修复。

汽车空调蒸发箱通常由蒸发箱壳体、蒸发器和膨胀阀等组成。最常见的损伤多为蒸发箱壳体破损。蒸发箱壳体大多用热性塑料制成,局部破损可用塑料焊焊接修复,严重破损一般需更换,决定更换时一定要考虑有无壳体单独更换。蒸发箱换与修基本同于冷凝器。

膨胀阀因碰撞损坏的可能性极小。

空调系统中的压缩机是由发动机通过电磁离合器驱动的。在离合器接通和断开的过程中,由于磁场的产生和消失,产生了一个脉冲电压,这个脉冲电压会损坏车精密的电脑模块。为了防止出现这种情况,在空调电路中接入一个分流二极管,这个二极管阻止电流沿有害方向流过。当空调系统发生故障时,分流二极管有可能被击穿。如果不将被击穿的二极管换掉,可能会造成空调离合器不触发,甚至损坏电脑模块。

2.发动机拖底

1)发动机拖底的形成原因及规避

现在的汽车,尤其是小轿车,为了降低空气阻力,一般采用低车身的结构。采用了低车身结构的汽车,最小离地间隙往往较小,这就是导致汽车的通过性能下降。

汽车发动机在以下几种情况下易导致"拖底":

(1)通过坑洼路段时,可能会因为颠簸而使位于较低部位的发动机油底壳与路面相接触,从而导致"发动机拖底";

(2)汽车在坑洼程度并不严重的路段行驶,由于速度偏高,遇到坑洼时上下颠簸厉害,也可能导致"发动机拖底";

(3)汽车在路面状况良好的路段行驶,没有察觉前车坠落的石块,有可能导致"发动机拖底";

(4)汽车不慎驶入路破等处时,被石头垫起,造成拖底。

避免发动机拖底的办法:

一是在行车过程中密切关注路面情况,遇到不明物体时一定要躲避行驶;

二是在通过坑洼路时要放低车速,慢慢通过;

三是在长途行车归来后,仔细检查汽车是否有拖底现象;

四是一旦发现汽车拖底,要立即熄火、停车,认真检查,此时发动机内部机件一般不会损坏,要认真检查拖底造成的损失是否会影响汽车的继续行驶,如果发现有机油泄露等影响继续行驶的现象,绝对不能继续行驶,要立即进行修复作业。

2) 发动机拖底后的损坏范围

发动机拖底后,往往会对机件造成一些损失,这些损失可以划分直接损失和间接损失。

(1)直接损失。发动机拖底后,会造成油底壳部分的凹陷变形;如果程度较重的话,还可能壳体破损,导致机油泄漏;如果程度严重的话,甚至会导致油底壳里面的机件变形、损坏,无法工作。

(2)间接损失。发动机拖底后,如果驾驶人没有及时熄火,油底壳内的机油将会大量泄露,导致机油泵无油可用,使发动机的曲轴轴瓦、连杆轴瓦得不到机油的充分润滑和冷却,轴瓦很快从干磨到烧蚀,然后与曲轴、活塞抱死。另外,由于机油压力的降低,发动机的凸轮轴、活塞和汽缸缸筒也会因缺油而磨损。

3) 发动机进水后的损坏分析

四冲程发动机的工作循环,包括进气行程、压缩行程、做功行程、排气行程。当处于压缩行程时,进排气门关闭,活塞上行,压缩的是汽油与空气所组成的可燃混合气。当发动机被水淹后,水会顺着进气管进入某个气门开启的汽缸内并囤积起来,且进气总管都有存水。由于气体是非常容易被压缩的,而液体则是几乎不能被压缩。如果此时再进行二次起动车辆的话,由于起动机转速很高,产生的转矩也很大,强行带动发动机运转,而该进水汽缸马上进入压缩行程,进排气门关闭,活塞将在曲轴的带动下压缩密闭缸内的水,由于水不可被压缩,此举势必导致发动机的损坏,轻则该连杆弯曲、折断,重则曲轴弯曲,缸壁破损、发动机彻底报废等。

对于进水且没有再次起动的发动机,只需要将发动机完全拆解,各部件清洗干净,更换机油、机油格、空气格、汽缸垫等,再进行组装,这样的维修成本不高。

而对于进水并再次起动造成顶缸的发动机,则需要完全拆解、清洗、更换已损部件,如活塞连杆组、曲轴、中缸体,甚至整个发动机,维修的成本远远大于前者,并且保险公司对此是免赔付的。另外更换缸体、发动机还需要到车管所变更信息记录。

4) 非保险责任的发动机损坏

由于发动机保养不当,可能会造成机油减少,油道堵塞,连杆螺栓松动等现象。这样,在运转过程中,连杆轴瓦就会烧蚀、磨损,增大了连杆瓦座间的冲击力,最后将连杆螺栓冲断或造成螺帽脱落,瓦盖与连杆脱开,其固定作用消失。这样一来,当活塞下行时,连杆冲向缸体,造成捣缸。发动机的这种损坏情况不属于保险责任,查勘定损人员必须严格掌控。如保户有异议,可以要求保存、保护损坏的发动机零件及油底中的遗留物,以供分析原因之用。

个别汽车发动机在捣缸时,连杆瓦座及瓦盖脱开的瞬间,向下的冲击作用会将瓦盖击向油底壳,将油底壳打漏造成机油泄漏,油底壳破损处向外翻起。这种损坏情况,如不仔细观察,会感觉与发动机拖底事故非常相似,区别就在于破损处内凹或外翻,凡属于拖底的故障,破损处一定内凹。处理此类问题时,要通过仔细分析,找出损坏原因,来确定是否属于保险责任,同时也可以有力地说服投保用户。

三、底盘定损分析

1. 悬架的定损

悬架是汽车的车架与车桥或车轮之间的一切传力连接装置的总称,其作用是传递作用在车轮和车架之间的力和力扭,并且缓冲由不平路面传给车架或车身的冲击力,并衰减由此引起的震动,以保证汽车能平顺地行驶。前悬架系统及相关部件主要包括悬架臂、转向节、减振器、稳定杆发动机托架、制动盘等。

前悬架系统及相关部件中制动盘、悬架臂、转向节、稳定杆、发动机托架均为安全部件,发现有撞出变形均应更换。

减振器主要鉴定是否在碰撞前已损坏。减振器是易损件,正常使用到一定程度后会漏油,如果外表已有油泥,说明在碰撞前已损坏。如果外表无油迹,碰撞造成弯曲变形,应更换。

对于承载式车身的汽车,前纵梁及悬架座属于结构件,按结构件方法处理。

2. 转向、制动系统

零部件损坏修复转向、制动系统各部件遭撞击损坏后,从安全角度出发,以更换修复为宜。

安装有安全气囊系统的汽车,驾驶员气囊都安装在转向盘上,当气囊因碰撞引爆后,不仅要更换气囊,通常还要更换气囊传感器与控制模块等。

3. 变速器及离合器的定损

变速器及离合器总成与发动机组装成一体,并作为发动机的一个支撑点固定在车架(或车身)上,变速器及离合器的操纵机构又都布置在车身底板上。当车辆发生严重的碰撞事故时,由于波及和诱发等原因,会造成变速器及离合器的操纵机构受损、变速器支撑部位壳体损坏、飞轮壳断裂损坏。

这些损坏的鉴定,需要将发动机拆下进行检查鉴定。

1)变速器主要构成件的碰撞损坏认定及修复

(1)传动轴及附件。中低档轿车多为前轮驱动,碰撞常会造成外侧等角速万向节(俗称球笼)破损,常以更换方式修复,有时还会造成半轴弯曲变形,也以更换方式修复为主。

(2)变速器。手动变速器主要由变速器壳体、齿轮组、挂挡轴、拨叉组、换挡拉杆等组成。手动变速器损坏以后,其内部的机件基本都可以独立更换,对变速器齿轮、同步器、轴承等部件的鉴定,碰撞后只有断裂、掉牙才属于保险责任,正常磨损不属于保险责任,在定损中要注意界定和区分。变速操纵系统遭撞击变形后,轻度的损坏常以整修修复为主,中度以上的以更换修复为主。

2)自动变速器拖底

对于自动变速器,从保险的角度看,主要的损失形式是拖底。自动变速器发生拖底碰撞后,应该按照以下流程进行检测与修复处理:

(1)报案告诫。接到自动变速器拖底碰撞的报案后,立即通知受损车辆,就地熄火停放,请现场人员观察自动变速器下面是否有红色的液压油漏出(大部分自动变速器液压油为红色,个别车型为棕色、绿色)。不允许现场人员移动车辆,更不允许任何人擅自起动发动机。

(2)根据查勘结果救援。根据定损人员的现场查勘结果,分别采取不同的救援处理方案

方案一:假如认定自动变速器油底壳只有变形而没有漏油时,可将受损车辆牵引到附近汽车修理厂。进行受损汽车的牵引时,距离原则上不要超出 3km,变速器应处于空挡位置,车速也不得大于 10km/h。

方案二:假如认定自动变速器油底亮已经漏油或虽然没有漏油但离汽车修理厂路途较远时,不允许直接牵引,要采用可以将受损车辆驮走的拖车,将其驮运到汽车修理厂。

(3)修复处理。自动变速器箱体损坏后,一般情况下,只需更换箱体就可以了。但有时候,汽车额配件市场上可能只有自动变速器总成而没有单独的箱体。

【案例分析 5-1】

【案情简介】2010 年 12 月某日 22 时许,一保户报案称他们公司的宝马 530i 轿车在某饭店下边道时不慎拖底,自动变速器底部有液压油泄漏。现在车已经被拖进维修站,请保险公司派员查勘定损。

【损坏情况】油底壳有严重拖痕,并有 10cm 左右的裂痕,有一个米粒大小的孔洞,变速器壳体没有发生断裂或变形。但维修工提示变速器输出轴转不动,怀疑内部有问题。

【解体情况】解体后发现变速器离合器、制动器严重烧蚀,刚片、摩擦片粘连在一起,行星轮及架、齿圈烧蚀,阀体、变速器壳体内部有不同程度的损坏。

【驾驶员介绍】吃饭后开车下变道时感觉前轮突然落地,底部传来刮碰响声,下车查看时,没有发现什么异常,车也能正常运转,以为没什么事情,便将车上几位领导送回家,回单位进入车库发现车底漏油,因第二天单位还有急事,赶紧将车送到维修站,请他们夜间修好,没想到快到维修站,汽车就无法开动了,最后找人帮忙才推进维修站的,饭店到维修站累积行驶大约 50 ~ 60km。

【分析】变速器拖底后,造成油底壳断裂漏油,属于保险责任。如果此时不继续行驶,自动变速器内部的机件是不会损坏的。自动变速器自动换挡,是依靠一定压力的液压油和各种滑阀配合动作完成的。液压油又对机件起润滑冷却的作用。如果漏油后还继续行驶,液压油压力的下降使自动挡换挡工作迟缓甚至停止。同时,各部机件的润滑冷却得不到保证,机件干磨、烧蚀、抱死,造成了自动变速器的严重损坏。

【赔付】根据保险合同除外责任的规定,遭受保险责任范围内的损失后,未经必要的修理继续使用,致使损失扩大的部分为除外责任,保险公司只负责事故车辆拖底造成的直接损失,即自动变速器油底壳、油底垫、液压油及相应的修理费用,其他维修费用由保户自理。

4. 车轮损坏检测认定及修复

车轮由轮毂、轮胎和轮罩等组成。

轮毂遭撞击后以变形损伤为主,修复方式:更换。

轮胎遭撞击后会出现爆胎现象,修复方式:更换。

轮罩遭撞击后常会产生破损现象,修复方式:更换。

四、电气设备定损分析

汽车上的电器设备品种繁多,评估时应该根据相关件的特点以及可能遭遇到的情况,分

门别类地进行。

1. 蓄电池

蓄电池的损坏多以壳体四个侧面破裂为主,应更换。

2. 发电机

发电机常见撞击损伤为皮带轮、散热叶轮变形,壳体破损,转子轴弯曲变形等。皮带轮变形应更换,散热叶轮变形可校正,壳体破损、转子轴弯曲以更换发电机总成为主。

3. 雨刮系统

雨刮片、雨刮臂、雨刮电动机等,因撞击损坏主要以更换为主。而固定支架、联动杆等,中度以下的变形损伤以整形修复为主,严重变形需更换。雨刮喷水壶只有在较严重的碰撞中才会损坏,损坏后以更换为主。雨刮喷水电动机、喷水管和喷水嘴被撞坏的情况较少,若撞坏以更换为主。

4. 仪表类

一旦碰撞导致仪表损坏或者疑似损坏,由于一般的修理厂都没有检测的手段,并且仪表也不容易检测,因此,只要发现有明显的损伤、破损,都应该予以更换。

更换时,假如可以单独更换的仪表,要注意不去更换总成;但若遇到某些整个仪表都安装在一体的仪表台破损,只好更换整个仪表台。

需要注意的是,在检测仪表的工作状态以判别其是否损坏时,不能单纯看仪表自身是否有所反应,还要充分注意相关传感器工作是否正常、线路中的保险是否没有断路、开关工作是否灵敏。

5. 收音机、DVD 或 CD

在比较大的碰撞事故中,收音机、DVD 或 CD 一般会有所损坏,但损失一般不大,只是损坏旋钮、面板等。汽车音响设备在各地都有特约维修点,可以定点选择维修点,同时对损坏设备可以商定零部件的换修价格,而不是一律都交给汽车修理厂去"更新"。一般说来,收音机、DVD 或 CD 的修理价格大约都在新件的 15% ~40%。

6. 汽车电脑

汽车电脑价值较高,设计时充分考虑了其防震、防撞性能,一般的碰撞不会导致损坏。

假如怀疑或者修理人员言称损坏了,可以采用"比较法"判别,即:

第一,在其他所有零部件均不改变的前提下,将库存的新电脑装到车上,看是否可以恢复正常工作;

第二,将怀疑损坏了的电脑装到同类型的其他车上,看是否可以正常工作。假如通过比较,发现电脑确实坏了,再做更换。

7. 安全气囊

安全气囊遭到撞击损伤后,从安全角度出发应该更换。安装有安全气囊系统的汽车,驾驶员气囊都安装在转向盘上,当气囊因碰撞引爆后,不仅要更换气囊,通常还要更换气囊传感器与控制模块等。需要注意的是,有些车型的碰撞传感器是与 SRS/ECU 装在一体的,要避免维修厂重复报价。安全气囊系统的控制电脑,假如发生气囊爆开的碰撞故障,一般需要更换电脑,以免在以后的碰撞事故中,万一气囊没有打开造成乘员受伤,引发法律诉讼。

8. 空调系统

空调冷凝器采用铝合金制成,中低档车的冷凝器一般价格较低,中度以上损伤一般可更换;高档车的冷凝器价格较贵,中度以下损伤常可采用亚弧焊修复。储液罐因碰撞变形一般以更换为主。如果系统在碰撞中以开口状态暴露于潮湿的空气中时间较长,则应更换干燥器,否则会造成空调系统工作时的"冰堵"。压缩机因碰撞造成的损伤有壳体破裂、皮带轮、离合器变形等,壳体破裂一般更换,皮带轮变形、离合器变形一般也更换。空调管有多根,损伤的空调管一定要注明是哪一根;汽车空调管有铝管和胶管两种:铝管常见的碰撞损伤有变形、折弯、断裂等,变形后一般校正;价格较低的空调管折弯、断裂时一般更换;价格较高的空调管折弯、断裂时一般采取截去折弯、断裂处,再接一节用亚弧焊接的方法修复。破损的胶管一般更换。

空调蒸发箱大多用热塑性塑料制成,常见损伤多为箱体破损。局部破损可用塑料焊修复,严重破损一般需更换,决定更换时一定要考虑有无壳体单独更换。蒸发器换与修基本同于冷凝器,膨胀阀因碰撞损坏的可能性极小。

9.电器设备保护装置

有些电器件在遭受碰撞后,外观虽无损伤,却停止工作,表明"坏了",其实这有可能是假相。如果电路过载或短路会出现大电流,导致导线发热、绝缘损伤,可能酿成火灾。因此,电路中必须设置保护装置。熔断器、熔丝链、大限流熔断器和断路器都是过流保护装置,它们可单独使用,也可配合使用。碰撞会造成系统过载,相关保护装置会因过载而停止工作,出现断路,导致相关电器装置无法工作。此时只需更换相关的熔断器、熔丝链、大限流熔断器和断路器等即可,无须更换相连的电器件。

第七节　汽车保险理赔

在进行赔款理算之前,保险公司相关工作人员要核对有关的索赔单证材料和发生事故的驾驶员的"机动车驾驶证"及保险车辆"机动车行驶证"的原件和复印件,核对无误后留存复印件。在审核索赔单证材料时,对于不符合规定的项目和金额应予以剔除;对于有关的证明和资料不完整的,应及时通知被保险人补充提供有关的证明和资料。

对被保险人提供的各种必要单证审核无误后,理赔人员根据保险条款的规定,迅速审查核定,对车辆损失险、商业第三者责任险、附加险、施救费用等分别计算赔款金额,并将核定计算结果及时通知被保险人。保险人应在与被保险人达成赔偿协议后10日内支付赔款。

一、机动车交通事故责任强制保险的赔款计算

1.基本计算公式

保险人在交强险各分项赔偿限额内,对受害人死亡伤残费用、医疗费用、财产损失分别计算赔偿:

(1)总赔款 = $\sum$ 各分项损失赔款 = 死亡伤残费用赔款 + 医疗费用赔款 + 财产损失赔款

(2)各分项损失赔款 = 各分项核定损失承担金额,即:

死亡伤残费用赔款 = 死亡伤残费用核定承担金额

医疗费用赔款 = 医疗费用核定承担金额

财产损失赔款 = 财产损失核定承担金额

（3）各分项核定损失承担金额超过交强险各分项赔偿限额的，各分项损失赔款等于交强险各分项赔偿限额。

2. 当保险事故涉及多个受害人时的计算

（1）基本计算公式中的相应项目表示如下。

各分项损失赔款＝Σ各受害人各分项核定损失承担金额，即：

死亡伤残费用赔款＝Σ各受害人死亡伤残费用核定承担金额

医疗费用赔款＝Σ各受害人医疗费用核定承担金额

财产损失赔款＝Σ各受害人财产损失核定承担金额

（2）各受害人各分项核定损失承担金额之和超过被保险机动车交强险相应分项赔偿限额的，各分项损失赔款等于交强险各分项赔偿限额。

（3）各受害人各分项核定损失承担金额之和超过被保险机动车交强险相应分项赔偿限额的，各受害人在被保险机动车交强险分项赔偿限额内应得到的赔偿为：

$$\text{被保险机动车交强险对某一受害人分项损失的赔偿金额}＝\text{交强险分项赔偿限额}\times\left(\frac{\text{事故中某一受害人的分项核定损失承担金额}}{\Sigma\text{各受害人分项核定损失承担金额}}\right)$$

3. 当保险事故涉及多辆肇事机动车时的计算

（1）各被保险机动车的保险人分别在各自的交强险各分项赔偿限额内，对受害人的分项损失计算赔偿。

（2）各方机动车按其适用的交强险分项赔偿限额占总分项赔偿限额的比例，对受害人的各分项损失进行分摊。

$$\text{某分项核定损失承担金额}＝\text{该分项损失金额}\times\left(\frac{\text{适用的交强险该分项赔偿限额}}{\Sigma\text{各致害方交强险该分项赔偿限额}}\right)$$

注：①肇事机动车中的无责任车辆，不参与对其他无责车辆和车外财产损失的赔偿计算，仅参与对有责方车辆损失或车外人员伤亡损失的赔偿计算。

②无责方车辆对有责方车辆损失应承担的赔偿金额，由有责方在本方交强险无责任财产损失赔偿限额项下代赔。

（3）肇事机动车均有责任且适用同一限额的，简化为各方机动车对受害人的各分项损失进行平均分摊。

①对于受害人的机动车、机动车上人员、机动车上财产损失：

某分项核定损失承担金额＝受害人的该分项损失金额÷（N－1）

②对于受害人的非机动车、非机动车上人员、行人、机动车外财产损失：

某分项核定损失承担金额＝受害人的该分项损失金额÷N

注：①N为事故中所有肇事机动车的辆数。

②肇事机动车中应投保而未投保交强险的车辆，视同投保机动车参与计算。

（4）初次计算后，如果有致害方交强险限额未赔足，同时有受害方损失没有得到充分补偿，则对受害方的损失在交强险剩余限额内再次进行分配，在交强险限额内补足。对于待分配的各项损失合计没有超过剩余赔偿限额的，按分配结果赔付各方；超过剩余赔偿限额的，则按每项分配金额占各项分配金额总和的比例乘以剩余赔偿限额分摊；直至受损各方均得到足额赔偿或应赔付方交强险无剩余限额。

4.均投保了交强险的两辆机动车互碰,不涉及车外财产损失和人员伤亡的计算

(1)两辆机动车互碰,两车均有责,双方机动车交强险均在交强险财产损失赔偿限额内,按实际损失承担对方机动车的损害赔偿责任。

【例5-1】:A、B两车互碰,各负同等责任。A车损失3500元,B车损失3200元。

则两车交强险赔付结果为:A车保险公司在交强险项下赔偿B车损失2000元;B车保险公司在交强险项下赔偿A车损失2000元。

(2)两辆机动车互碰,一方全责、一方无责。

无责方机动车交强险在无责任财产损失赔偿限额内承担全责方机动车的损害赔偿责任,全责方机动车交强险在财产损失赔偿限额内承担无责方机动车的损害赔偿责任。无责方车辆对全责方车辆损失应承担的赔偿金额,由全责方在本方交强险无责任财产损失赔偿限额项下代赔。

(3)无责财产赔付简化处理机制

①适用条件同时满足以下条件的双方或多方事故,适用无责财产赔付简化处理机制:

a.两方或多方机动车互碰,各方均投保交强险。

b.交警认定或根据法律法规能够协商确定事故责任,部分有责、部分无责。

c.无责方车号、交强险保险人明确。

②基本原则

a.无责代赔仅适用于车辆损失部分的赔偿,对于人员伤亡部分不进行代赔。

b.对于应由无责方交强险承担的对有责方车辆损失的赔偿责任,由有责方承保公司在单独的交强险无责任财产损失代赔偿限额内代赔。代赔偿限额为无责方交强险无责任财产损失赔偿限额之和,在各有责方之间平均分配

c.各保险公司之间对代赔金额进行分类统计,但不进行清算。

d.有责方代赔的部分不影响交强险费率浮动。

e.各无责方车辆不参与对其他无责车辆和车外财产损失的赔偿计算。

5.多辆机动车互碰,部分有责(含全责)、部分无责,不涉及车外财产损失和人员伤亡的计算

(1)一方全责,多方无责,且所有无责方的总损失小于全责方交强险分项赔偿限额时,可简化计算如下:

所有无责方视为一个整体,在各自交强险无责任分项赔偿限额内,对全责方损失按平均分摊的方式承担损害赔偿责任;全责方对各无责方在交强险各分项赔偿限额内承担损害赔偿责任,无责方之间不再互相赔偿。

(2)多辆机动车互碰,不满足"一方全责、多方无责,且所有无责方的总损失小于全责方交强险分项赔偿限额"的条件时:

①各方机动车在其适用的交强险各分项赔偿限额内,对受害人的某分项损失,按其适用的交强险该分项赔偿限额占总分项赔偿限额的比例进行分摊。

②各受害人分项核定损失承担金额之和超过被保险机动车交强险相应分项赔偿限额的,按各受害人分项核定损失承担金额占总分项核定损失承担金额的比例进行分摊。

6.均投保了交强险的两辆或多辆机动车互碰,涉及车外财产损失的计算

有责方在其适用的交强险财产损失赔偿限额内,对各方车辆损失和车外财产损失承担

相应的损害赔偿责任。

所有无责方视为一个整体,在各自交强险无责任财产损失赔偿限额内,对有责方损失按平均分摊的方式承担损害赔偿责任。无责方之间不互相赔偿,无责方也不对车外财产损失进行赔偿。

无责方车辆对有责方车辆损失应承担的赔偿金额,由各有责方在本方交强险无责任财产损失赔偿限额内代赔。

【例5-2】:A、B、C 三车互碰造成三方车损,A 车全责(损失 3000 元),B 车无责(损失 600元),C 车无责(损失 800 元),则赔付结果为:

A 车交强险赔付 B 车 600 元,赔付 C 车 800 元,

B 车、C 车交强险分别赔付 A 车:400 元。

注意:对多辆机动车互碰,部分有责、部分无责交通事故。

【例5-3】:A、B、C 三车互碰造成三方车损,A 车主责(损失 600 元),B 车无责(损失 600元),C 车次责(损失 300 元),则 A 车、B 车交强险对 C 车的赔付计算结果为。

A 车交强险赔付 C 车:

$300 \times 2000/(2000 + 400) = 250$ 元,

B 车交强险赔付 C 车:

$300 \times 400/(2000 + 400) = 50$ 元,

A 车交强险赔付 B 车:

$600 \times 2000/(2000 + 400) = 500$ 元,

C 车交强险赔付 B 车:

$600 \times 2000/(2000 + 400) = 500$ 元,

B 车交强险赔付 A 车:

$600 \times 400/(2000 + 400) = 100$ 元,

C 车交强险赔付 A 车:

$600 \times 2000/(2000 + 400) = 500$ 元。

【例5-4】:A、B、C 三车互碰造成三方车损,A 车全责(损失 3000 元),B 车无责(损失1000 元),C 车无责(损失 1500 元),则 B 车交强险对 A 车、C 车的赔付计算结果为。

B 车交强险分摊 A 车损失金额:

$3000 \times 400/(400 + 400) = 1500$ 元,

B 车交强险分摊 C 车损失金额:

$1500 \times 400/(2000 + 400) = 250$ 元,

B 车分摊损失金额 1750($= 1500 + 250$)元,大于 400 元,则:

B 车交强险赔付 A 车:

$400 \times [1500/(1500 + 250)] = 342.9$ 元,

B 车交强险赔付 C 车:

$400 \times [250/(1500 + 250)] = 57.1$ 元。

思考:例 3 中 C 车交强险对 A 车、B 车的赔付计算结果是多少? B 车交强险对 A 车、C

车的赔付计算结果是多少?

【例5-5】:A、B、C、D四车互碰造成各方车损,A车主责(损失1000元),B车次责(损失600元),C车无责(损失800元)、D车无责(损失500元)。设C、D两车适用的交强险无责任赔偿限额为100元,则赔付结果为:

(1)C车、D车交强险共应赔付200元,对A车、B车各赔偿(100 + 100)/2 = 100元,由A车、B车保险公司在本方交强险无责任财产损失赔偿限额内代赔。

(2)A车交强险赔偿金额 = B车损核定承担金额 + C车损核定承担金额 + D车损核定承担金额 = (600 − 100) + 800/2 + 500/2 = 1150元。

(3)B车交强险赔偿金额 = A车损核定承担金额 + C车损核定承担金额 + D车损核定承担金额 = (1000 − 100) + 800/2 + 500/2 = 1550元。

【例5-6】:A、B两机动车发生交通事故,两车均有事故责任,A、B车损分别为2000元、5000元,B车车上人员医疗费用7000元,死亡伤残费用6万元,另造成路产损失1000元。

(1)A车交强险赔偿计算

A车交强险赔偿金额 = 受害人死亡伤残费用赔款 + 受害人医疗费用赔款 + 受害人财产损失赔款 = B车车上人员死亡伤残费用核定承担金额 + B车车上人员医疗费用核定承担金额 + 财产损失核定承担金额

①B车车上人员死亡伤残费用核定承担金额 = 60000元。

②B车车上人员医疗费用核定承担金额 = 7000元。

③财产损失核定承担金额 = 路产损失核定承担金额 + B车损核定承担金额 = 1000 ÷ 2 + 5000 = 5500元,超过财产损失赔偿限额,按限额赔偿,赔偿金额为2000元。

其中,A车交强险对B车损的赔款 = 财产损失赔偿限额 × B车损核定承担金额 ÷ (路产损失核定承担金额 + B车损核定承担金额) = 2000 × [5000 ÷ (1000 ÷ 2 + 5000)] = 1818.18元。

其中,A车交强险对路产损失的赔款 = 财产损失赔偿限额 × 路产损失核定承担金额 ÷ (路产损失核定承担金额 + B车损核定承担金额) = 2000 × [(1000 ÷ 2) ÷ (1000 ÷ 2 + 5000)] = 181.82元。

④A车交强险赔偿金额 = 60000 + 7000 + 2000 = 69000元。

(2)B车交强险赔偿计算

B车交强险赔偿金额 = 路产损失核定承担金额 + A车损核定承担金额 = 1000 ÷ 2 + 2000 = 2500元,超过财产损失赔偿限额,按限额赔偿,赔偿金额为2000元。

【例5-7】:A、B、C三车发生交通事故,造成第三方人员甲受伤,A、B两车各负50%的事故责任,C车和受害人甲无事故责任,受害人支出医疗费用4500元。

则A、B、C三车对受害人甲应承担的赔偿金额分别为:

A车交强险医疗费用赔款 = 4500 × [10000/(10000 + 10000 + 1000)] = 2142.86元,

B车交强险医疗费用赔款 = 4500 × [10000/(10000 + 10000 + 1000)] = 2142.86元,

C车交强险医疗费用赔款 = 4500 × [1000/(10000 + 10000 + 1000)] = 214.28元。

7. 赔款计算

(1)基本计算公式。

保险人在交强险各分项赔偿限额内,对受害人死亡伤残费用、医疗费用、财产损失分别

计算赔偿:

①总赔款 = ∑各分项损失赔款 = 死亡伤残费用赔款 + 医疗费用赔款 + 财产损失赔款

②各分项损失赔款 = 各分项核定损失承担金额,即:

死亡伤残费用赔款 = 死亡伤残费用核定承担金额

医疗费用赔款 = 医疗费用核定承担金额

财产损失赔款 = 财产损失核定承担金额

③各分项核定损失承担金额超过交强险各分项赔偿限额的,各分项损失赔款等于交强险各分项赔偿限额。

注:"受害人"为被保险机动车的受害人,不包括被保险机动车本车车上人员、被保险人,下同。

(2)当保险事故涉及多个受害人时。

①基本计算公式中的相应项目表示为:

各分项损失赔款 = ∑各受害人各分项核定损失承担金额,即:

死亡伤残费用赔款 = ∑各受害人死亡伤残费用核定承担金额

医疗费用赔款 = ∑各受害人医疗费用核定承担金额

财产损失赔款 = ∑各受害人财产损失核定承担金额

②各受害人各分项核定损失承担金额之和超过被保险机动车交强险相应分项赔偿限额的,各分项损失赔款等于交强险各分项赔偿限额。

③各受害人各分项核定损失承担金额之和超过被保险机动车交强险相应分项赔偿限额的,各受害人在被保险机动车交强险分项赔偿限额内应得到的赔偿为:

$$\begin{matrix}被保险机动车交强险对某一\\受害人分项损失的赔偿金额\end{matrix} = \begin{matrix}交强险分项\\赔偿限额\end{matrix} \times \left(\frac{事故中某一受害人的分项核定损失承担金额}{\sum 各受害人分项核定损失承担金额}\right)$$

(3)当保险事故涉及多辆肇事机动车时。

①各被保险机动车的保险人分别在各自的交强险各分项赔偿限额内,对受害人的分项损失计算赔偿。

②各方机动车按其适用的交强险分项赔偿限额占总分项赔偿限额的比例,对受害人的各分项损失进行分摊。

$$\begin{matrix}某分项核定\\损失承担金额\end{matrix} = \begin{matrix}该分项\\损失金额\end{matrix} \times \left(\frac{适用的交强险该分项赔偿限额}{\sum 各致害方交强险该分项赔偿限额}\right)$$

注:a.肇事机动车中的无责任车辆,不参与对其他无责车辆和车外财产损失的赔偿计算,仅参与对有责方车辆损失或车外人员伤亡损失的赔偿计算。

b.无责方车辆对有责方车辆损失应承担的赔偿金额,由有责方在本方交强险无责任财产损失赔偿限额项下代赔。

一方全责,一方无责的,无责方对全责方车辆损失应承担的赔偿金额为全责方车辆损失,以交强险无责任财产损失赔偿限额为限。

一方全责,多方无责的,无责方对全责方车辆损失应承担的赔偿金额为全责方车辆损失,以各无责方交强险无责任财产损失赔偿限额之和为限。

多方有责,一方无责的,无责方对各有责方车辆损失应承担的赔偿金额以交强险无责任财产损失赔偿限额为限,在各有责方车辆之间平均分配。

多方有责,多方无责的,无责方对各有责方车辆损失应承担的赔偿金额以各无责方交强险无责任财产损失赔偿限额之和为限,在各有责方车辆之间平均分配。

c.肇事机动车中应投保而未投保交强险的车辆,视同投保机动车参与计算。

d.对于相关部门最终未进行责任认定的事故,统一适用有责任限额计算。

③肇事机动车均有责任且适用同一限额的,简化为各方机动车对受害人的各分项损失进行平均分摊:

a.对于受害人的机动车、机动车上人员、机动车上财产损失:

某分项核定损失承担金额 = 受害人的该分项损失金额 ÷ (N−1);

b.对于受害人的非机动车、非机动车上人员、行人、机动车外财产损失:

某分项核定损失承担金额 = 受害人的该分项损失金额 ÷ N。

注:a.N为事故中所有肇事机动车的辆数。

b.肇事机动车中应投保而未投保交强险的车辆,视同投保机动车参与计算。

④初次计算后,如果有肇事方交强险限额未赔足,同时有受害方损失没有得到充分补偿,则对受害方的损失在交强险剩余限额内再次进行分配,在交强险限额内补足。对于待分配的各项损失合计没有超过剩余赔偿限额的,按分配结果赔付各方;超过剩余赔偿限额的,则按每项分配金额占各项分配金额总和的比例乘以剩余赔偿限额分摊;直至受损各方均得到足额赔偿或应赔付交强险无剩余限额。

(4)受害人财产损失需要施救的,财产损失赔款与施救费累计不超过财产损失赔偿限额。

(5)主车和挂车在连接使用时发生交通事故,主车与挂车的交强险保险人分别在各自的责任限额内承担赔偿责任。

若交通管理部门未确定主车、挂车应承担的赔偿责任,主车、挂车的保险人对各受害人的各分项损失平均分摊,并在对应的分项赔偿限额内计算赔偿。

主车与挂车由不同被保险人投保的,在连接使用时发生交通事故,按互为三者的原则处理。

(6)被保险机动车投保一份以上交强险的,保险期间起期在前的保险合同承担赔偿责任,起期在后的不承担赔偿责任。

(7)对被保险人依照法院判决或者调解承担的精神损害抚慰金,原则上在其他赔偿项目足额赔偿后,在死亡伤残赔偿限额内赔偿。

(8)死亡伤残费用和医疗费用的核定标准。

按照《最高人民法院〈关于审理人身损害赔偿案件适用法律若干问题的解释〉》规定的赔偿范围、项目和标准,公安部颁布的《道路交通事故受伤人员伤残评定》(GB 18667—2002),以及交通事故人员创伤临床诊疗指南和交通事故发生地的基本医疗标准核定人身伤亡的赔偿金额。

二、车辆损失险的赔款计算

1.按投保时保险车辆的新车购置价确定保险金额

1)全部损失

全部损失是指保险车辆在保险事故中发生整体损毁或受损严重已失去修复价值,即形成了实际全损或推定全损。

(1)保险金额高于保险事故发生时保险车辆的实际价值时,则:

$$赔款 = (实际价值 - 残值) \times 事故责任比例 \times (1 - 免赔率之和)$$

注:①保险事故发生时保险车辆的实际价值按保险事故发生时同种类型车辆市场新车购置价(含车辆购置附加费/税)减去该车已经使用年限折旧后确定。

②免赔率之和包括,依据保险车辆驾驶员在事故中所负事故责任比例而由其自负的免赔率、非约定驾驶员驾驶保险车辆肇事后需要加扣的免赔率、同一保险年度内多次出险每次加扣的免赔率、违反安全装载规定而需要加扣的免赔率等。

③在确定事故责任比例时,一般按照交通警察部门判定的事故责任比例判定。如果经过核赔人员认真审核,认为某种赔偿比例更符合实际情况,更为合理,此处的事故责任比例可以用该赔偿比例替代。

(2)保险金额等于或低于实际价值时,则:

$$赔款 = (保险金额 - 残值) \times 事故责任比例 \times (1 - 免赔率之和)$$

注意:因总残余价值里有一部分是属于保户自保的,所以在计算残值时应予以剔除,即残值应计算为,残值 - 总残值价值 × (保险金额 ÷ 实际价值)

【例5-8】:甲、乙两车都在某保险公司投保了汽车损失险,两车均按保险价值投保,保险金额都为40000元。两车在不同事故中出险,且均被承保的保险公司推定全损。甲车投保时为新购车辆,即其实际价值与保险金额相等,残值作价2000元;乙车投保时该车已使用了两年,出险当时实际价值确定为32000元,残值作价1000元。试核定两车的损失。

解:甲车损失 = 保险金额 - 残值 = 40000 - 2000 = 38000(元)

乙车损失 = 实际价值 - 残值 = 32000 - 1000 = 31000(元)

【例5-9】:一投保家庭自用汽车损失保险的车辆发生事故,新车购置价(含车辆购置税)100000元,保额100000元,实际价值80000元,驾驶人员承担全部责任,依据条款规定承担15%的免赔率,同时由于非约定驾驶人员驾车肇事,应增加5%免赔率,车辆全部损失,残值100元,则,

由于保险金额高于实际价值,因此按以下公式计算:

$$
\begin{aligned}
赔款 &= (实际修理费用 - 残值) \times 事故责任比例 \times (1 - 免赔率之和) \\
&= (80000 - 100) \times 100\% \times [1 - (15\% + 5\%)] \\
&= 63920(元)
\end{aligned}
$$

2)部分损失

车辆部分损失是指保险车辆出险受损后,尚未达到"整体损毁"或"推定全损"的程度,仅发生局部损失,通过修复,车辆还可继续使用。

$$赔款 = (实际修理费用 - 残值) \times 事故责任比例 \times (1 - 免赔率之和)$$

若赔款大于等于实际价值,则按实际价值赔付,即赔款 = 实际价值;

若赔款小于等于实际价值,则按实际计算出的赔款赔付。

【例5-10】:一投保营业用汽车损失保险的车辆,在同一保险期限内发生二次事故,新车购置价(含车辆购置税)100000元,保额100000元,实际价值50000元,驾驶员承担全部责任,依据条款规定承担20%的免赔率,同时由于第二次出险,增加5%免赔率。车辆修理费用80000元,残值100元,则,

$$赔款 = (实际修理费用 - 残值) \times 事故责任比例 \times (1 - 免赔率之和)$$

$$= (80000 - 100) \times 100\% \times [1 - (20\% + 5\%)]$$

$$= 59925 \, 元$$

因为计算所得赔款 59925 元,高于实际价值 50000 元,所以按照实际价值赔付,即向被保险人支付赔款 50000 元。

如上例中,实际价值为 60000 元,则向被保险人支付赔款 59925 元。

3)施救费赔款

施救费赔款 = 实际施救费用 × 事故责任比例 × (保险金额 ÷ 实际施救财产总价值) × (1 - 免赔率之和)

2. 按投保时保险车辆的实际价值确定保险金额或协商确定保险金额的计算

1)全部损失

(1)保险金额高于保险事故发生时保险车辆的实际价值时:

赔款 = (实际价值 - 残值) × 事故责任比例 × (1 - 免赔率之和)

(2)保险金额等于或低于实际价值时:

赔款 = (保险金额 - 残值) × 事故责任比例 × (1 - 免赔率之和)

注:如果保险金额低于实际价值,因总残余价值里有一部分是属保户自保的,所以这里残值应计算为,残值 = 总残余价值 × (保险金额/实际价值)

【例5-11】:一投保家庭自用汽车损失保险的车辆发生事故,新车购置价(含车辆购置税)10 万元,按双方约定价值 5 万元确定保额,驾驶人员承担全部责任,依据条款规定承担 15% 的免赔率,同于由于非约定驾驶人员驾车肇事,应增加 5% 免赔率。车辆全部损失,残值 100 元。已知保险事故发生时的实际价值为 6 万元,则:

赔款 = (50000 - 100 × 50000/60000) × 100% × [1 - (15% + 5%)] = 39933.33(元)

2)部分损失

赔款 = (实际修理费用 - 残值) × 事故责任比例 × (保险金额 ÷ 投保时保险车辆的新车购置价) × (1 - 免赔率之和)

若赔款大于等于实际价值,则按照实际价值赔付,则:赔款 = 实际价值;

若赔款小于实际价值,则按照实际计算出的赔款赔付。

【例5-12】:一投保营业用汽车损失保险的车辆,在同一保险期限内发生第三次事故,新车购置价(含车辆购置税)10 万元,保额 8 万元,实际价值 5 万元,驾驶人员承担全部责任,依据条款规定承担 20% 的免赔率,同时由于第三次出险,增加 10% 免赔率。车辆修理费用 4 万元,残值 100 元,则:

赔款 = (实际修理费用 - 残值) × 事故责任比例 × (保险金额/投保时保险车辆的新车购置价) × (1 - 免赔率之和)

$$= (40000 - 100) \times 100\% \times (80000/100000) \times [1 - (20\% + 10\%)]$$

$$= 22344(元)$$

3)施救费赔款计算

施救费赔款 = 实际施救费用 × 事故责任比例 × (保险金额 ÷ 投保时保险车辆的新车购置价) × (保险财产价值 ÷ 实际施救财产价值) × (1 - 免赔率之和)

3. 保险车辆全部损失后保险合同将终止的情况

(1)保险金额低于投保时保险车辆的实际价值,一次赔款金额与免赔金额之和(不含施救费)达到保险金额的。

(2)保险金额高于投保时保险车辆的实际价值,一次赔款金额与免赔金额之和(不含施救费)达到实际价值的。

4. 保险车辆部分损失后保险合同继续有效的情况

保险金额高于投保时保险车辆的实际价值,一次赔款金额与免赔金额之和(不含施救费)达到保险车辆的实际价值且未达到保险金额的,在保险车辆修复并经保险人验车同意后保险责任合同继续有效至保险合同终止日,但保险人不退还保险车辆修理期间的保险费的。

三、第三者责任险的赔款计算

1. 赔偿的依据

保险车辆发生第三者责任事故时,应按《道路交通事故处理办法》及有关法规、条例规定的赔偿范围、项目和标准以及保险合同的规定进行处理,在保险单载明的赔偿限额内核定、计算赔偿金额,对被保险人自行承诺或支付的赔偿金额,保险人有权重新核定或拒绝赔偿。计算赔款数额时,按以下两种情况采用不同的公式来计算:

(1)当被保险人应负赔偿金额超过保险赔偿限额时

$$保险赔款 = 赔偿限额 \times (1 - 免赔率)$$

(2)当被保险人应负赔偿金额等于或低于赔偿限额时

$$赔款 = 应负赔偿金额 \times (1 - 免赔率)$$

【例5-13】:一辆按照责任限额20万元投保机动车辆第三者责任险的汽车,在出险时给第三方造成30万元损失,诉讼仲裁费用为5000元。该车负主要责任,承担70%的损失,依照条款规定应承担15%的免赔率。此次事故中,被保险人按照事故责任比例应承担的赔偿金额为300000×70% = 210000(元),超过了20万元的责任限额。则

赔款 = 责任限额 × (1 - 免赔率之和) = 200000 × (1 - 15%) = 170000(元)

被保险人应承担的诉讼仲裁费用为5000元,没有超过保险单载明的责任限额的30%,200000×30% = 60000(元)则

诉讼仲裁费用 = 应承担的诉讼仲裁费用 = 5000(元)

保险人向被保险人支付赔款(包括诉讼仲裁费用)合计为170000 + 5000 = 175000(元)

2. 第三者责任险的保险责任为连续责任

即保险车辆发生第三者责任事故,保险人赔偿后,每次事故无论赔款是否达到保险赔偿限额。在保险期限内,第三者责任险的保险责任仍然有效,直至保险期满。

3. 第三者责任事故赔偿后,对受害第三者的任何赔偿费用的增加,保险人不再负责。

四、车上人员责任险的赔款计算

车上人员责任险赔款按以下情况计算:

(1)当被保险人按事故责任比例应承担的每座车上人员伤亡赔偿金额未超过保险合同载明的每人责任限额时,每人赔款等于应承担的赔偿金额。

（2）当被保险人按事故责任比例应承担的每座车上人员伤亡赔偿金额超过保险合同载明的每人责任限额时,每人赔款等于责任限额。

赔款等于每人赔款之和,则赔款人数以投保座位数为限。

五、全车盗抢险的赔款计算

附加盗抢险的保险车辆,在保险期间被盗窃或被抢劫,若满60天后仍未找到,保险人在取得车辆权益转让书后,按车辆保险金额或出险时车辆实际价值计算赔偿,并扣除相应的免赔率。

（1）当车辆保险金额高于或等于车辆出险时的实际价值时:

$$赔付款 = 实际价值 \times (1 - 免赔率)$$

（2）当车辆保险金额低于车辆出险时的实际价值时:

$$赔付款 = 保险金额 \times (1 - 免赔率)$$

被盗抢车辆在60天内找回,但车辆遭受部分损失（碰撞、车上装备丢失以及其他机械方面的损坏）,保险人比照车辆损失险赔付款计算方法进行计算。

六、玻璃单独破碎险的赔款计算

玻璃破碎时,赔款 = 实际修理费用

七、火灾、爆炸、自燃损失险的赔款计算

1. 全部损失

$$全部损失赔款 = (保险金额 - 残值) \times (1 - 20\%)$$

2. 部分损失

$$赔款 = (实际修理费用 - 残值) \times (1 - 20\%)$$

3. 施救费用

施救费用以不超过保险金额为限,其计算方法如下:

$$赔款 = 实际修理费用 \times (保险财产价值 \div 实际施救财产总价值) \times (1 - 20\%)$$

八、自燃险的赔款计算

1. 全部损失

$$全部损失赔款 = (保险金额 - 残值) \times (1 - 20\%)$$

2. 部分损失

$$赔款 = (实际修理费用 - 残值) \times (1 - 20\%)$$

3. 施救费用

施救费用以不超过保险金额为限,其计算方法如下:

$$赔款 = 实际修理费用 \times (保险财产价值 \div 实际施救财产总价值) \times (1 - 20\%)$$

九、车身划痕险的赔款计算

在保险金额内按实际损失计算赔款,并使用批单冲减保险金额,则

$$赔款 = 实际损失费用$$

如果在保险期限内,赔款累计达到本险种保险金额,本险种保险责任终止。

十、不计免赔特约条款的赔款计算

赔款按下式计算:

$$赔款 = 一次赔款中已承担且出险的各险种免赔额之和$$

(1)出现下列情况被保险人自行承担的免赔额,保险人不负责赔偿。

(2)车辆损失保险中应当由第三方负责赔偿而确实无法找到第三方的。

(3)因违反按照装载规定加扣的。

(4)同一保险年度内多次出险,每次加扣的。

(5)附加抢险或附加火灾、爆炸、自燃损失险或附加自燃损失险中规定的。

(6)对家庭自用车保险合同中约定驾驶员的,保险事故发生时由非约定驾驶员驾车而加扣的。

十一、车辆停驶损失险的赔款计算

1. 全部损失

$$赔款 = 保险合同中约定的日赔偿金额 \times 保险合同中约定的最高赔偿天数$$

2. 部分损失

在计算赔偿天数时,首先比较"机动车辆保险车辆损失情况确认书"中约定的修理天数和实际修理天数,两者以短者为准。即:"机动车辆保险车辆损失情况确认书"中约定的修理天数大于或等于实际修理天数,以实际修理天数为计算基础;"机动车辆保险车辆损失情况确认书"中约定的修理天数小于实际修理天数,以"机动车辆保险车辆损失情况确认书"中约定的修理天数为计算基础。

(1)赔偿天数未超过保险合同中约定的最高赔偿天数,则

$$赔款 = 保险合同中约定的日赔偿金额 \times 赔偿天数$$

(2)赔偿天数超过保险合同中约定的最高赔偿天数,则

$$赔款 = 保险合同中约定的日赔偿金额 \times 保险合同中约定的最高赔偿天数$$

赔偿后,使用批单批改保险合同中约定的最高赔偿天数。在保险期限内,赔款金额累计达到保险单载明的保险金额,本附加险保险责任终止。保险期限内发生保险事故时,约定赔偿天数超出保险合同终止期限部分,仍应赔偿。

十二、车上货物责任险的赔款计算

车上货物责任险赔款按以下情况计算:

(1)当被保险人按事故责任比例应承担的车上货物损失金额未超过保险合同载明的责任限额时,则

$$赔款 = 应承担的赔偿金额 \times (1 - 20\%)$$

(2)当被保险人按事故责任比例应承担的车上货物损失金额超过保险合同载明的责任限额时,则

$$赔款 = 责任限额 \times (1 - 20\%)$$

十三、无过失责任险的赔款计算

(1)当无过失责任险损失金额未超过责任限额时,则

$$赔款 = 实际损失 \times (1 - 20\%)$$

(2)当无过失责任损失金额超过责任限额时,则

$$赔款 = 责任限额 \times (1 - 20\%)$$

事故处理裁决书载明保险车辆及驾驶人在事故中无过失并按道路交通处理规定承担10%赔偿费用的案件,其赔款应在第三者责任险中列支。

十四、免赔率的确定

免赔率按条款的明确规定确定。其中特别注意的是:

(1)全车盗抢险中被保险人索赔时未能提供"机动车行驶证"、"机动车登记证书"、机动车来历凭证、车辆购置税完税证明(车辆购置附加费缴费证明)或免税证明等原件,每缺少一项增加1%的免赔率。

(2)因自然灾害引起的不涉及第三者损害赔偿的单纯车损案件,不扣免赔。但对被保险人未尽到妥善保管或及时施救义务的案件除外。

十五、缮制赔款计算书

计算完赔款以后,要缮制赔款计算书。赔款计算书应该分险别、项目计算并列明计算公式。赔款计算应尽量用计算机出单,应做到项目齐全、计算准确。手工缮制的,应确保字迹工整、清晰,不得涂改。

业务负责人审核无误后,在赔款计算书上签署意见和日期,然后送交核赔人员。

【例5-14】:甲、乙两车在行驶中不慎发生严重碰撞事故。经查证,两车均投保了车损险和第三者责任保险,其中甲车车损险保险金额为30000元,新车购置价为50000元,第三者责任险限额为50000元;乙车车损险保险金额为80000元,保险价值为80000元,第三者责任险限额为50000元。经交通事故处理机关现场查勘分析认定甲车严重违章行驶,是造成本次事故的主要原因,应承担本次碰撞事故的主要责任,负担本次事故损失费用的70%。乙车措施不当,负本次事故的次要责任,负担本次事故损失费用的30%。经甲、乙双方保险公司现场查勘定损核定损失如下。

甲车:车损为20000元,驾驶人住院医疗费10000元,按规定核定其他费用(护理费、误工费、营养费等)2000元。

乙车:车损为45000元,驾驶人死亡,按规定核定费用为25000元(含死亡补偿费、被抚养人生活费),一乘车人受重伤致残,其住院医疗费为20000元,按规定核定其他费用为25000元(护理费、误工费、营养费、伤残补助费及被抚养人生活费)。以上两车总损失费用为:147000元,按交通事故处理机关裁定。

甲车应承担赔偿费用为:147000 × 70% = 102900(元)

乙车应承担赔偿费用为:147000 × 30% = 44100(元)

试计算双方保险公司按保险责任应支付的保险赔款。

解: 甲车承保公司应支付甲车赔款

车损险保险赔款 = 车辆核定损失 × 按责任分担的比例 × (保险金额/保险价值) × (1 − 免赔率) = 20000 × 70% × (30000/50000) × (1 − 15%) = 14000 × (30000/50000) × (1 − 15%) = 8400 × 85% = 7140(元)

第三者责任保险赔款

甲车应承担乙车的赔偿费用为:

(45000 + 25000 + 20000 + 25000) × 70% = 80500(元)

因其已超过第三者责任保险赔偿限额,所以甲车承保公司应付甲车的第三者责任保险赔款数为:

保险赔款 = 赔偿限额 × (1 − 免赔率)

　　　　 = 50000 × (1 − 15%)

　　　　 = 42500(元)

总计应支付甲车赔款为:7140 + 42500 = 49640(元)

乙车承保公司应支付乙车赔款

乙车车损险保险赔款 = 45000 × 30% × (1 − 5%) = 12825(元)

第三者责任险保险赔款

乙车应承担甲车赔偿费用为:

(20000 + 10000 + 2000) × 30% = 9600(元)

保险赔款 = 9600 × (1 − 5%) = 9120(元)

总计应支付乙车赔款为:12825 + 9120 = 21945(元)

第八节　汽车保险核赔

一、核赔工作的流程

核赔是在授权范围内独立负责理赔质量的人员,按照保险条款及保险公司内部有关规章制度对赔案进行审核的工作。是保险公司控制业务风险的最后关口。因此具有十分重要的意义。

核赔的主要工作包括审核单证、核定保险责任、审核赔款计算、核定车辆损失及赔核定人员伤亡及赔款、核定其他财产损失及赔偿、核定施救费用等。其意义在于对整个赔案处理过程进行控制。核赔对理赔质量的控制体现在:核赔师对赔案的处理过程,一是及时了解保险标的出险原因、损失情况,对重大案件,应参与现场查勘;二是审核、确定保险责任;三是核定损失;四是审核赔款计算。核赔的操作流程如图5-12所示。

二、核赔的主要内容

核定赔款的主要内容包括:

1.审核单证

(1)审核被保险人提供的单证、证明及相关材料是否齐全、有效,有无涂改、伪造等。

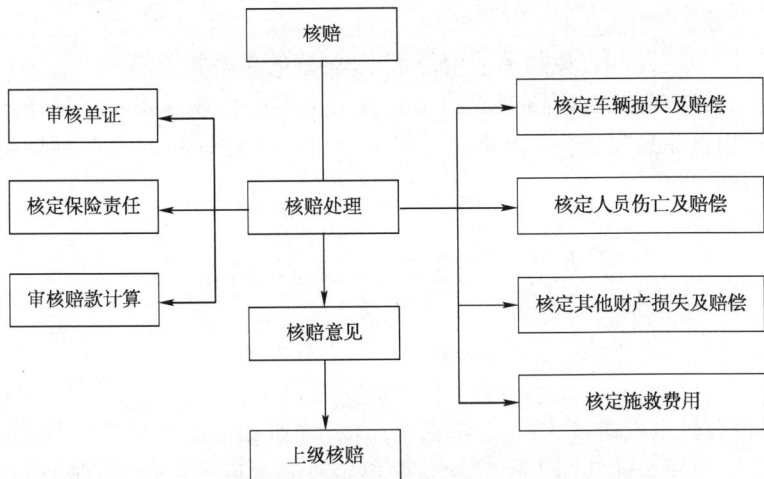

图 5-12　核定赔款流程图

（2）审核经办人员是否规范填写有关单证，必备的单证是否齐全等。

（3）审核相关签章是否齐全。

2. 核定保险责任

核定保险责任时，应重点审核下述事项：

（1）被保险人与索赔人是否相符。

（2）出险车辆的厂牌型号、牌照号码、发动机号码、车架号与保险单证是否相符。

（3）出险原因是否为保险责任。

（4）出险日期是否在保险期限内。

（5）赔偿责任是否与保险险别相符。

（6）事故责任划分是否准确合理。

3. 核定车辆损失及赔款

（1）车辆损失项目、损失程度是否准确合理。

（2）更换的零部件是否按照规定进行了询报价，定损项目与报价项目是否一致。

（3）换件部分拟赔款金额是否与报价金额相符。

4. 核定人身伤亡损失与赔款

核赔人员根据现场查勘记录、调查证明和被保险人提供的"事故责任认定书"、"事故调解书"和伤残证明等材料，按照相关规定审核人员伤亡损失与赔款是否合理。应重点核定以下内容：

（1）伤亡人员数、伤残程度是否与调查情况和证明相符。

（2）人员伤亡费用是否合理。

（3）被抚养人口、年龄是否属实，生活费计算是否合理。

5. 核定其他财产损失

核定其他财产损失时，应根据照片和被保险人提供的有关货物、财产发票、有关单证，核实所确定的财产损失和损失物资残值等是否合理。

6. 核定施救费用

根据案情和对施救费用的有关规定，对涉及施救费用的有关单证和赔付金额进行审核。

7.审核赔付计算

审核赔付计算是否准确,免赔率使用是否正确,残值是否扣除等。

属于本公司核赔权限的,审核完成后核赔人员签字并报领导审批。属于上级公司核赔的,核赔人员提出核赔意见,经领导签字后报上级公司核赔。在完成各种核赔和审批手续后,转入赔付结案程序。

第九节　汽车保险理赔结案

一、结案

在赔案经过分级审批通过之后,业务人员应制作《机动车辆保险领取赔款通知书》,并通知被保险人,同时通知会计部门支付赔款。保户领取赔款后,业务人员按赔案编号输录"机动车辆保险已决赔案登记簿",同时在"机动车辆保险报案、立案登记簿"备注栏中注明赔案编号、赔案日期,作为续保时是否给付无赔款优待的依据。

二、理赔案卷管理

理赔案卷须一案一卷整理、装订、登记、保管。赔款案卷要做到单证齐全、编排有序、目录清楚、装订整齐,照片及原始单据一律粘贴整齐并附说明。

理赔案卷按分级审批、分级留存并按档案管理规定进行保管的原则。

1.车险业务档案卷内的排列顺序一般遵循的原则

承保单证应按承保工作顺序依次排列,理赔案卷应按理赔卷皮内目录内容进行排列。

2.承保单证、赔案案卷的装订方法

(1)承保单证、赔付案件中均采用"三孔一线"的装订方法,孔间距为6.5cm,承保单证一律在卷上侧统一装订,赔付卷一律在卷左侧统一装订,对于承保和理赔中需要附贴的单证,如保费收据、赔案收据和各种医疗费收据、修理费发票等一律粘贴在"机动车辆保险(单证)粘贴表"上,粘贴整齐、美观、方便使用。

(2)对于承保单证一律按编号排序整齐,每50份装订为一卷,赔付卷要填写卷内目录和备考线,装订完毕后打印自然流水号,以防卷内形式不一的单证、照片等重要原始材料遗失,对于卷内不规格的形式不一的单证(如照片、锯齿发票等)除一律粘贴在统一规格的粘贴表上之外,还应加盖清晰的骑缝章,并在粘贴表的"并张单证"中注明粘贴张数。

3.卷内承保、理赔卷的外形尺寸

卷内承保、理赔卷的外形尺寸分别以承保副本和机动车辆保险(单证)粘贴表的大小为标准,卷皮可使用统一的"车险业务档案卷皮"加封,并装盒保存(注:每盒承保50份,理赔10份)。

4.承保单证及赔付案卷卷皮上应列明内容

承保的卷皮上应列明的内容为:机构名称、险种、年度、保单起止号、保管期限;赔案卷皮应注明的内容为:机构名称、险种、赔案年度、赔案起止号、保管期限。

5.档案管理要求

业务原始材料应由具体经办人提供,按顺序排列整齐,然后交档案管理人员,档案管理人员按上述要求统一建档,保管案卷人员应以保证卷内各种文件、单证的系统性、完整性和真实性为原则,当年结案的案卷归入所属业务年度,跨年度的赔案归入当年的理赔案卷。

6.业务档案的利用工作

业务档案的利用工作既要积极主动,又必须坚持严格的查阅制度。查阅时要填具调阅登记簿,由档案管理人员亲自调档案并协助查阅人查阅。

7.承保及理赔档案的销毁和注销

根据各个公司的规定,对于车险业务一般保管期限为三年,对于超过保存期限的经内勤人员和外勤人员共同确定确实失去保存价值的,要填具业务档案销毁登记清单,上报部门经理方可销毁。

本 章 小 结

1.汽车保险理赔是指保险人或委托理赔代理人在其承保的保险车辆发生保险事故导致损失,被保险人或委托代理人提出索赔的请求后,根据保险合同条款的约定,审核保险责任、确定损失程度并处理保险理赔的法律行为。

2.汽车保险理赔的原则:重合同、守信用原则;实事求是原则;主动、迅速、准确、合理的原则。

3.汽车保险理赔的特点:汽车流动性大;交通事故频发生频繁但平均损失幅度较小;服务水平受到汽车维修企业的制约;道德风险普遍。

4.国际成熟保险市场汽车保险理赔服务的模式及特点:查勘、定损环节方面的合作;信息技术开发环节的合作;提供多样化服务环节方面的合作。

5.当前我国保险市场汽车理赔服务的模式:①各自建立自己的服务热线;②各自建立自己的查勘队伍;③各自建立自己的车辆零配件报价中心;④查勘定损的某个环节或服务辐射不到的某个领域才交由公估机构、物价部门、修理厂、调查公司等外部机构去完成。

6.汽车保险理赔的业务流程:受理案件;单证查核;立案;现场查勘;责任审核(事故原因分析);鉴定损失(定损核损);保险赔款的计算核赔;支付赔款。

7.道路交通事故的出险现场,一般可分为三类,即:原始现场、变动现场和恢复现场。

8.现场查勘的工作内容:查明出险时间;查明出险地点;查明真实的出险原因和经过;查明被保险的机动车辆在事故中的责任;查明被保险车辆的使用性质;查明被保险人对保险车辆有无保险利益;查勘出险司机(当事人)与被保险人的关系;查明出险车辆的现场情况及受损部位。

9.现场查勘工作主要包括收取物证,现场摄影,现场丈量,绘制现场图,车辆检查,道路查勘以及收取书证等。

10.判断碰撞接触点的依据:①事故现场的物理(力和运动)现象,双方车辆损坏的部位及受力情况。当第一现场挪动后,根据双方车辆碰撞损坏位置亦可以初步判定事故原因。②事故现场的散落物。如车体下的泥土、玻璃碎片等;③刹车印迹;④汽车运动学和动力学理论(运动轨迹和碰撞损坏情况)。

11.汽车保险定损的工作内容主要包括车辆损失的确定、人员伤亡费用的确定、施救费用的确定,其他财产的损失确定和残值处理等内容。

12. 事故车辆的定损原则:①严格执行理赔制度;②准确进行定损核价;③正确划分赔付范围。

13. 一般地,需要更换的零部件可归纳为以下四种:①无法修复的零部件,如灯具的严重损毁;②工艺上不可修复使用的零部件;③安全上不可修复使用的零件;④无修复价值的零件;

14. 对事故车辆的定损时,损坏的零部件究竟是更换还是维修,必须坚持的原则:①质量、寿命有保证;②修理零部件的费用与新件关系;③确保行车安全;④灵活掌握;⑤对某些老旧车型。

15. 事故车辆的定损方法:①确定出险车辆的性质,确认是否属于保险赔付范围;②对现场及损伤部位照相;③对事故车辆损伤部位进行查勘,确定损伤程度;④对不能直接检查到的内部损伤,应进行拆检;⑤确定损伤形成的原因。

16. 事故车辆定损应注意的问题:①应注意本次事故造成的损失和非本次事故造成的损失、正常维护与事故损失的界限,对确定的事故损失应首先坚持尽量修复的原则;②受损车辆解体后,如发现尚有因本次事故损失的部位没有定损的,经定损员核实后,可追加修理项目和费用;③受损车辆未经保险人同意而由被保险人自行送修的,保险人有权重新核定修理费用或拒绝赔偿;④换件残值应合理作价,如果被保险人接受,则在定损金额中扣除;如果被保险人不愿意接受,保险人拥有处理权。

17. 车辆的维修费用主要有以下几部分:工时费、材料费、外协加工费和税费。

18. 碰撞造成的非承载式车身变形种类:①左右弯曲;②上下弯曲;③皱折与断裂损伤;平行四边形变形;扭曲变形。

19. 车架产生多种变形时的修理与校正步骤:①解决扭曲变形;②解决平行四边形变形;③解决皱折与断裂损伤;④解决上下弯曲变形;⑤解决左右弯曲变形。

20. 车身结构钣金件碰撞受损后修复与更换的判断原则是"弯曲变形就修,折曲变形就换"。

21. 零件发生弯曲变形的特点是:损伤部位与非损伤部位的过渡平滑、连续;通过拉拔矫正可使它恢复到事故前的形状,而不会留下永久的塑性变形。

22. 零件发生折曲变形的特点是:变形剧烈,曲率半径小于3mm,通常在很短长度上弯曲可达90°以上;矫正后零件上仍有明显的裂纹或开裂,或者出现永久变形带,不经调温加热处理不能恢复到事故前的形状。

23. 塑料件的修与换应从以下几个方面考虑:①对于燃油箱及要求严格的安全结构件,必须考虑更换;②整体破碎以更换为主;③价值较低、更换方便的零件应以更换为主;④应力集中部位,应以更换为主;⑤基础零件尺寸较大,受损以划痕、撕裂、擦伤或穿孔为主,这些零件拆装麻烦、更换成本高或无现货供应,应以修理为主;⑥表面无漆面的、不能使用氰基丙烯酸酯黏结法修理的、且表面光洁度要求较高的塑料零件,由于修理处会留下明显的痕迹,一般考虑更换。

24. 核定赔款的主要内容包括:审核单证;核定保险责任;核定车辆损失及赔款;核定人身伤亡损失与赔款;核定其他财产损失;核定施救费用;审核赔付计算。

复习思考题

1. 汽车保险理赔的含义及其特点是什么？汽车保险理赔应遵循的原则是什么？

2. 目前我国汽车保险的模式与国际保险发达国家先进模式相比较有哪些不足？

3. 简述保险公司的汽车保险的理赔程序已经汽车保险理赔对工作人员的特殊要求。

4. 汽车理赔过程中接受报案的主要工作内容有哪些？

5. 汽车理赔中查勘的主要内容有哪些？

6. 车身结构件弯曲变形、折曲变形各有什么特点？

7. 机动车定损应该遵循什么原则？

8. 什么情况下需要更换汽车的零部件？

9. 发动机、变速器托底后容易造成哪些损失？

10. 确定汽车维修工时费时，更换项目涉及哪些？

11. 碰撞对非承载式车身有何影响？

12. 碰撞对承载式车身有何影响？

13. 塑料件的修与换应从哪几个方面考虑？

14. 发动机进水为什么会导致连杆弯曲，甚至捣坏汽缸壁？

15. 汽车保险定损的工作内容有哪些？

16. 对事故车辆的定损时，损坏的零部件究竟是更换还是维修需要坚持哪些原则？

17. 确定修理件的工时费时，主要应该考虑哪些因素？

18. 什么叫核赔？核赔的主要工作内容有哪些？

19. 通过社会实践，对当地保险公司进行实地调查，对搜集的一些案例进行分析。

20. 结合汽车保险理赔案例进行理赔计算。

第六章　汽车保险欺诈

教学目标

· 掌握汽车保险欺诈的定义；
· 熟悉汽车保险欺诈的形成原因；
· 熟悉汽车保险欺诈的常见类型并能对保险欺诈案件进行分析；
· 熟悉汽车保险欺诈的防范措施；
· 掌握汽车保险欺诈的调查方法；
· 熟悉典型案件的调查要点。

教学要点

知 识 要 点	掌 握 程 度	相 关 知 识
汽车保险欺诈概述	掌握汽车保险欺诈的定义	汽车保险欺诈
汽车保险欺诈的形成原因	熟悉汽车保险欺诈的形成原因	汽车保险欺诈的原因
汽车保险欺诈类型	熟悉汽车保险欺诈的常见类型；能对保险欺诈案件进行分析	汽车保险欺诈常见类型
汽车保险欺诈的防范与调查	理解汽车保险欺诈的防范措施；熟悉汽车保险欺诈的调查方法	汽车保险欺诈的防范；汽车保险欺诈的调查
典型案件调查要点	掌握典型案件的调查要点	典型案件调查要点

　　汽车保险欺诈骗赔现象是国内外汽车保险行业都面临的问题，是现代社会的一个毒瘤。随着我国改革开放的深入，保险作为社会保障体系的一个重要组成部分得到了迅速发展，但是，各类保险诈骗行为也凸显出来，并且成为当前保险业最大威胁之一。面对汽车保险欺诈日益增多的情况，保险公司应在实践中认真总结经验教训，针对汽车保险欺诈骗赔的不同特点，采取有针对性的防范措施，预防和制止汽车保险欺诈骗赔现象的蔓延。

第一节　汽车保险欺诈概述

一、保险欺诈定义

保险欺诈是指投保人、被保险人或受益人以骗取保险金为目的,以虚构保险标的、编造保险事故或保险事故发生原因、夸大损失程度等手段,致使保险人陷于错误认识而向其支付保险金的行为。

二、保险欺诈现状

保险欺诈几乎同保险业本身一样古老。在美国,保险欺诈是白领阶层比例最高的犯罪领域。据反保险欺诈联盟统计,每年发生在美国的保险欺诈大约有 800 亿美元。车险是美国保险欺诈的重灾区,1/3 的碰撞事故都跟保险欺诈有关。每年因欺诈车险消费者所增的支出高达 52 亿～63 亿美元。

在我国,由于市场经济的逐步建立,保险业务发展很快,而车险业务的发展更快。从 2006 年至今,中国机动车辆保险保费收入占财产险公司业务比重为 70% 左右,汽车保险稳居国内产业第一大险种。但是,各家保险公司在抢占车险市场的同时,也被各式各样的车险骗赔行为所困扰,保险欺诈形势严峻,车险欺诈占车险赔付的 20%。过高的保险欺诈导致赔付率过高、保费增高。

三、汽车保险欺诈的影响

由于保险欺诈现象的存在,保险业不得不将其作为一种不可避免的风险因素而接受,在经营过程中进行了种种必要的规避。

开发新险种时不得不掂量一下道德风险的因素。对于一些市场急需的险种,由于畏惧保险欺诈,在尚未找到行之有效的防范措施之前,不敢贸然推出。

计算保险费时,迫不得已地要将保险欺诈考虑在内,这不但增加了善良人的负担,也给保险业的正常经营增加了难度,从而给保险业的健康发展造成了负面影响。

理赔时如临大敌。理赔人员整日为识别案件的真伪而奔忙,导致查勘费用大幅度增加。

"投保容易理赔难"的说法,有一部分来源于因保险欺诈而引起的保险公司拒赔案件,其他被保险人不明就里,受到舆论的影响而得出了这样一个片面的结论。这给保险公司的经营声誉造成了巨大的无形损害,影响了下一步的展业。

车险骗赔不仅增加了保险公司的经营风险,也对投保人的保险权益造成了极大损害。

第二节　汽车保险欺诈的形成原因

产生汽车保险欺诈犯罪的原因有很多,既有社会的、经济的、人性的因素,也包括保险公司内部的经营管理、社会法律环境等因素。

一、社会原因

(1)整个社会尚缺乏诚信体系和健全的监控机制。在不少人看来,保险欺诈是一种可以原谅的过错,并不是什么违法行为。

这种社会评价,无疑为汽车保险的欺诈活动起了推波助澜的负面影响。由于失去了社会公共的监督和有效的道德谴责,致使保险欺诈者在实施欺诈行为时,往往有恃无恐。不少恶意骗保者得逞以后,保险公司就很难再找到他。如果在一个信用社会,骗保事实一经确认,当事人的信用就会留下不良记录,从而在某种程度上减少了保险欺诈行为的发生。

(2)法律环境的影响。部分司法判例,出于保护被保险人的考虑,选择了有利于被保险人的证据驳回了保险公司的拒偿主张,从而助长了他们的嚣张气焰。

二、投保人原因

汽车保险之所以能够吸引保险欺诈分子的注意,是因为保险合同规定:在不发生保险事故时,保险公司只管收取保险费而没有赔偿义务;当发生保险事故时,保险人需赔偿比保险费高得多的费用给投保人。这样,在高额赔偿的诱惑下,就导致某些缺乏道德以及因种种原因需要摆脱困境的人把欺诈转移到了汽车保险业,通过铤而走险的方式来获取额外利益。

(1)某些投保人或被保险人法制观念淡薄。他们对保险法规不熟悉,分不清罪与非罪的界限,认为即使诈骗行为被识破,充其量不过是被保险公司拒赔而已;他们守法意识不强,自以为骗赔手段诡秘,可以瞒天过海。

(2)有些投保人企图通过参加汽车保险,以支付保险费的较小代价,任何故意制造事故获取保险公司的高额赔偿,从而实现发财的目的。

(3)有些投保人由于某种偶然因素的诱发,比如他人提醒,才产生了欺诈的念头。

三、保险公司原因

(1)对防止保险欺诈重视不够,目前还没有几个公司专门成立反欺诈机构。

(2)保险业信息交流不畅。很多保险公司视对方为竞争对手,很少互相通报骗保、骗赔信息,这使得一些居心不良的欺诈分子的欺诈行为屡屡得逞。一些保险公司被诈骗后,为顾及自己的信誉和影响,往往采取不张扬的做法,这也使得保险欺诈者更加有恃无恐。

(3)承保程序不科学。承包时,几乎没有哪家公司实施"验车承保",这也使得一些存在明显缺陷的汽车得以实现高额投保。

(4)理赔程序不科学。例如:为了所谓的减少查看成本,允许汽车修理厂代为索赔,诱发汽车修理厂二次碰撞;发生事故后,保险公司不派员去现场查勘,而是等车辆修好之后,凭发票予以赔付;确定赔付金额时,往往以有关单位的证明作为唯一依据,而有些证明可能与事实不符。所以,不科学的理赔程序客观上为保险欺诈打开了方便之门。

(5)保险公司对某些识破了的欺诈行为处理太宽松,大多仅满足于追回被骗保险金或不承担赔偿责任,而不愿追究他们相关的法律责任,从而助长了保险欺诈行为的进一步发生。

(6)理赔人员素质偏低,把握不住理赔关,给欺诈者以可乘之机,甚至有些理赔人员经不住金钱诱惑,同欺诈者内外勾结,共同骗取保险金。

第三节 汽车保险欺诈类型

一、汽车保险欺诈类型

近些年来,以骗取保险金为目的的汽车保险欺诈犯罪呈上升趋势。参与汽车保险欺诈的人员,一般对事故认定、保险理赔、汽车修理等程序和法律规定都比较熟悉,利用保险业务中存在的漏洞,达到骗保的目的。

1. 利用虚假材料实施的欺诈

1)类型定义

利用虚假材料实施的欺诈是指骗保人通过自刻相关公章,非法获得空白交警证明,办理假驾驶证、行驶证,利用制图软件修改原始照片,利用非标的车信息等非法手段来申请车损理赔。

2)该类型特点

(1)交警证明中的相关交警签字为伪造。

(2)相关书面证明有明显先盖章后签字的现象。

(3)两证照片中的证件材质及印刷质量极差。

(4)案件信息(车损照片)从属性可以发现通过制图软件进行了修改。

(5)套用非标的车信息进行索赔。

2. 单方事故中的欺诈

1)类型定义

单方事故中的欺诈主要为故意制造保险事故,是指骗保人为了获得保险公司保险金而主动制造保险事故。

2)该类型特点

该事故类型的欺诈特别一般会出现四个"存在":存在真实碰撞损失部分;存在自然老化损失部分;存在非本次碰撞损失痕迹;存在非保险责任的损失部分;另外,绝大多数有现场。

3. 汽车维修厂实施的车损险欺诈

1)类型定义

汽车维修厂实施的车损险欺诈是指假案主要制造方为专业车辆维修厂,其利用对车辆维修的知识、保险条款的理解,制造假赔案,骗取保险公司保险赔偿金。

2)该类型特点

(1)案件中配件调包现象严重。

(2)案件中已同意更换的配件按翻新处理,并不真正更换。

(3)车身表面油漆涂抹。

在众多的车险骗赔者中,主要是修理厂和保险代理人。他们利用客户委托其索赔的机会,在修理过程中"偷梁换柱"向保险公司索要高额保险赔偿金,赚取差价的行为尤为严重,这种行为约占全部骗赔案件的三分之一。表6-1为典型的汽车保险欺诈类型及相应的欺诈类型说明和涉及险别。

汽车保险欺诈类型及涉及险别   表6-1

欺诈类型层级一	欺诈类型层级二	欺诈类型层级三	欺诈类型说明	涉及险别
倒签单	新增险种		原已投保，在续保和批增险种前已出险	车损险
				全车盗抢险
				自燃损失险
				第三者责任险
				车身划痕险
				玻璃单独破碎险
				车上货物损失险
	转保险种		原未投保，在转保承保前已出险	车损险
				全车盗抢险
				自燃损失险
				第三者责任险
				车身划痕险
				玻璃单独破碎险
				车上货物损失险
改变使用性质	非营运从事营运		承保时按非营运投保，出险时为营运	车损险
	客运改货运		承保时按客运投保，出险时为货运	
故意出险	道具	车	标的车与三者方串通故意制造事故	车损险、第三者责任险
		物		车损险、第三者责任险
		人		车损险、第三者责任险
	扩大损失	套损坏件故意碰撞	原本无损或损失较小，在替换已损坏件后故意制造事故	车损险、第三者责任险
		配件/工时扩损	扩大事故部位配件/漆面损失或恶意损坏事故中未损失的配件，以更换配件/提高工时牟利	车损险、第三者责任险、车身划痕险、玻璃单独破碎险
		新痕盖旧痕	原本有损失，再次故意碰撞扩大损失痕迹以谋利（如无法确定，则并入到"修理与定损差价"）	车损险、第三者责任险

续上表

欺诈类型层级一	欺诈类型层级二	欺诈类型层级三	欺诈类型说明	涉及险别
故意出险	扩大损失	修理与定损差价	通过制造保险事故赚取定损与维修差价。特征:无套件、无旧痕、修理项目与事故中损失项目无关联	车损险、第三者责任险、车身划痕险
		以赔代修	通过制造保险事故获得赔款用来支付车辆正常维修保养费用。特征:无套件、无旧痕,仅为在事故维修中一并修理(修理项目与事故中损失项目包含关系)	车身划痕险、车损险
	碰瓷		仅三者故意制造事故	第三者责任险
	人为纵火		故意制造火灾或自燃事故	车损险、自燃险
痕迹不符	现场	旧痕	现场无二次碰撞痕迹,但无法准确判断痕迹是否吻合	车损险、第三者责任险
		损失与痕迹不吻合	非故意碰撞,仅摆放现场	车损险、第三者责任险、车身划痕险
	非现场	拼凑双方事故	两车损失痕迹不符或新旧程度不一	车损险、第三者责任险
		损失与报案案情不符	损失痕迹无法比对且痕迹与所报事故原因不符	车损险、第三者责任险
驾驶员调包	酒驾(含服用精神药品)		因酒驾或服用精神药品导致事故,为获取保险赔偿驾驶员故意调包	车损险、第三者责任险
	无证		发生事故的驾驶员属于无证驾驶,为获取保险赔偿驾驶员故意调包	车损险、第三者责任险
	其他(逃避责任或免赔免扣)		为逃避责任或获取免加扣,驾驶员故意调包	车损险、第三者责任险

续上表

欺诈类型层级一	欺诈类型层级二	欺诈类型层级三	欺诈类型说明	涉及险别
逃逸	酒驾（含服用精神药品）			车损险、第三者责任险
	逃避责任			车损险、第三者责任险
	无证			车损险、第三者责任险
套牌	套别人牌		套用他人车牌索赔	全险种
	套自己牌		套用本人/本单位其他车牌索赔，或团伙之间/修理厂名下车辆相互套牌	全险种
无证	满12分			全险种
	未年检			全险种
	准驾车型不符			全险种
虚报损失	虚报管理费			车损险
	虚报施救费			第三者责任险
	虚构物损			物损
	虚报损失	伪造损失痕迹	实际无损失，通过拼凑编辑事故照片、制造虚假痕迹骗取赔款	车身划痕险、车损险、第三者责任、玻璃单独破碎险
		复勘虚假	复勘的对象、具体配件存在虚假/调包/翻新/未按照要求更换（赚取差价），以及伪造/拼凑复勘照片	车身划痕险、车损险、第三者责任险、玻璃单独破碎险
	重复索赔		在损失已获得赔偿后，再次编造事故索赔	车损险
	谎报车型		谎报车型，以获取更高的配件价格	车损险/第三者责任险
	谎报修理厂类型		谎报修理厂类型，以获取更高的工时、配件和管理费	车损险/第三者责任险
	配件调包		现场查勘/拍摄外观照后、定损过程中（区别于套件故意出险），调包配件	车损险/第三者责任险
	配件品质		低价件按正厂价定损/国产按进口件定损，以获取配件差价	车损险/第三者责任险、玻璃单独破碎险

续上表

欺诈类型层级一	欺诈类型层级二	欺诈类型层级三	欺诈类型说明	涉及险别
编造事故原因	编造事故原因		谎报事故原因或经过,以获得保险赔偿/获得更多赔偿	玻璃单独破碎险、全车盗抢险、自燃损失险
	隐瞒事故原因	同一被保险人		第三者责任险
		酒驾	剔除驾驶员调包、逃逸外,其他隐瞒酒驾情形的	车损险、第三者责任险
		无牌照	新车未上牌,发生盗抢事故	全车盗抢险
		经济纠纷		全车盗抢险
		诈骗	被他人诈骗	全车盗抢险
	主动揽责	对方逃逸	因三者逃逸无法获得赔偿或需要加扣,而主动揽责	车损险、第三者责任险
		对方无保险保障或无能力赔偿	为理赔方便/避免对方无力赔偿/避免可能附带的刑责、纠纷,主动揽责	车损险、第三者责任险
		双方损失相差巨大		车损险、第三者责任险
		已获得对方赔偿/补偿	因三者存在无法获得赔偿的因素,收取对方赔偿/补偿后,主动揽责	车损险、第三者责任险
单证不符合要求	发票		发票适用行业不当,关键要素不符或缺失	车损险
假单证(含篡改)	发票		假证或篡改驾驶证	全险种
	驾驶证			全险种
	行驶证			全险种
	检验、鉴定报告		伪造假证明或驾驶证明	全险种
	赔偿凭证			全险种
	事故证明			全险种

二、汽车保险欺诈典型案例

【案例分析6-1】

【承保情况】被保险人:梁某。车牌号码:川 A×××××。厂牌型号:本田 CRV 轿车。投保险种:车辆损失险、第三者责任险、车上人员责任险、盗抢险、不计免赔率特约条款及交强险。保险期限:2009年4月29日零时至2010年4月28日二十四时。

【出险情况】2010年1月4日,驾驶员王某向保险公司报案称:当日其驾驶川AX×××××号本田轿车,行驶到成都市金牛区某厂大门时,与一辆大货车相撞,车辆右前方受损。事故现场已被交警清理,双方车辆在事故停车场。

【查勘情况】接报案后,保险公司立即派出查勘人员与驾驶员王某取得联系。查勘人员对事故车辆承保情况进行了核实,并对双方车辆的碰撞痕迹、事故原因等进行了分析。

调查过程中,查勘人员对驾驶员王某进行了询问。王某称自己是被保险人梁某的好朋友,驾车行驶过程中由于采取措施不当,造成了事故的发生。随后,查勘人员又对被保险人梁某进行了询问,被保险人梁某与驾驶员王某所述情况基本一致。但在进一步的调查取证过程中,查勘人员却发现了一个重要线索,驾驶员王某是成都市本田维修站的机修工人,事故发生时正在帮被保险人梁某试车。

【焦点问题】查勘人员通过对以上情况的综合分析,结合自己的查勘经验,怀疑该事故车存在维修期间出险的情况。

【解决问题的思路和方法】查勘人员回到公司后,调取了川AA×××××号本田车的历史出险情况,发现该车在2009年12月25日发生过一起单方肇事事故,事故原因为行驶时因路滑,左前部撞在马路台阶上,该案已结束。根据经验分析,该车的维修周期应该在十天左右,到这次出险之日,车辆应该还没有竣工,第二期案件极有可能是维修期间维修工人试车发生的,如果事故的真实情况属实,那么按照《家庭自用车损失保险条款》条款的规定,该案不属于保险责任,根据这种初步判断,查勘人马上赶往驾驶员所在的本田维修站,果然发现该车的维修记录单,但是维修单中显示该车只有入场记录,没有出场纪录。根据以上调查情况基本可以认定标的车是在维修期间出险。

查勘人员根据掌握的情况,再次约见了被保险人梁某及驾驶员王某,告知双方一定要按照客观事实报案,以及捏造保险事故,隐瞒事实可能承担的法律后果。在事实面前,被保险人梁某道出了事故的真相:被保险人梁某和驾驶员王某并非朋友关系,2009年12月25日出险后,车辆在本田维修站修理,2010年1月4日,车辆修复后,王某驾驶标的进行试车,试车过程中,因驾驶员王某操作不当,标的车再次发生事故,发生事故后,驾驶员王某及本田维修站为减少损失,立即与被保险人梁某取得联系,向其说明情况,请求被保险人向其保险公司报案,本田维修站为此也给了被保险人一定的经济补偿。

此案到此就水落石出了。像这种谎报出险,无中生有的假案,查勘员应该从碰撞痕迹真实情况与否来判断,一步步调查下去,假的永远真不了。

【案例分析6-2】

【案情简介】一辆解放牌半挂车,于2010年5月某日因制动失灵而翻车。

【查勘情况】

第一,驾驶室前部及翻转机构整体变形严重。驾驶室前脸距地面1.4m高度有宽约30mm的横向撞击痕迹,痕迹处有红色油漆擦痕。

第二,右前制动气室缺少一支固定螺栓,左前制动气室软管折死。

第三,水泵小循环出水管及暖风水管有陈旧性断裂痕迹。

第四,发电机仅存断裂的支架及未装螺栓帽的下固定螺栓,调节器与发电机有两根连接线未接。

第五,曲轴及风扇皮带轮槽锈迹较多,仅存的一根风扇皮带其侧面无运转摩擦痕迹。

第六,发动机铝制水管前部断裂,排气歧管与排气管接口处断裂,飞轮壳与发动机后支架连接处断裂。空气滤清器上盖及空气滤清器芯缺失。

第七,车辆碰撞后水箱与风扇的摩擦痕迹不符,且水箱的变形情况与实车碰撞不符。

第八,湿储气筒与气泵连接管未连接。

第九,驻车制动手柄及连接杆件缺失。

第十,挂车左后角侧栏板向车箱内变形。

另外,该车事故现场为东西方向道路,且东高西低,有轻微向左转弯。翻车地点左侧为深度约80mm的沟,翻车时该车向左逆行翻入沟内,车头比车尾离路面较远。前风窗玻璃完好立于车头前部左侧的小树上。

【案情分析】

第一,根据发电机缺失、水泵水管有陈旧性断裂痕迹、水箱陈旧且与风扇的摩擦痕迹不符、曲轴及风扇皮带轮槽锈迹较多、仅存的一根风扇三角皮带其侧面无运转摩擦痕迹等,说明事故发生前发动机并未处于运转状态。

第二,制动气室缺少固定螺栓,制动气室软管折死,湿储气筒与气泵连接管未连接,驻车制动手柄及连接杆件缺失,挂车制动凸轮轴、制动气室推杆无运动痕迹等,进一步说明发动机未运转,且制动系统未工作,车辆不具备基本的运行条件。

【案例分析6-3】

【案情简介】

2008年12月23日16时30分,保险公司接某修理厂报案,称12月22日凌晨5时50分,在保险公司承保的某环卫汽车队运送垃圾的车辆在行驶时垃圾箱突然升起,撞到桥上横梁,造成驾驶室前风窗玻璃破碎,飞出的玻璃碎片将正在桥下作业的装卸工眼睛扎伤。目前受损车辆正在其修理厂等待保险公司定损。

【查核该车投保情况】仅承保第三者责任保险15万元,事故发生在保险期限内。

【查勘定损】查勘定损员立即赶到修理厂予以查勘。由于该车未承保汽车损失保险,故主要目的系通过查勘确认事故经过。通过查勘和分析,车辆受损情况与客户所报的出险经过相吻合,驾驶室前风窗玻璃已被修理工清理。

与此同时,医疗核损员及时赶到医院进行人伤调查,伤者刘某面部弥漫性多处挫伤,左眼被扎伤失明,右眼周围多处皮肤挫伤,可能因左眼原因引起交叉感染,导致视力严重下降。由于该车未承保车上人员责任险,所以伤者受伤时的位置系是否构成保险责任的关键因素。伤者承认是环卫队的装卸工,但对于出险时的情况以不能清楚回忆为由不予回答。询问驾驶员陈某,为何发生事故后未报交警,回答车队调度员让他把车开回车队。

另外,该客户于出事后5天通过派出所开具了"事故证明",证明自己所说事故属实。

【案情分析】本案存在以下疑点:

第一,该起事故为道路交通事故,客户却没有立即报交警,而是在事故发生后的五天通过派出所出具证明。

第二,该车仅承保了第三者责任保险,假如车上人员受伤,这不属保险责任。因此,客户存在着想通过第三者责任保险方式报案,让保险公司承担赔偿责任的问题。

第三,事故发生的第二天,通过修理厂报案,破损的驾驶室前风窗玻璃已经清理,无法查勘受损情况。

第四,从伤者受伤情况分析(面部弥漫性多处挫伤),不可能是驾驶室前风窗玻璃破损致车下人员受伤的,仅仅符合因车辆紧急停驶,驾驶室乘坐人员受惯性作用脱离座位,面部撞向前风窗玻璃而受伤的特征。

针对以上问题,查勘人员再次与客户沟通,重点查明第二个疑点。同时,查勘员比较诚恳地表明了自己的意见。首先,车辆在行驶时垃圾箱突然升起,说明客户没有做好车辆的维护和保养工作。根据汽车保险条款,此种情况下的事故损失,保险公司有权拒绝赔偿。其次,对伤者刘某的受伤情形有疑问,经过查勘分析,认为伤者刘某系在驾驶室受的伤,而该车没有承保车上人员责任险,故不构成保险责任。同时,车上人员不属于第三者,故亦不属于第三者责任保险的保险责任。第三,如果客户不接受保险公司的结论,可以请有关鉴定机构予以鉴定。经过权衡,客户最终放弃了。

第四节　汽车保险欺诈的防范与调查

追究保险欺诈的法律责任是一种对保险违法行为的事后处理,而保险欺诈的对策研究,则是一种事前的防范,两者的相辅相成,不可偏废。保险欺诈产生的原因是多方面的,不仅有社会原因,投保人、被保险人和受益人的原因,也有保险人自己的原因。因此,保险诈骗犯罪的预防是一项系统工程,需要社会的有关方面提高认识,密切配合,切实采取有力措施,堵塞漏洞,消除各种诱发犯罪因素,抑制诈骗案件的发生,把发案率降到最低点。

一、保险欺诈的防范

1.宏观防范

宏观防范是覆盖面广且针对犯罪现象的全面性防范,其主体相当广泛,包括国家和各类社会权威性机关,主要举措有减少和抑制犯罪诱发因素,落实罪犯改造及回归社会工作等。具体而言,这些宏观层面的工作主要有:

(1)保险诈骗对社会造成严重危害,不能再将欺诈作为一种微小的失常而忽视。社会对欺诈者的正确看法,即正确的社会舆论导向对遏制欺诈是很有效的。应把工作重点放在改变人们的观念上,以使保单持有者在头脑中形成一个固定的思维方式,即保险欺诈是一种非常错误的行为。然而,这样一项教育工作是任何一家保险公司无法单独承担的,需要保险公司之间更多的交流与合作。此外,无论是保险界还是司法界,对保险诈骗的严重性、危害性都应给予充分的重视。

(2)保险界、司法界、新闻界等要加强彼此之间的相互协作,协助保险界搞好预防。首先,国家的公安、检察、审判机关应忠实履行自己的职责,认真查处各类保险诈骗案件,严格执法,坚决打击犯罪分子。在办理各类保险诈骗案件中,应及时将保险诈骗的状况、动态以及预防保险诈骗的经验教训以各类司法建议书的形式通知保险机构,以便其及时调整和改进防范措施。各类出险的损失证明机关(包括公证机关)在证明过程中,应认真调查研究,严格审查,力求证明事项客观、真实、准确、合法,避免因证明失实而导致保险机构被骗。

其次,新闻界可以有选择地把一些典型的保险诈骗案的破获及其判决结果予以报道。这不仅是一种有说服力的教育,而且还会对一些潜在的犯罪人产生震慑作用。

(3)另一个加强反欺诈斗争力度的武器是利用新技术、共享各种信息。在保险欺诈案中,威胁最大的是那些欺诈惯犯,他们往往一次得手后,会连续不断地进行欺诈活动,而且其欺诈行为都经过精心策划,手段狡猾、隐蔽,不易被发现。但这类欺诈行为的表现形式及欺诈手段都十分相似,只是欺诈的保险人不同而已。由于以前各保险人之间缺乏联系,一个保险人掌握的保险欺诈人和欺诈行为特征的信息不能被其他保险人广泛知悉,致使这类欺诈行为屡次得手。因此,建立一个反保险欺诈中心,收集有关信息,使保险人共享该类信息,加强保险人之间的联系与协作,使之能够及时发现以相似手段进行的保险欺诈,将有效地防范保险欺诈的发生,降低欺诈行为所造成的损失。澳大利亚、加拿大、德国、意大利、爱尔兰、挪威、英国和美国等都有这样的组织,并且运作得相当成功。目前,我国还未成立该类专门组织。这种有组织地同保险诈骗做斗争的运作模式,值得成长发展中的中国商业保险业学习和借鉴。

2. 微观防范

微观防范是人们针对犯罪行为的具体防范,其主体是保险单位和从业人员。保险诈骗的微观防范,需要采取以下措施:

(1)严格贯彻执行《保险法》及其他法律中的有关规定。我国现行的保险立法中,对保险欺诈已有不少具体规定,它们是预防保险欺诈的重要武器。保险公司的工作人员,首先必须认真学习《保险法》及有关法律,领会其精神实质,正确掌握各项法律规定,并积极向社会各界,尤其是要向投保人、被保险人和受益人宣传,使他们自觉地防止各种保险欺诈行为的发生。其次,当投保人、被保险人或者受益人实施保险欺诈行为,损害了保险人的利益时,保险人应该理直气壮地依据有关保险法律的规定维护自己的合法权益,并积极向有关部门揭发、检举,要求对欺诈者予以行政或刑事处罚。

(2)加强风险评估,提高承保质量。从许多欺诈案件中都可以看出,承保过程中的失误和疏漏往往为保险欺诈打开了方便之门,甚至会成为导致欺诈行为发生的诱因之一。加强承保环节可以杜绝一部分欺诈行为的发生,使一些有欺诈企图的人望而却步,打消不法念头,从而消除一部分欺诈隐患。所以,保险人承保时的危险勘查及风险评估是绝对必要的。保险人在风险勘查及评估过程中获得的资料对保单的具体设计及厘订保险费率具有重要意义。保险人在制定保险条款时,必须用词准确、规范,对保险责任和除外责任必须明确具体。目前我国的许多保险条款均没有明确列明保险欺诈是除外责任,仅仅是在除外责任中笼统地规定被保险人的故意行为造成的损失,保险人不负赔偿责任,显然这样的规定并没有包含保险欺诈的全部内容。

(3)建立科学的理赔规程,提高理赔人员的素质。欺诈人进行保险欺诈的最终目的是为了骗取保险公司的保险赔偿金,因而保险公司的理赔工作就成为识破保险欺诈行为,阻止保险欺诈结果发生的最重要的,也是最后一道防线。因此,保险业必须做到以下几点。

①承保和理赔相分离,建立专门的高水平的理赔队伍。保险是一门融法律、医学、管理

学、心理学、公共关系学等于一身的综合学科,从事保险行业需要具有各类专业知识的专门人才。保险公司应加强对员工的业务培训,提高理赔人员的素质,增强员工的辨别能力。

②建立健全核赔机制。无论保险诈骗的手段多么狡猾,但最后一关都必须经过保险理赔人员的确认。如果保险理赔的承办人员把好这最后一关,则诈骗罪犯的阴谋绝不会得逞。建立健全核赔机制,要求切实加强事故调查、证明材料的审核机制,严防假赔案、骗赔案的发生。具体而言,首先,要建立事故调查、材料审核经办人责任制,以增强经办人员的责任心;其次,要建立查勘定损与理赔经办人岗位分离制,杜绝"一人包办到底"的现象;再次,要建立对查勘定损和理赔工作的集中后续监督制度;最后,应建立错赔、被骗赔责任追究制度,对造成错赔、骗赔的责任人要根据不同情况分别予以处罚,严防道德风险的发生。

二、保险欺诈的调查

保险诈骗是行为人故意实施的违法犯罪行为,此类案件大都有预谋和策划,隐蔽性较强,而对构成犯罪的此类诈骗案件的管辖权属于公安机关。因此,为了有效地打击诈骗活动,保险人必须配合公安机关做好以下几项工作。

1. 及时查勘现场,掌握第一手资料

1) 及时查勘现场

事故现场上遗留有各种痕迹的物证,记载着大量的能够真实反映事故发生、发展过程的信息,但这些痕迹和物证极易受到自然或人为的破坏。因此,案发后,保险人员应及时赶赴现场,掌握一切记录现场原始情况的资料,包括现场痕迹物证、访问笔录、影视资料、损失清单、财务账本等,这些资料将对揭露诈骗起到证据作用。

2) 认真调查事故经过

一方面,应围绕出险事故,向投保人、被保险人、受益人及目击者进行调查,对事故发生经过、原因、损失情况及保户经营状况、个人品行、近期的异常表现、保险标的状况等与事故有关的情况进行详细询问,并作好调查记录。另一方面,与负责事故处理或鉴定的有关部门密切配合,及时了解事故处理情况,提出涉嫌诈骗的疑点,争取公安部门的支持,围绕着揭露诈骗行为调查取证。

2. 综合分析案情,寻找揭露诈骗的突破口

要运用现场查勘和调查访问所掌握的证据材料,分析案件性质,甄别保险事故和诈骗案件,重点从以下三个方面分析:

1) 分析投保动机。要特别注意两种情况:一是超额投保的案件,要对投保标的实际价值进行核实。采用纵火、沉船、盗车等手段造成保险标的全损的案件,绝大多数诈骗者都进行了超额投保,其动机是以损失价值较小的投保标的换取高额保险赔款;二是对多次拒绝投保而后又主动上门投保的案件,要重点分析其投保动机。这类案件,大多是先出险后投保,或是风险即将发生,临危投保,转嫁损失。

2) 将有关时间联系起来分析。即分析投保时间、出险时间、报案时间之间的内在联系。实践证明,有预谋的诈骗案件,在几个关键的时间上总有一些特殊联系。一般来说,投保时间与出险时间相隔越短、出险时间与保单责任终止时间相隔越近、出险时间与报案时间间隔越长等情况,应特别引起警惕,要仔细分析其中原因,发现疑点,迅速查证。

3）将现场痕迹物证及有关证据结合起来分析。重点分析两个方面：一是将现场痕迹物证与保单、原始记账凭证进行对比，分析现场标的物及损失数目与书证记载的内容是否相符；二是将现场痕迹物证与有关证据进行对比，相互质证，辨明真伪。通过分析证据与事实、证据与证据之间的相互关系，识破诈骗者惯用的伪造、变造有关证明材料的伎俩。

各类保险案件发生后，只要严格把握好现场查勘和案情分析这两个环节，在充分占有第一手资料的基础上，认真分析研究涉嫌诈骗的动机、时间和有关证据，由表及里，透过现象看本质，就能从错综复杂的各类赔案中，揭露出以骗取保险金为目的的违法犯罪案件。

4）委托专业机构，从事索赔调查。

商务调查机构和信息咨询公司的人员在社会事务及案件调查上有着丰富的阅历和经验，可以通过这些机构的业务帮助、支持，有效识别保险欺诈。

三、典型案件调查要点

1.全车盗抢险案件

1）调查要点

（1）盗抢发生是否在不寻常的地方。

（2）行驶证上车主与被保险人、使用人是否不一致。

（3）单位车辆是否按私人投保或私人车辆按单位投保。

（4）环境、时间是否有发生盗抢的可能。

（5）与起保日期或保险终止日期是否相近，投保金额是否异常高。

（6）是否报称车辆所有证件一起被盗抢。

（7）交上来的车钥匙是否有配过痕迹或钥匙不齐。

（8）当事人是否反对某种调查。

（9）当事人是否行动反常，表现是否特别冷淡。

（10）当事人的叙述是否与已知的事实不相符，或证词相互矛盾。

2）调查

（1）查勘人员及时赶赴第一现场查勘，对当事人进行询问并做好询问笔录，对现场拍照并检查现场有无盗抢痕迹，有无遗留作案工具。注意调查报案人所言有无自相矛盾之处，如停车场周围环境、当时的天气等有无可疑之处。

（2）走访、调查现场有关人员，了解车辆停放、保管、被盗抢的情况，做好询问笔录。应特别注意了解车辆被盗前的使用及停放情况。对车辆在停车场被盗的，要求取证停车记录及停车场看车人员的有关书面材料，特别注意停车场收费情况，要求被保险人提供停车收费凭证，如该地点有人看管收费，应向保安、管理人员或物业了解情况，要求其出具相关证明并写明收费看管情况（由被保险人协助办理），了解车辆丢失后追偿的可能性。

（3）如果发现案件中存在某些疑点、牵涉到经济纠纷、非法营运等行为，应作进一步调查，向有关的个人或单位负责人了解情况，取得可靠证据。必要时，可以通过公安部门进一步了解案件性质。

（4）对被保险人的财务状况进行调查，防止被保险人因财务状况恶化或利用价差进行保险诈骗。

（5）调查车匙及修车情况。调查被盗车辆修情况、被盗车辆的钥匙配备情况，对钥匙进行鉴定，判断是否曾经配过。

（6）调查车辆购置情况。调查被盗抢车辆的购置、入户上牌及过户等情况，如被盗抢车辆发生转让，应请被保险人及时提供有关转让证明。

（7）了解车辆档案。到公安车辆管理部门，核实档案记载的车牌号、车型、生产及上牌时间、车架及发动机号码等资料，核对被盗抢车辆是否已经挂失、封存档案。

（8）调查报警情况。走访接报案公安部门的值勤民警，了解、记录接报案的详细情况。

（9）调查案件侦破情况：调查人员应经常与公安机关刑侦部门联系，积极协助破案。在保险车辆被盗抢三个月后，应及时了解被盗抢车辆的侦破情况。

3）询问笔录要点

（1）当事驾驶员与被保险人关系。

（2）车辆为何由当事驾驶员使用保险车辆丢失或被抢的详细经过，对案件发生有何线索可向公安机关或保险公司提供是否存在营运行为或经济纠纷以及这两种情况是否与此车被盗（抢）有直接联系。

（3）该车手续是否齐全丢车地点是否有人看管收费，有无收费票据车况如何，是否进行过修理。

（4）是否存在营运行为或经济纠纷以及这两种情况是否与此车被盗（抢）有直接联系。

（5）该车手续是否齐全丢车地点是否有人看管收费，有无收费票据车况如何，是否进行过修理。

2．火烧案件

1）调查要点

（1）有几个起火点；

（2）火势是否突然而且过分猛烈；

（3）是否没有合理的起火原因；

（4）是否与起保日期或保险终止日期相近；

（5）是否车辆上应有物品已不在；

（6）是否车上物品、配件被移下，有被搜寻或拆装证据；

（7）是否当事人反对某种调查；

（8）是否当事人行动反常，表现特别冷淡；

（9）是否当事人的叙述与已知的事实不相符，或证词相互矛盾。

2）调查

（1）现场查勘，分析车辆起火原因。判断是碰撞事故引起燃烧还是车辆自燃引起燃烧；标的是动态状态下起火还是静态状态下起火；检查车辆燃烧痕迹，判断燃烧起火点及火源。

（2）查勘路面痕迹。车辆着火现场路面和车上的各种痕迹在着火过程中消失或在救火时，被水、泡沫、泥土和沙等所掩盖，查勘时首先对路面原始状态查看、拍照，并做好各项记录。施救后用清洁水将路面油污、污物冲洗干净，待暴露印痕的原状再详细勘察。

（3）查勘路面上散落物。查勘着火车辆在路面上散落的各种物品及伤亡人员倒卧位置以及碰撞被抛洒的车体部件、车上物品位置,与中心现场距离,实际抛落距离,推算着火车辆行驶速度。

(4)车体痕迹查勘。通过车体燃烧痕迹寻找车辆上的起火源。

(5)走访、调查现场有关人员,就其当时看到的情况做好询问笔录,并对笔录签名,留下联系电话。应特别注意了解车辆着火时驾驶员从车内出来时的言行举止。

(6)到车辆管理所核对车辆档案,查实档案记载的车型、牌照、制造年份、发动机号、车架号等与被保险人所述是否一致;车辆转让记录、年审记录。

(7)对被保险人的单位性质、财务状况、经营情况进行调查,防止被保险人因经营不善等情况而进行保险欺诈。

(8)到公安消防部门调查火灾原因,将自己通过查勘、访问、观察、提取、检验、清点等方法分析得出的火灾原因进行比较,发现疑问要及时沟通,提出自己观点,并做好笔录。

(9)对燃烧车辆的购买情况进行调查,将购车发票复印留存;到当地车行了解被烧车型的新车购置价,取得新车购置价证明。通过对保险金额、购买价和市场价的对比,分析被保险人有无利用价差进行的欺诈的可能。

(10)到火烧车辆进行维修保养的汽修厂进行有关情况调查,查明最后一次修车与燃烧事故在时空上有无关联;访问车辆实际车况。

(11)调阅投保档案,查看验车照片,向验车人了解投保验车时车辆实际状况。

3)询问笔录要点

(1)车辆起火后驾驶员采取了哪些扑救的措施。

(2)车辆着火时灭火及抢救的具体情况。

(3)当事人(驾驶员)与被保险人关系,车辆为何由当事司机使用。

(4)保险车辆着火的详细经过,发现着火时当事人做了些什么应急处理。

(5)近来该车技术状况和使用情况如何,是否进行过修理,最近一次在哪家修理厂维修的。

3. 涉嫌故意制造事故的案件

1)调查要点

(1)事故地点是否偏僻。

(2)碰撞痕迹是否符合。

(3)现场是否有无刹车痕。

(4)底盘是否严重刮伤事故。

(5)碰撞损失很小,安全气囊是否爆开。

(6)是否发生两次以上重大车损事故的车辆。

(7)事故车辆中是否有老旧车型、二手车。

(8)定损过程中,有无违反修理常规情况。

(9)标的、三者车是否同在一家修理厂维修的案件。

(10)被保险人、车主、驾驶员是否为修理厂或修理厂人员的案件。

2)调查

(1)走访现场,调查有无目击者,了解事故详细过程,落实是否故意碰撞。

(2)做驾驶员和车上乘客笔录,了解事故过程,注意落实出发地、目的地,前往目的地意图,途中经过地点和情况,事故前、中、后驾驶员行为细节。

(3)调查有无相关过路费发票,驾驶员事故前与何人在一起,做何事,作相关人员笔录了解驾驶员情况,核实与驾驶员所述是否矛盾。

(4)对于修理厂报案案件,应查阅修理厂台账,了解车辆入厂时间,核实是否事故前入厂;提供损失照片请客户辨认,落实是否有扩大损失。

(5)调查报案人、驾驶员通话清单,了解事故前后与何人联系密切,有无双方串通情况,有无报警记录。

(6)调查报案人、驾驶员通话清单,了解事故前后与何人联系密切,有无双方串通情况,有无报警记录。

(7)调查车辆购买情况,如是二手车,核实有无交易协议,落实交易金额;如为顶账车,调查原车主情况,顶账金额;索赔人有无保险利益。

(8)调查事故车辆尤其是三者车是否在其他公司有报案记录,损失金额,维修情况,赔付状况,核实是否一次损失多次索赔。

(9)核对各次事故照片和车架号有无更改痕迹,核实有无套牌可能。

(10)调查有无报警记录,了解交警事故档案,落实现场情况有无疑问。

(11)调查事故地点或附近有无监控设备,查阅监控录像,核实事故过程和车辆状况,是否有拖曳情况。

(12)调查路政部门有无该事故路政处理记录,时间是否相符。

(13)调阅核保档案,调查验车情况和保单情况。

(14)其他应当调查的问题。

(15)转交协作调查部门调查。

4. 涉嫌无证驾驶、酒后驾驶、肇事逃逸案件

1)调查要点

(1)车上人员受伤情况与车辆痕迹是否相符。

(2)第三者或相关人员举报是否有更换驾驶员情况。

(3)报案驾驶员与索赔驾驶员是否相同。

(4)驾驶员对事故过程叙述与实际情况是否相符。

(5)午后和夜间出险案件,车辆行驶情况与正常驾驶习惯是否相符。

(6)迟报案,车辆进入停车场时间与事故时间是否相符,是否不积极提供三者情况。

2)调查

(1)走访调查现场有关人员,了解事故驾驶员详细信息和事故详细过程。

(2)提供驾驶员照片请第三者辨认,落实是否是事故时驾驶员,驾驶员有无酒后迹象。

(3)调取报案录音,核实报案信息,是否事后更换驾驶员。

(4)调查事故前驾驶员情况,与何人一起,了解相关人员落实驾驶员是否饮酒。

(5)走访交警部门,了解现场勘察情况,验血情况。

(6)调查核实驾驶证真伪。

(7)转交协作调查单位调查。

【案例分析 6-4】

【案情简介】某保险公司接报案电话：一辆五菱牌微型普通客车(以下简称面包车)与一辆三星牌小型普通客车(以下简称小客车)在某县某河路段发生交通事故,此事故致使三星牌小客车坠落山崖。保险公司进行调查后得知,三星牌小客车虽然受损严重,但该车驾驶员并未受到什么伤害,感觉到此案有欺诈嫌疑,于是委托有关鉴定机构进行鉴定。

相关鉴定机构随即到交通事故现场作了调查,查阅了交通事故现场图、交通事故现场照片,并对面包车、小客车进行鉴定：

1)检验面包车

(1)车牌号：×××××；厂牌型号：五菱牌 LZW×××××；车辆识别代号：LZWN-BCH×××××；发动机号：×××××,车辆尺寸：3320×1395×1895mm(图7-1)。

(2)前保险杠右侧破裂、下坠,右前车门弯曲变形,前面罩中部靠右侧离地高度90cm处轻微凹陷变形,前风窗玻璃完好(图7-2)。

图 7-1

图 7-2

2)检验小客车

(1)车牌号：×××××；厂牌型号：三星牌 SXZ××××；车辆识别代号××××；发动机号：××××××,车辆尺寸：4895×1830×1640mm(图7-3)。

(2)后车门左侧凹陷变形,最大变形深度4cm,左后轮罩折弯变形,最大变形量6cm(图7-4、图7-5)。

图 7-3

图 7-4

(3)前保险杠及发动机罩右前部见撞擦痕迹,前风窗玻璃破碎,车顶扭曲变形(图7-6)。

3)交通事故现场情况

事故现场位于某县某河路段(图7-7),干燥沥青路面,傍山上坡路段,有效路面宽度

5.4m,面包车车头向某河方向,右前、右后车轮距离道路右侧边缘0.3m、0.5m;右前轮处有玻璃碎片1.1×1.8m。小客车侧翻于山崖下,路右侧石块表面留擦划痕迹并见大面积石块松动(图7-8)。

图 7-5

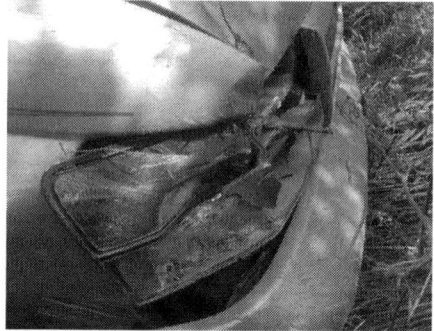

图 7-6

图 7-7

图 7-8

经事故现场勘查,有效路面宽度为4.0m,事故地点至车后40m处为直线路段,高度落差为2.5m(图7-9),事故发生时面包车停车位置前面右侧有长3.5m的拓宽面,最大宽度为3.6m,其中2m宽为土质平面,1.6m宽为石头垒砌,凹凸不平(图7-9)。

图 7-9

根据车身痕迹、交通事故现场图及现场照片分析：

(1)面包车前部右侧与小客车后部左侧追尾碰撞接触。

面包车前部右侧留有碰撞痕迹，其形态为中部偏右侧凹陷变形；小客车左后部有碰撞痕迹，左后轮罩凹陷变形6cm；从接触痕迹形态、高度及方向分析，两车碰撞形态为错位追尾碰撞，入碰角约170°。

从现场照片分析：面包车右前、后车轮距离道路右侧边缘0.3m、0.5m；右前轮处有玻璃碎片1.1×1.8m，说明碰撞点位于面包车右前轮处，且碰撞发生时面包车与道路呈近似平行状态。即事故发生时小客车与道路同样呈近似平行状态。

(2)面包车与小客车的碰撞接触不能致使小客车坠落山崖。

根据公安部《典型交通事故形态车辆行驶速度技术鉴定》(GA/T 643—2006)计算公式计算面包车车能量：

①计算面包车车辆变形的能量

$$v_e = \frac{105.3x}{3.6} = \frac{105.3 \times 0.06}{3.6} = 1.76(\text{m/s})$$

$$E_0 = \frac{1}{2}m_1v_e^2 = \frac{1}{2} \times 1450 \times 1.76^2 = 2245.8(\text{J})$$

②小客车滑落山崖所需最小能量

$$\theta = \arcsin\frac{2.5}{40} = 3.58°$$

坡度系数：

$$E_2 = m_2gf_2s_2 = 2300 \times 9.8 \times 1 \times 4.5 = 101430(\text{J})$$

③面包车提供小客车坠落山崖的最小变形量

$$v = \sqrt{\frac{2E_2}{m_1}} = \sqrt{\frac{2 \times 101430}{1450}} = 11.83(\text{m/s})$$

$$x = \frac{3.6v}{105.3} = \frac{3.6 \times 11.83}{105.3} = 0.405(\text{m}) = 40.5(\text{cm})$$

即小客车坠落山崖需要面包车碰撞小客车后传递给小客车的最小能量为101430J，该能量致使面包车碰撞后的最小变形量应为40.5cm，远大于面包车的实际变形量4cm。

由此认定面包车与小客车的碰撞接触不能致使小客车坠落山崖。

鉴定意见：

(1)面包车前部右侧与小客车左后部左侧追尾碰撞接触。

(2)面包车与小客车的碰撞接触不能致使小客车坠落山崖。

本 章 小 结

1.保险欺诈是指投保人、被保险人或受益人以骗取保险金为目的，以虚构保险标的、编造保险事故或保险事故发生原因、夸大损失程度等手段，致使保险人陷于错误认识而向其支付保险金的行为。

2.汽车保险欺诈的形成原因包括社会原因、投保人原因、保险公司原因。

(1)社会原因：整个社会尚缺乏诚信体系和健全的监控机制；法律环境的影响。

(2)投保人原因:某些投保人或被保险人法制观念淡薄;有些投保人企图通过参加汽车保险,从而实现发财的目的;有些投保人由于某种偶然因素的诱发,才产生了欺诈的念头。

(3)保险公司原因:对防止保险欺诈重视不够,目前还没有几个公司专门成立反欺诈机构;保险业信息交流不畅;承保程序不科学;理赔程序不科学;保险公司对某些识破了的欺诈行为处理太宽松,大多仅满足于追回被骗保险金或不承担赔偿责任,而不愿追究他们相关的法律责任,从而助长了保险欺诈行为的进一步发生;理赔人员素质偏低,把握不住理赔关,给欺诈者以可乘之机,甚至有些理赔人员经不住金钱诱惑,同欺诈者内外勾结,共同骗取保险金。

3.汽车保险欺诈的类型:利用虚假材料实施的欺诈、单方事故中的欺诈、汽车维修厂实施的车损险欺诈。

(1)利用虚假材料实施的欺诈是指骗保人通过自刻相关公章、非法获得空白交警证明、办理假驾驶证、行驶证、利用制图软件修改原始照片、利用非标的车信息等非法手段来申请车损理赔。该类型特点:①交警证明中的相关交警签字为伪造;②相关书面证明有明显先盖章后签字的现象;③两证照片中的证件材质及印刷质量极差;④案件信息(车损照片)从属性可以发现通过制图软件进行了修改;⑤套用非标的车信息进行索赔。

(2)单方事故中的欺诈主要为故意制造保险事故,是指骗保人为了获得保险公司保险金而主动制造保险事故。该事故类型的欺诈特别一般会出现四个"存在":存在真实碰撞损失部分;存在自然老化损失部分;存在非本次碰撞损失痕迹;存在非保险责任的损失部分;另外,绝大多数有现场。

(3)汽车维修厂实施的车损险欺诈是指假案主要制造方为专业车辆维修厂,其利用对车辆维修的知识、保险条款的理解,制造假赔案,骗取保险公司保险赔偿金。该类型特点:①案件中配件调包现象严重;②案件中已同意更换的配件按翻新处理,并不真正更换;③车身表面油漆涂抹。

4.保险欺诈的防范:宏观防范、微观防范。

(1)宏观防范:保险诈骗对社会造成严重危害,不能再将欺诈作为一种微小的失常而忽视;保险界、司法界、新闻界等要加强彼此之间的相互协作,协助保险界搞好预防;加强反欺诈斗争力度的武器是利用新技术、共享各种信息。

(2)微观防范:严格贯彻执行《保险法》及其他法律中的有关规定;加强风险评估,提高承保质量;建立科学的理赔规程,提高理赔人员的素质。

5.保险欺诈的调查:及时查勘现场,掌握第一手资料;综合分析案情,寻找揭露诈骗的突破口。

6.全车盗抢险案件调查要点,火灾案件调查要点,涉嫌故意制造事故案件调查要点,涉嫌无证驾驶、酒后驾驶、肇事逃逸案件调查要点。

复习思考题

1.什么是汽车的保险欺诈?

2.汽车保险欺诈的成因是什么?

3. 简要回答保险欺诈的常见类型及各类型的定义和特点。

4. 如何预防汽车保险的欺诈发生？

5. 如何调查汽车火灾案件？

6. 如何调查汽车盗抢案件？

7. 如何调查涉嫌无证驾驶、酒后驾驶、肇事逃逸案件？

参 考 文 献

[1] 李景芝,赵长利.汽车保险与理赔[M].北京:国防工业出版社,2013.

[2] 付铁军,杨学坤.汽车保险与理赔[M].北京:北京理工大学出版社,2012.

[3] 李景芝,赵长利.汽车保险理赔[M].北京:机械工业出版社,2012.

[4] 邵海忠.汽车保险与理赔[M].广州:华南理工大学出版社,2010.

[5] 王云鹏,鹿应荣.车辆保险与理赔[M].北京:机械工业出版社,2010.

[6] 张晓明,欧阳鲁生.机动车辆保险定损员培训教程[M].北京:首都经济贸易大学出版社,2007.

[7] 谢君平,孙丽.汽车保险与理赔[M].北京:国防工业出版社,2012.

[8] 白建伟.汽车碰撞分析与估损[M].北京:机械工业出版社,2011.

[9] 董国恩.汽车保险与理赔[M].北京:清华大学出版社,2009.

[10] 隗海林.汽车保险与理赔[M].北京:人民交通出版社,2009.

[11] 李景芝,赵长利.汽车保险典型案例分析[M].北京:国防工业出版社,2010.

[12] 人保财险网站.www.e-picc.com.cn.

[13] 汽车保险.http://baoxian.carschina.com.

[14] 中国平安.http://www.pingan.com.

[15] 杨世东.我国汽车保险理赔中存在问题及对策研究[J].现代经济信息.2011.

[16] 梁军.汽车保险与理赔[M].北京:人民交通出版社,2005.

[17] 王永盛.车险理赔查勘与定损[M].北京:机械工业出版社,2008.